1082646

Jutta von Campenhausen ist Biologin und arbeitet als freie Wissenschaftsjournalistin für verschiedene Zeitschriften und Zeitungen. Sie ist Absolventin der Henri-Nannen-Schule in Hamburg und hat 1998 bis 2010 Seminare für Wissenschaftsjournalisten an der Berliner Journalistenschule »Klara« gegeben.

Jutta von Campenhausen

Wissenschaftsjournalismus

UVK Verlagsgesellschaft mbH

Praktischer Journalismus
Band 88

Bibliografische Information der Deutschen Nationalbibliothek
Die Deutsche Nationalbibliothek verzeichnet diese Publikation in der
Deutschen Nationalbibliografie; detaillierte bibliografische Daten sind
im Internet über http://dnb.d-nb.de abrufbar.

ISSN 1617-3570
ISBN 978-3-86764-240-8

Das Werk einschließlich aller seiner Teile ist urheberrechtlich geschützt.
Jede Verwertung außerhalb der engen Grenzen des Urheberrechtsgesetzes ist ohne Zustimmung des Verlages unzulässig und strafbar. Das gilt insbesondere für Vervielfältigungen, Übersetzungen, Mikroverfilmungen und die Einspeicherung und Verarbeitung in elektronischen Systemen.

© UVK Verlagsgesellschaft mbH, Konstanz 2011

Einbandgestaltung: Susanne Fuellhaas, Konstanz
Titelfoto: Istockphoto Inc.
Satz: Klose Textmanagement, Berlin
Lektorat: Marianne Waas-Frey, Stuttgart
Druck: fgb freiburger graphische betriebe, Freiburg

UVK Verlagsgesellschaft mbH
Schützenstr. 24 · 78462 Konstanz · Deutschland
Tel.: 07531-9053-0 · Fax: 07531-9053-98
www.uvk.de

Inhalt

1	Warum ein Buch zum Wissenschaftsjournalismus?	7
2	Wie die Wissenschaft kommuniziert	21
3	Vom Umgang mit Zahlen	41
4	Fakt oder Fälschung?	61
5	Sprache	73
6	Chronistenpflicht	95
7	Mit Wissenschaftlern reden	109
8	Wissenschaft in allen journalistischen Facetten	133
9	Kontroverse Themen und Kontroversen als Themen	153
10	Journalismus und PR	165
11	Für Wissenschaftler: Wie mit Journalisten umgehen?	175

Literatur 191

Personenindex 194

Sachindex 196

»Die sich weitende Kluft zwischen Wissbarem und Gewusstem und die Missdeutungen des eigentlich Wissbaren werden wahrgenommen und als bedrohlich empfunden [...] Was also ist zu tun? [...] Es bedarf vermehrter und besserer Vermittlung.«
(Wolf Singer, ehem. Direktor des
Max-Planck-Instituts für Hirnforschung)

1 Warum ein Buch zum Wissenschaftsjournalismus?

Das Erdbeben, das am 11. März 2011 Japan erschütterte, und der Tsunami, der darauf folgte, beschädigten Atomkraftwerke und katapultierten Wissenschafts- und Wissensthemen in alle Nachrichtensendungen, in jede Zeitung und jede Zeitschrift. Wochenlang wurden Geophysiker, Atomphysiker, Strahlenmediziner und Umweltexperten befragt und Fachbegriffe erklärt; über Ticker liefen Messdaten und Prognosen. Schaubilder erläuterten Plattentektonik, Siedewasserreaktoren und atomare Kettenreaktionen. Wer keinen Fachmann hatte, der suchte sich einen, wer keine Fachkenntnis hatte, las sie sich an. Nachrichtenredakteure und Politikreporter jonglierten Wissenschaftsfragen – mit mäßigem Erfolg. Die wenigsten Redaktionen haben diese ungewohnt wissenschaftslastige Zeit der Japanberichterstattung gut gemeistert. Was die große Stunde der Wissenschaftsjournalisten hätte werden müssen, verkam vielerorts zum Auftritt der Alarmisten.

Den meisten Redaktionen gelang es zwar, die Fülle der Neuigkeiten weiterzugeben; die Ereignisse einzuordnen, klug zu bewerten und damit brauchbar zu machen, glückte nur wenigen. Die TAGESSCHAU berichtet am 24. März 2011 um 20 Uhr über die Lage in Japan:

> Verseuchte Nahrung und verseuchtes Trinkwasser werden immer mehr zum Problem. Tokios Gouverneur Ishihara bei so etwas wie einer öffentlicher Mutprobe: ein großer Schluck Wasser. Die PR-Veranstaltung hat nur eine Botschaft: ›Keine Sorge, das Wasser von Tokio ist sauber und sicher‹ – trotz der am Vortag festgestellten erhöhten Werte von radioaktiven Jod und Cäsium.

Nachrichtenzuschauer sahen bei diesen Worten fassungslos, wie der offenbar todesmutige Ishihara ein Glas Wasser austrank. Nicht erwähnt wurde, dass die Belastung des Wassers 210 Bequerel betrug. Der Grenzwert für Trinkwasser liegt in Deutsch-

Warum ein Buch zum Wissenschaftsjournalismus?

land bei 370 Bequerel pro Liter. Wasser mit so geringer Belastung trinken wir möglicherweise jeden Tag. Eine »Mutprobe«?

Was guter Wissenschaftsjournalismus leistet, zeigte dagegen die FRANKFURTER ALLGEMEINE ZEITUNG. Schon wenige Tage nach dem Beben erinnerte man sich dort an den Informations-GAU, der nach dem Reaktorunglück von Tschernobyl 1986 die Menschen verunsicherte:

> Leicht wurde damals übersehen, dass das Hundert- oder Tausendfache von sehr wenig nicht sehr viel sein muss« (FAZ, 15.3.2011).

Schon einen Tag zuvor erklärte die Zeitung klar, präzise und elegant, was es mit dem »Abschalten« der Reaktoren auf sich hat; wie ein Bennstab und ein Siedewasserreaktor funktionieren und was eine Kernschmelze ist und was das bedeutet. Ein Glossar erläuterte Bequerel, Sievert und andere allgegenwärtige Fachausdrücke.

Beispiel: Berichterstattung über Fukushima

Einen Tag nach dem Beben schreibt die sonst so volksnahe BILD-Zeitung unter der Überschrift: »ATOM-ALARM!«:

> Die Kühlung wurde destabilisiert [...] die Radioaktivität solle außerhalb des Kraftwerks um ein achtfaches über dem Normalwert liegen.

Unerwähnt bleibt, was eine »destabilisierte Kühlung« bedeutet und ob achtfach erhöhte Radioaktivität gefährlich ist (BILD, 13.3.2011).

Neun Autoren, darunter zwei ausgewiesene Wissenschaftsjournalisten, tragen im SPIEGEL, der drei Tage später erscheint, zusammen, was sie über Fukushima in Erfahrung bringen konnten. Sie schreiben vom »Stahlbehälter, in dem die glühenden Brennstäbe schwimmen,« die freilich weder glühen wie Grillkohle, noch schwimmen. Sie verwenden Zahlen, die sie nicht einordnen, und werfen Fragen auf (SPIEGEL, 14.3.2011).

Am gleichen Tag bringt die Tageszeitung DIE WELT ein Protokoll, das vor widersprüchlichen und nicht eingeordneten Messdaten strotzt:

Warum ein Buch zum Wissenschaftsjournalismus?

> In der Nähe des Blocks 1 von Fukushima Daiichi seien am Samstag 1.050 Mikrosievert pro Stunde gemessen worden [...] Die Betreiberfirma Tepco meldet, dass am Atomkraftwerk Fukushima Daiichi die radioaktive Strahlung die zulässigen Höchstwerte überschritten hat. [...] In der nordöstlichen Provinz Miyagy messen Atomexperten eine 400-mal höhere Radioaktivität als normal (DIE WELT, 14.3.2011).

Offen bleiben die Fragen: Was sind Mikrosievert? Was ist der zulässige Höchstwert, wo ist Miyagy, nah oder fern, und was ist normal? Kurz: Ist das schlimm?

Am nächsten Tag beantwortet BILD die nahe liegende Frage »Was macht die Radioaktivität in meinem Körper?« in einem Interview mit einem Strahlenbiologen:

> Ab wann wird die Strahlung für den Menschen gefährlich? Auch ganz geringe Strahlendosen können einen gesundheitlichen Effekt haben. So führt auch die natürliche Strahlung in der Umwelt bereits zu Krebserkrankungen (BILD, 15.3.2011).

Nicht zu Unrecht wird manchen deutschen Medien Panikmache vorgeworfen.

Immerhin, nach über einer Woche versucht das Magazin FOCUS die allgegenwärtigen Fragen sachlich zu beantworten. Das Ergebnis ist nicht nur sprachlich ungeschickt und stilistisch unschön, sondern für Laien schlicht unverständlich:

> Welchen radioaktiven Stoffen ist der Mensch in Deutschland ausgesetzt?
> Radioaktive Stoffe geben ionisierende Strahlung ab – diese definiert sich so, dass sie aus Atomen oder Molekülen Elektronen entfernt. Zur nicht ionisierenden Strahlung zählen unter anderem das UV-Licht der Sonne und die Emission von Mobiltelefonen. Eine wesentliche ionisierende Quelle ist die kosmische Strahlung, die jeder Fluggast abbekommt. Aber auch auf der Erde ist der Mensch Radioaktivität ausgesetzt. Das Edelgas Radon, das beim Zerfall Alphastrahlen freisetzt, dringt je nach Region in verschiedenen Mengen in die Atemluft. Die herausragende ›zivilisatorische‹ Quelle ist die Medizin, durch die der Durchschnittsbürger weit mehr Radioaktivität abbekommt als, im Normalfall, durch Kernenergieanlagen und Kernwaffenversuche.
> Wie entsteht Radioaktivität?
> Als Radioaktivität bezeichnet man die Eigenschaft instabiler Atomkerne, spontan und unter Energieabgabe zu zerfallen. Dabei treten im Wesentlichen drei Zerfallsarten auf. Beim Alpha-Zerfall geben die

Warum ein Buch zum Wissenschaftsjournalismus?

> Kerne Alphateilchen (Heliumkerne) ab. Ein typischer, bei einer Reaktorexplosion freigesetzter Alphastrahler ist Plutonium-239 (FOCUS, 21.3.2011).
>
> Dem Normalverbraucher, der sich angesichts einer drohenden Atomkatastrophe sorgt und Informationen möchte, helfen diese Ausführungen nicht. Was ist ionisierend? Was haben Mobiltelefone damit zu tun? Braucht man Elektronen zum Leben? Rätselhafte Nachrichten werden von kryptischen und abstrakten »Erklärungen« flankiert, die mehr Fragen aufwerfen als sie beantworten.

Das Fernsehen experimentierte mit Experten unterschiedlichster Herkunft, die fachlich vermutlich unangefochten, aber schlecht befragt und wenig aussagekräftig waren, bis man den Wissenschaftsjournalisten und Physiker Ranga Yogeshwar entdeckte. Er ist ein Wissenschaftsjournalist, wie man ihn sich wünscht: beschlagen, besonnen, eloquent, klug und recherchefreudig. Im ZEIT MAGAZIN sagte er über die Zeit der manischen GAU-Berichterstattung:

> »Ich verweigere mich der derzeitigen Aufgeregtheit, die sich zum Teil aus den medialen Gesetzen nährt. Die Opulenz der Bilder dieser Katastrophe ist Futter für die Medien. Aber sie geben nur einen kleinen Ausschnitt des Geschehens wieder. Gäbe es weniger Bilder, müssten die Medien mehr Fakten liefern« (ZEIT MAGAZIN, 31.3.2011).

Die Naturkatastrophe und das Atomunglück waren Ausnahmezustände. Das gute an ihnen ist, dass sie sehr deutlich zeigen, wie wichtig gute Journalisten sind, die in den Wissenschaften zu Hause sind, oder Wissenschaftler, die ihr Wissen verständlich vermitteln können. Aber braucht es für diese Erkenntnis eine Katastrophe?

Angesichts der Vielfalt von Wissenschaftsthemen und ihrer Brisanz sollte klar sein, dass auch der journalistische Umgang damit nicht nur vielfältig und spannend, sondern auch gesellschaftlich und wirtschaftlich relevant ist. Trotzdem müssen Wissenschaftsjournalisten in manchen Medien immer noch kämpfen – sei es um Gehör in der Konferenz, Geld für die Recherche und Platz in Blatt und Sendeplan. Dabei zeigt nicht nur das Reaktorunglück von Fukushima, wie weltbewegend »Wissenschaft« ist, und dass in diese Rubrik auch im Alltagsgeschäft so ziemlich alles fällt, was wirklich von Belang ist – von wenigen Kultur- und Finanzthemen abgesehen.

Die Frage, wie mit Seuchen wie BSE, Hühner- oder Schweinegrippe umzugehen ist, berührt nicht nur die Politik, sondern jeden einzelnen. Klimawandel und Energiethemen – früher Steckenpferde von Ökologen und Ingenieuren – beschäftigen den Bundestag. Ob die gesetzlichen Krankenkassen die Kosten für ruinös teure »innovative« Medikamente übernehmen sollen, ob Reihenuntersuchungen wie Darmspiegelungen sinnvoll sind, sind ebenso Wissenschaftsthemen wie die Schulpolitik. Was kann man aus einer Zahlensammlung wie der PISA-Studie lesen und was folgt daraus: Lernen Kinder besser in homogenen Gruppen, wenn sie also früh nach Leistungsniveau getrennt wurden, oder profitieren die Starken von den Schwachen und umgekehrt? In welcher Klasse ist es sinnvoll eine Fremdsprache einzuführen?

Die Wissenschaft sucht nach Antworten auf solche Fragen und formuliert sie auch – wenn auch in einer Sprache, die dem Laien unverständlich ist. Für die allgemeinverständliche, populäre Darstellung sorgen Wissenschaftsjournalisten. Aber gibt es eine populäre Wissenschaft? Max Planck beantwortete die Frage kategorisch und pessimistisch: »Wissenschaft kann niemals im eigentlichen Sinn des Wortes populär werden.« Planck beharrte darauf, dass der Laie den Methoden, mit denen die Wissenschaft ihr Material heranschafft, in der Regel verständnis- und hilflos gegenüberstehe (Fischer 2008).

Und doch ist Wissenschaft so populär wie nie. Wissenschaftssendungen bekommen gute Sendeplätze, leicht verständliche und sensationsbegeisterte Wissenschaftsmagazine wie P. M. oder »Welt der Wunder« erreichen doppelt bis dreifach höhere Auflagen als die seriöseren »Spektrum der Wissenschaft« oder »Zeit Wissen«. Wissenschaftszentren und -Museen gibt es in jeder größeren Stadt, und jede Universität veranstaltet eine Kinderuni. Ist Wissenschaft also doch populär?

Wissensjournalismus ist populär

Bei genauerem Hinsehen zeigt sich, dass die beliebtesten Formate nicht Wissenschafts-, sondern Wissensjournalismus betreiben. Wissensjournalismus vermittelt Themen auf unterhaltsame Art. Es muss nicht neu sein, es muss packen. Die wichtigste Frage des Wissensjournalisten lautet: »Was interessiert meinen Leser oder Zuschauer?« Da werden Sensationen und Visionen bemüht. Wissenschaftler dienen dem Wissensjournalisten als Experten, die das Wissen erklären. Ihre Arbeit, das Forschen, spielt keine große Rolle.

Wissenschaftsjournalisten dagegen berichten in allererster Linie über Forschung, über den Wissenschaftsbetrieb und die Ergebnisse, die er produziert. Den Wissenschaftsjournalisten beschäftigt die Frage: »Was ist passiert?« und erst danach, wie er es seinem Leser, Hörer oder Zuschauer nahe bringen kann.

Die Grenzen zwischen Wissens- und Wissenschaftsjournalismus sind aber fließend. Die Protagonisten operieren zwischen Fachchinesisch und Boulevard. Im besten Falle verstehen sie die Wissenschaft und machen sie Laien verständlich. In den folgenden Kapiteln wird deshalb nicht mehr zwischen Wissens- und Wissenschaftsjournalismus unterschieden. Die Tücken der Materie und das Handwerkszeug sind die gleichen: Wer über Wissenschaft berichtet, muss mit wissenschaftlichen Publikationen umgehen können, mit Sprache und mit Zahlen.

Ob Massenimpfungen oder medizinische Tests sinnvoll und der Einsatz teurer Medikamente gerechtfertigt sind, kann nur beurteilen, wer Grundregeln der Statistik beherrscht. Ein Landtag kann nur dann vernünftig über Schulreformen entscheiden, wenn die Abgeordneten verstehen, welche Lernmethoden am besten funktionieren, in welchem Alter eine Fremdsprache am besten aufgenommen werden kann und welche Schulformen reüssieren. Neurologen, Pädagogen und Soziologen können auf eine Menge Material zugreifen, das belegt, dass viele Entscheidungen kontraproduktiv sind. Doch wie sag ich's meinem Landespolitiker? Natürlich liest der keine Fachzeitschrift und kennt die Protokolle von Lernexperimenten nicht. Der Wissenschaftsjournalist ist gefragt, der die Materie durchdringt, die Ergebnisse wertet und die Essenz verständlich vermittelt.

Man braucht sie also, die Wissenschaftsjournalisten. Man braucht Menschen, die Fachwissen und Sachverständnis mit journalistischem Handwerk verbinden. Als wäre das nicht Anspruch genug, gelten für Wissenschaftsjournalisten noch andere Regeln als für Vertreter anderer Ressorts.

Wissenschaftsjournalismus ist eine Wissenschaft für sich

Auf den Politikseiten darf der Journalist vieles voraussetzen. Er darf davon ausgehen, dass die Leser wissen, warum eine bestimmte Debatte gerade hitzig geführt wird, und was z. B. der Bundesrat ist, muss er nicht erläutern – schließlich ist das Allgemeinwissen.

Der Wirtschaftsteil richtet sich sowieso nur an beschlagene Interessierte. Die Tatsache, dass täglich nach der Tagesschau Börsennachrichten gesendet werden, mag zu der irrigen Annahme verleiten, dass jeder Bundesbürger wisse, wie die Börse funktioniert und was der Nasdaq ist. Natürlich ist das nicht so. Wirtschaftsberichte werden für ein Fachpublikum geschrieben, Menschen, die Bilanzen lesen können und in Sachen Marketingstrategien und Weltmarktdynamik firm sind.

Im Feuilleton dürfen eitle Kunstschreiber verschwurbelte Wurstsätze konstruieren und französische und lateinische Phrasen unübersetzt stehen lassen. Das zeigt, dass sie davon ausgehen, dass die Leser dieser Seiten hochkultiviert sind und damit etwas anzufangen wissen. Der Chefredakteur liest diese Stücke im Zweifel sowieso nicht, weil ihn die Kritik an einer Theaterinszenierung, die er nicht gesehen hat, nicht interessiert. Für Buchrezensionen gilt das Gleiche.

Und nun kommt die Wissenschaft. In den meisten Medien geht man hier und nur hier davon aus, dass man beim Leser keinerlei Vorkenntnisse erwarten darf. Kein

Fremdwort darf unübersetzt, kein Fachbegriff unerläutert bleiben. Wissenschaftsthemen findet der Chefredakteur irgendwie wichtig und liest deshalb die Stücke, tut sich aber mit dem Verstehen schwer. Er weiß nicht, was ein Quark ist oder ein Enzym. Ihm ist nicht klar, was eine offene Studie kennzeichnet und was man unter historisch-kritischer Methode zu verstehen hat. Er findet aber, dass das auf 120 Zeilen ruhig so erläutert werden kann, dass er es endlich auch versteht.

Das ist kaum überzeichnet. Doch Wissenschaftsjournalisten haben es nicht grundsätzlich schwerer. Sie werden handwerklich und inhaltlich zwar mehr gefordert als viele Kollegen in anderen Sparten; dadurch können sie aber auch mehr. »Moderner Wissenschaftsjournalismus nimmt vieles von dem vorweg, was der elitäre Teil des Feuilletons und andere den Geisteswissenschaften zugewandte Formate womöglich noch lernen müssen. [...] Populäre Medienthemen aus Naturwissenschaften, Technik und Medizin sind inzwischen so erfolgreich, dass Kulturexperten und Geisteswissenschaftler bereits Rat beim Wissenschaftsjournalisten suchen, wie man mit ihren Themen ebenfalls besser in den Massenmedien ankommen könnte«, schreibt Holger Wormer (Wormer 2009).

Gute Wissenschaftsjournalisten müssen mehr und können mehr: Ihr Ressort bietet phantastische Möglichkeiten. Kaum ein Themenfeld ist ergiebiger, aktueller und lebendiger als die Wissenschaft. Forschung und Fortschritt sind ständig neu, anders und immer im Fluss. In der Wissenschaft geht es nicht nur um neue Erkenntnis, sondern um alles, was das Leben spannend macht: Geld, Leidenschaft, Macht, Politik, Ansehen, Scheitern, Vertuschung, Bestechung, Betrug und die nicht enden wollende Suche nach Lösungen, Heilung, Erklärungen, Sinn.

Wissenschaft erklärt die Welt und der Wissenschaftsjournalist erklärt die Wissenschaft

»Alarmierende neue Studie: Armes Deutschland – Die Kluft zwischen Arm und Reich wird immer größer – Mittelschicht in unserem Land schrumpft dramatisch« titelte das Boulevardblättchen HAMBURGER MORGENPOST (16.6.2010). Das Deutsche Institut für Wirtschaftsforschung hatte eine Studie veröffentlicht mit dem Titel »Polarisierung der Einkommen: Die Mittelschicht verliert«. Darin schreiben die Autoren: »Im längerfristigen Trend ist einerseits nicht nur die Zahl der ärmeren Haushalte stetig gewachsen – sie wurden im Durchschnitt auch immer ärmer.« Andererseits gebe »es im Trend immer mehr Reichere, die im Durchschnitt auch immer reicher würden.«

Das Geschrei war groß. Gewerkschaften, die politische Opposition und diverse Sozialverbände leiteten aus den wissenschaftlichen Erkenntnissen des DIW sogleich Forderungen ab – von Mindestlöhnen über neue Beitragsbemessungsgrenzen bis hin zu einem neuen Erbrecht und Steuererhöhungen. Die Autoren der sehr angreifbaren Studie erlauben sich am Ende ihres Werks eine Warnung vor Fremdenfeindlichkeit und Ausländerhass, die sich aus den Statusängsten der Mittelschicht (die die Studie zu Unrecht schürt) ergeben könnten. Dazu zitieren die Forscher Studien, die keinerlei Zunahme von Fremdenfeindlichkeit in der Krise, ja nicht einmal Statusangst feststellen.

Es ist schön, wenn in erhitzten politischen Debatten Wissenschaftler harte Fakten und klare Zahlen sprechen lassen. Noch schöner ist es, wenn es stimmt, was die Forscher vorlegen. Und am allerschönsten, wenn jemand merkt, was stimmt und was nicht und der interessierten Öffentlichkeit und den erhitzten Entscheidungsträgern die tatsächliche Lage erläutert. Nur so kann man aus Forschungsergebnissen die richtigen Schlüsse ziehen.

Im Fall der DIW-Studie sah es so aus: Die Zahlen zeigten weder eindeutig, dass die Armen ärmer noch dass die Reichen reicher würden – in vier der sechs letzten Jahre fiel das Durchschnittseinkommen in der oberen Einkommensgruppe. Und selbst die besorgniserregende Mittelschicht wurde über einen längeren Zeitraum betrachtet nicht bemerkenswert kleiner. 2009 gehörten 61,5 Prozent der Haushalte dazu; 1993 waren es nur 0,6 Prozentpunkte mehr. Dabei hatten die Forscher die Schicht eigenwillig und damit sehr angreifbar definiert.

Ob es um Armutsbekämpfung und Steuermodelle, Schulformen und Universitätsorganisation, Energietechnik und die entsprechende Preisgestaltung, Nahrungsmittelzulassungen oder Vergangenheitsbewältigung geht – Wissenschaft ist ein Instrument der Politik. Alle Fachministerien brauchen Berater und Kommissionen, die ihnen den Stand der Dinge und den Stand der Forschung darlegen, weil der Fachverstand auch des belesensten Ministers nicht ausreicht. Ohne wissenschaftliche Expertise lässt sich wenig Sinnvolles sagen zu Themen wie Klimawandel, Umweltschutz, Terrorismus, Rentensicherung, Reproduktionsmedizin, Luftreinhaltung und demographische Entwicklung und schon gar keine vernünftige Entscheidung treffen.

Weil Wissenschaft längst jeden Lebensbereich durchdringt, gehört es zu unserem Selbstverständnis, dass wir in einer Wissensgesellschaft leben. Das gilt auch für die, die finden, dass sie in einer Risikogesellschaft leben oder in einer Informationsgesellschaft. In einer Wissensgesellschaft herrscht ein optimistischer Glaube an die Wissenschaft. Man ändert ein Schulkonzept nicht aufgrund der Vermutung, dass das neue irgendwie besser sei, sondern aufgrund von Untersuchungen, die Stärken und Schwächen nachvollziehbar zeigen. Wissenschaft erklärt die Welt; aber wer erklärt die Wissenschaft?

Lange Zeit wurden Wissenschaftsjournalisten als eine Art Übersetzer gesehen. Diejenigen, die die Sprache der Wissenschaft sprechen, die Daten lesen und Studien deuten können und das Ganze leicht verdaulich und verständlich dem Laien erklären. Diese Vermittlerrolle ist fraglos enorm wichtig. Wissenschaftliche Studien sind schwer zu konsumieren, deshalb verlassen sich selbst Fachleute auf die journalistische Aufbereitung. Dass dabei manchmal Fehler passieren und falsche Schlüsse aus richtigen Daten gezogen werden, zeigt dieses Buch. Es zeigt, was ein Wissenschaftsjournalist wissen und können muss: von der Lektüre von Fachliteratur über Interviewvorbereitung bis hin zum Schreiben.

Wissenschaft formt unser Weltbild

Wären es doch einfach nur klare Fakten, die referiert werden müssen! Jeder Wissenschaftsbereich berührt politische und ethische Fragen. Kluge Wissenschaftsjournalisten informieren nicht nur interessierte Bürger; ihre Arbeit ist oft Grundlage für weit reichende Entscheidungen. Schließlich entscheiden Wähler und Abgeordnete aufgrund ihres Wissens. In Sachen Atompolitik, Klimawandel oder Stammzellen stammt es in der Regel nicht aus wissenschaftlichen Originalquellen, sondern aus mehr oder weniger journalistischen Produkten.

Die Sichtung und Interpretation historischer Akten bestimmt auch, wie wir etwa mit ehemaligen Stasi-Leuten umgehen. Sterbehilfe und Organhandel, die Diskussion um pränatale Diagnostik und künstliche Befruchtung, um Embryonengewinnung und Stammzellen, die Frage, ob Triebtäter weggesperrt, therapiert und geheilt werden können sind nicht allein mit Faktenwissen zu bestreiten. Unser Weltbild, unser Menschenbild, unser Anspruch an menschlichen Umgang wird von wissenschaftlichen Fragen geprägt. Und gerade, weil jeder eine Meinung zu Schule und Verbrechen, zu Leben und Tod parat hat, werden solche Diskussionen in Zeitungen und Fernsehen heiß geführt.

Der Prozess der Meinungsbildung ist nie abgeschlossen, weil auch Forschung und Fortschritt nie abgeschlossen sind. Neue Technologien, neue Medikamente, neues Wissen verändern die Welt, in der wir leben, mitsamt ihren Werten, doch die Gebrauchsanweisung wird nicht automatisch mitgeliefert. Bildung und Erziehung – Zukunftsthemen der schrumpfenden post-industriellen Gesellschaft – stützen sich auf ein Menschenbild, das sich mit der Hirnforschung wandelt.

Es ist noch nicht lange her, dass man junge Gehirne für unbeschriebene Blätter hielt. Aggressionen galten als reine Reaktion auf Druck von außen und besondere Begabungen sah man als Folge guter Förderung. Schizophrenie und Autismus wurden doppelt bindenden oder gefühlskalten Müttern angelastet.

Mit der Entschlüsselung des Genoms glaubten viele Zeitgenossen, dass ohnehin genetisch festgelegt sei, was die lieben Kleinen wann lernen können. Hirnforschung ist deshalb kein lebensfernes Orchideenfach, sondern lebenswichtige Grundlage für richtiges Handeln. Das gilt für vernünftige Erziehung und gute Schulen.

Warum ein Buch zum Wissenschaftsjournalismus?

Das gilt aber auch bei Fragen von Schuld und Unschuld, Strafe und Sühne. Wann ist ein Mensch zurechnungsfähig? Wen darf, wen muss man lebenslang einsperren?

Es reicht nicht, wenn die Entscheidungsträger von Fachleuten richtig informiert sind und die richtigen Entscheidungen fällen und entsprechende Gesetze und Regelwerke auf den Weg bringen. Wenn das Neue bewertet und ins Repertoire der Gesellschaft eingereiht wird, hilft die öffentliche Debatte, Meinungen zu bilden. Die Medien haben die nicht immer dankbare Aufgabe, den öffentlichen Diskurs zu führen. In keinem anderen Ressort ist das so wichtig wie in der Wissenschaft. Bei Nanotechnologie, Sterbehilfe, Pädagogik, Stammzellen, Zwangsmedikation und Energiegewinnung spielen nicht nur die harten und oft widersprüchlichen Fakten eine Rolle, sondern auch Werte und Bewertungen, die oft erst im Rahmen einer öffentlich geführten Debatte entstehen. Hier werden kluge Wissenschaftsjournalisten zu Geburtshelfern einer gesellschaftlichen Haltung. Die Mittel dazu sind nicht nur intelligente Analysen oder ausgewogene Gegenüberstellungen. Das Portrait eines Kranken, eine Reportage aus einer Befruchtungsklinik oder ein Bericht über den Tag auf einer Dialysestation machen Wissenschaftsthemen konkret und menschlich. Wissenschaftsjournalisten helfen mit ihrer Darstellung essenzielle Fragen zu beantworten wie: Was verstehen wir unter gesund und krank, Leben und Tod? Ist ein infektfreier Mensch mit einer angeborenen Fehlbildung gesund? Ist ein gesunder Träger eines potenziell krankmachenden Genmerkmals krank? Ist ein tiefgefrorener Achtzeller ein Mensch? Ist ein Unfallopfer, das atmet, aber keine Hirnströme mehr hat, tot?

Miriam Meckel, Professorin für Kommunikationsmanagement in St. Gallen, formuliert es so: »Bislang ist es der Journalismus, der die Menschen mit Neuigkeiten aus der Welt versorgt, sie durch gut recherchierte und erzählte Geschichten interessiert und fasziniert. Das bringt zum Beispiel nicht nur dem Leser einer Tageszeitung oft ein Lesevergnügen, es sorgt auch für eine Synchronisation der Gesellschaft. Journalisten beobachten die Welt mit der Aufgabe und Zielsetzung, das Ergebnis ihrer Beobachtung professionell aufzubereiten und es als Nachricht, Bericht oder Reportage wieder in die Gesellschaft einzuspeisen. Diese Informationen machen es uns möglich, uns in einer komplexen Lebenswelt zu orientieren, uns der eigenen Zugehörigkeit zu dieser Welt zu vergewissern, indem wir uns aus einem Informations- und Themenfundus bedienen, der diese Komplexität reduziert und Momente der gesellschaftlichen Verständigung generiert« (FAZ, 12.5.2009).

Wissenschaftsjournalisten beeinflussen die Wissenschaft

Als wäre es nicht genug, dass Journalismus die ganze Gesellschaft synchronisiert und orientiert; auch die Wissenschaft unterliegt dem Einfluss der Medien. Das ist nahe liegend und doch frappierend, wie eine Untersuchung Mainzer Publizistikwissenschaftler zeigt. Senja Post und Hans Mathias Kepplinger haben 133 deutsche Klimaforscher über die Klimaberichterstattung befragt. Ergebnis: 62 Prozent der Wissenschaftler sind überzeugt, dass die mediale Darstellung ihrer Arbeit einen Einfluss auf die Ausrichtung ihrer Forschung hat. 74 Prozent sehen auch einen Einfluss auf die Zuweisung von Forschungsgeldern. 85 Prozent gaben an, dass besonders die Erforschung des menschlichen Einflusses aufs Klima finanziell von den Medien profitierte (Kepplinger 2008).

Dass und wie über Forschung berichtet wird, ist also nicht nur wertvolle Information für interessierte Laien; die Medienpräsenz beeinflusst die Wissenschaftler, die ihre Forschungssschwerpunkte so verschieben, dass sie medienrelevanter werden. Und sie motiviert Geldgeber, die Wissenschaftler zu fördern, die an Fragestellungen arbeiten, die die Medien interessieren. Diese Verquickung verzerrt das Bild der Klimaforschung in den Medien. »70 bis 80 Prozent der Wissenschaftler halten die Berichterstattung für unrealistisch und überzeichnet,« sagt Kepplinger. Die Publizisten unterschieden drei gleich große Gruppen von Klimaforschern: die überzeugten Warner, die skeptischen Beobachter und diejenigen, die sich nicht so einordnen ließen. Die überzeugten Warner mit ihren computermodellierten Flut- und Dürreszenarien und dramatischen Prognosen bringen besonders schaurig-schöne Schlagzeilen. Sie bekommen besonders viel Forschungsgeld, mit dem sie noch schönere Untergangsszenarien austüfteln. »Die Ausrichtung der Forschung wird von äußeren Kräften beeinflusst, denen die Forscher wissenschaftliche Qualifikation absprechen,« heißt es in der Studie. Im Klartext: Wissenschaftsjournalisten wirken nicht nur auf die Laien, sie beeinflussen auch die Wissenschaft.

Wissenschaft manipuliert, Wissenschaftsjournalisten decken auf

Wissenschaftsjournalisten sind keine Sprachrohre der Wissenschaft. Das Bild vom Wissenschaftsjournalisten als Übersetzer vom Fachchinesischen ins Verständliche ist schön, aber veraltet. Es greift heute viel zu kurz.

Forschung und Entwicklung sind ein Milliardenmarkt. Besonders offensichtlich ist das in der Pharmaindustrie. Natürlich sollen neue Medikamente Menschen helfen. Sie sollen sich aber vor allem verkaufen. 32,4 Milliarden Euro gaben allein die Gesetzlichen Krankenversicherer in Deutschland für Arzneimittel aus. Besonders wichtig sind dabei neuartige und deshalb patentgeschützte Mittel. Rund 800 Millionen Dollar kostet die Entwicklung eines neuen Medikaments bis zur Markteinführung. Natürlich wird ein Pharmaunternehmen alles daran setzen, ein Medikament, das neu entwickelt und getestet wurde, auch auf den Markt zu bringen. Zu dem

Warum ein Buch zum Wissenschaftsjournalismus?

Zweck könnten möglicherweise unliebsame Fakten dezent verschwinden, Nebenwirkungen und Risiken heruntergespielt und Statistiken geschickt gestaltet werden. Aber auch in Sachen Energie, in der Risikoeinschätzung neuer Technologien, bei der Einführung neuer möglicherweise genmanipulierter Nutzpflanzen und in der Tierzucht beeinträchtigen finanzielle Interessen die Berichterstattung.

Geschickte Manipulationen, leicht tendenziöse Fragestellungen oder schlichte Unterschlagung heikler Informationen aufzudecken, gehört zu den Herausforderungen des Wissenschaftsjournalismus.

Selbst an Stellen, die politisch und finanziell harmlos erscheinen, sind Zweifel eine gesunde Grundeinstellung. Manche Fälschungen beschäftigen als Skandale Medien und Öffentlichkeit – allen voran die berühmten geklonten menschlichen Stammzellen aus Korea, die nie existierten. Die Liste der Fälschungen in der Wissenschaft ist lang. Beteiligt sind nicht nur unbekannte Jungforscher, die ihre Karriere beschleunigen wollen, sondern auch Spitzenforscher und gefeierte Wissenschaftler. Ihre Fälschungen veröffentlichen sie nicht in dubiosen Nischenpublikationen, sondern in den renommierten großen Fachzeitschriften.

In der Politik gilt der Journalismus als so genannte vierte Macht: Journalisten sind nicht gewählt, sie haben kein Amt, aber sie treten immer dann ein, wenn die Kontrolle versagt. Das gilt auch für andere Sparten wie Wirtschaft, Gesellschaft und das Feuilleton. In der Wissenschaft spielt der investigative Journalismus eine langsam wachsende Rolle. Nur wenigen gelingt es, Fehlverhalten und Fehler in der Wissenschaft aufzudecken.

Das liegt daran, dass ein Journalist sich extrem gut auskennen muss, wenn er Fehldarstellungen auf die Spur kommen will. Wissenschaftsthemen sind oft schwierig, sperrig und möglicherweise heikel. Es erfordert Mut und Mühen, aufzudecken, was Wissenschaftler zu verbergen suchen. Umso wichtiger ist es, dass Medien Spezialisten fördern, mit Zeit und Mitteln ausstatten, um Wissenschaftsthemen kritisch und sorgfältig zu durchleuchten.

Natürlich ist es einfacher, Studien als korrekt hinzunehmen, als sie auf Schwachstellen abzuklopfen. Investigativer Wissenschaftsjournalismus erfordert Sachkenntnis und deutlich mehr Recherche. Veröffentlichungen, die Fehler enthüllen, müssen hochpräzise sein, sie sind juristisch angreifbar und für den Laien noch schwerer verdaulich als es herkömmliche Wissenschaftsartikel sind. Die meisten Wissenschaftsjournalisten sind vom Alltagsgeschäft aus Kongressberichten und Nachrichtenmeldungen, Buchrezensionen und mit Interviews so ausgelastet, dass sie eine riskante Recherche mit ungewissem Ausgang gar nicht erst anpacken.

Wann immer es aber einem Wissenschaftsjournalisten gelingt, einen Fehler aufzudecken, wird deutlich, wie wichtig kritische Wissenschaftskenner sind, die die Methode der Recherche beherrschen. Je mehr Journalisten mit ihrem Fachwissen den brisanten Wissenschaftsmarkt beobachten, desto mehr werden Medien als Kontrollsystem für die Forschung akzeptiert. Schlechte Presse ist eine schöne Strafe für wissenschaftliches Fehlverhalten, das ja nicht strafbar ist.

Wo immer es um Geld und Macht geht, um politische Entscheidungen, Anwendungen wissenschaftlicher Ergebnisse, lohnt es sich genau zu recherchieren und nicht alles zu glauben, was veröffentlicht wird. Auch wenn es »nur« um Forschungsgelder, Ansehen und Karriere geht, hat die Wissenschaft an Glaubwürdigkeit verloren.

»Wir werden uns an Betrugsfälle in der Wissenschaft gewöhnen müssen. Und auch daran, dass wir von ihnen durch die Medien erfahren. Sie haben die Funktion der öffentlichen Kontrolle betrügerischen Verhaltens in der Wissenschaft schon längst übernommen«, schreibt Peter Weingart in einem Tagungsbericht der DFG (Weingart 2005).

Nichts ist spannender als Wissenschaft

Kinder zeigen ganz unverfälscht, was Menschen wirklich interessiert: Wissenschaft. Sie wollen wissen, was die Welt zusammenhält, was im Weltraum passiert und im Körper, warum sie sich die Zähne putzen sollen, wie ein Ameisenhaufen funktioniert und unsere Gesellschaft, wie die Menschen zur Zeit der Ritter und Burgen gelebt haben und wie Nomaden leben. Was Kinder fragen, beantwortet die Wissenschaft. Das zeigt wie lebensnah, wie aufregend und essenziell das ist, was mit »Wissenschaft« für viele Erwachsene einigermaßen unattraktiv klingt. Dabei boomen Wisssendungen im Fernsehen, und in Zeitungen und Zeitschriften haben Wissenschaftsthemen hohe Lesewerte.

Nichts gegen Theaterkritiken, Protokolle von NATO-Sitzungen und Fußballergebnisse, aber wirklich packend sind neben Menschenschicksalen in der Regel nur Berichte aus der Wissenschaft. Richtig verpackt, gut getextet, geschickt aufgebaut sind Wissenschaftsgeschichten das, was Menschen fasziniert.

»Wissenschaft ist das einzig Neue. Wenn man eine Zeitung oder ein Magazin durchblättert, ist das People-Zeug das immer gleiche Er-sagt-sie-sagt, Politik und Wirtschaft sind die gleichen erbärmlichen zyklischen Dramen, Mode die pathetische Illusion des Neuen und sogar die Technik ist vorhersehbar, wenn man die Wissenschaft dahinter kennt. Die Natur des Menschen ändert sich nicht, aber die Wissenschaft, die ändert sich, und der Wandel summiert sich und verändert die Welt unwiderruflich.« Das schreibt der Biologe und US-Aktivist Stewart Brand (Brand 2009).

Es lassen sich ganze Bücher mit guten Argumenten füllen, warum es wichtig und wertvoll ist, sich in Zeitung, Radio und Fernsehen mit Wissenschaftsthemen auseinanderzusetzen. Das schlagendste Argument ist aber: Weil es Spaß macht. Das Große und das Unsichtbare, Geschichte und Zukunft, ferne Länder, schräge

Warum ein Buch zum Wissenschaftsjournalismus?

Tiere, neue Stoffe, neue Technologie, Menschheitsträume auf dem Weg zur Erfüllung – keine Sparte ist so vielfältig wie die Wissenschaft. Es lohnt sich also: Für Wissenschaftler, die in die Medien wechseln, und für Journalisten, die sich auf ein wissenschaftliches Fach konzentrieren, gibt es viel zu gewinnen. Eine breite Zuhörer- oder Leserschaft sowie schier unendliche Möglichkeiten, die Themen umzusetzen einerseits und eine schier unerschöpfliche Themenvielfalt andererseits.

Gerold Wefer, Vorsitzender des Lenkungsausschusses von »Wissenschaft im Dialog« sagt über das Jahr der Mathematik: »Dass Mathematik so interessant sein kann, war nicht zu erwarten. Es hat mich darin bestätigt, dass Wissenschaftskommunikation tatsächlich kleine Wunder bewirken kann. Voraussetzung ist, dass sie sich auf Augenhöhe mit ihrer jeweiligen Zielgruppe begibt. Dann macht jede Wissenschaft – nicht nur die Mathematik – Spaß.«

Wissenschaftsjournalisten werden dafür bezahlt, dass sie sich für Dinge interessieren, die sowieso interessant sind, dass sie auf dem Laufenden bleiben, wo ständig Neues passiert, dass sie sich Zeit nehmen, Schwieriges zu verstehen und es am Ende in eine Form bringen, die sie selbst interessant, informativ und unterhaltsam finden.

»Wir haben den schönsten Beruf der Welt, nach wie vor – davon bin ich überzeugt«, schreibt Reiner Korbmann, Chefredakteur des »MEDIZIN- UND WISSENSCHAFTSJOURNALISTEN« im Editorial. Recht hat er.

>»Für die Wissenschaft ist Kommunikation unverzichtbar.
Wissen, das nicht kommuniziert wird, ist wertlos.«
(Ernst-Ludwig Winnacker, ehem. Präsident der DFG)

2   Wie die Wissenschaft kommuniziert

»Wissenschaftlich getestet« und »von führenden Wissenschaftlern entwickelt« sind heutzutage Werbeattribute. Vom Kauf des neuen Autos über den umweltfreundlichen Dachausbau, vom richtigen Umgang mit Topfpflanzen und renitenten Kindern, von gesunder Ernährung bis hin zur Wahl der wirksamsten Therapie – es gibt keine Entscheidung, bei der nicht wissenschaftliche Erkenntnisse berücksichtigt werden. Wissenschaft erklärt die Welt, sie formt sie neu – und sie ist eine Welt für sich. Wissenschaftler tüfteln aus, was das Beste für Mensch und Umwelt ist, sie entwickeln neue Technologien, neue Medikamente und testen Katalysatoren, Datennetze, Schulformen und Medikamente. So wird sichergestellt, dass wir das erwiesenermaßen Beste und nach dem Stand der Forschung Richtige bekommen.

Der weltfremde Forscher, der zurückgezogen im stillen Denkerstübchen des Elfenbeinturmes schwierige Experimente zusammenknobelt, war schon immer ein Klischee. Der »Elfenbeinturm« steht für einen immateriellen Ort losgelöst von der realen Welt. Doch Forschung war immer diesseitig und ist es heute mehr denn je, weil sie von Forschungsgeldern abhängt und gleichzeitig große Gewinne verspricht.

Aber auch das Image des guten, klugen Forschers, der den Dingen auf den Grund geht, bröckelt. Offensichtlich ist nicht alles, was die Wissenschaft empfiehlt, gut und richtig. Man muss gar nicht die Atom- und Neutronenbombe anführen, um die Angreifbarkeit der Forschung zu illustrieren. Manche Forschung kostet den Steuerzahler nur Geld, ohne greifbare oder nutzbare Resultate zu bringen. Einige Entwicklungen wie genmanipulierte Nutzpflanzen oder Nanotechnologie machen den Menschen Angst. Manches neue Medikament erweist sich trotz aller Studien als tödlicher Flop, und einige prominente Durchbrüche in der Wissenschaft sind dreiste Fälschungen.

Um über Wissenschaft berichten zu können, muss man wissen, wie die Forschung funktioniert. Um Nachrichten aus der Welt der Forschung nach außen zu tragen, muss man wissen, wie innerhalb der Wissenschaft kommuniziert wird.

Wissenschaftskommunikation in der Zeitmaschine

Berichte über Wissenschaft sind älter als die Medien. Auf den ersten Flugblättern nach der Erfindung des Drucks mit beweglichen Lettern wurden Meldungen zu Pest und Cholera verbreitet, Regeln zu Aderlass und Harnschau, Berichte von Erdbeben, zweiköpfigen Kälbern, Nordlichtern, Missgeburten und Scheintoten. Wissenschaft mag hier ein großes Wort sein für die Darstellung von allerlei Alchemistischem, Wunderbarem und Fehlgedeutetem.

Das erste Publikum im 17. Und 18. Jahrhundert war die höfische Gesellschaft. Ihr führten Naturforscher ihre Experimente vor, die möglichst mit Überraschungen unterhielten.

Im 18. Jahrhundert bildeten sich die Akademien als Orte der Forschung und damit der wissenschaftlichen Kommunikation heraus. Je komplexer der Versuchsaufbau und je sensibler die Instrumente wurden, desto mehr wanderte die Forschung in Labors. Das Publikum musste draußen bleiben; die Phänomene konnten nicht mehr demonstriert werden, sondern wurden berichtet.

In diese Zeit fällt die Aufspaltung der Berichterstattung in eine primäre, die sich an Wissenschaftlerkollegen wendet, und die sekundäre an das Laienpublikum. Auch die fachspezifischen Ausdrucksweisen bilden sich in dieser Zeit heraus. Im frühen 19. Jahrhundert erlebt die Wissenschaftskommunikation einen Boom: »Man« hört in naturkundlichen Vereinen wissenschaftliche Vorträge an, sammelte Mineralien und Pflanzen und hält sich populärwissenschaftliche Zeitschriften im Abonnement. Der Nutzen der Forschung ist offensichtlich: Elektrisches Licht und immer bessere Medizin dokumentieren den Fortschritt.

Seitdem schwindet die Bedeutung des Laienpublikums für die Forschung dahin. Das breite Publikum gilt als unwissend – die Forschungskommunikation findet fast ausschließlich unter Fachkollegen statt. Relativitätstheorie und Quantenmechanik beflügeln keine Fortschrittsphantasien mehr, sondern lassen die Öffentlichkeit in ungläubiger Verständnislosigkeit außen vor. Spätestens in den 50er-Jahren schlägt die Faszination der Forschung in Skepsis um. Kernenergie und rabiate Eingriffe in die Landschaft lassen das Misstrauen wachsen.

Heute bringen Massenmedien die Wissenschaft wieder einer breiten Öffentlichkeit nahe, aber nicht mehr für erbauliche Teilhabe. Sie nehmen auch keine Forschungsberichte mehr aus der Wissenschaft entgegen. Längst sind die Medien kommerzialisiert und behandeln die Wissenschaft als einen Bereich unter vielen, der immer dann zum Tragen kommt, wenn er Nachrichten- oder besonderen Unterhaltungswert hat.

Wer forscht?

90 Prozent aller Wissenschaftler, die es in der Geschichte der Menschheit je gab, leben Schätzungen zufolge jetzt. Zu ihnen gehören Naturwissenschaftler und Geisteswissenschaftler, Theoretiker und Praktiker, Universitätsforscher und Entwickler in Unternehmen. Produktionsstätte all der Wissenschaftler ist eine europäische Erfindung: die Universität.

Im Jahr 1900 studierten weltweit rund eine halbe Million Menschen, ein Jahrhundert später waren es doppelt so viele. 2007 waren 152,5 Millionen Menschen an einer Universität eingeschrieben. Natürlich wird nicht aus jedem Studenten ein Wissenschaftler, der Trend ist aber deutlich: Wissenschaft ist in jeder Hinsicht ein Wachstumsmarkt.

Nimmt man das 16. Jahrhundert als Beginn der modernen Wissenschaft, so ist sie seitdem um fünf Größenordnungen gewachsen. Alle 15 Jahre verdoppelt sich die Zahl der Wissenschaftler – die Bevölkerung wächst längst nicht so schnell. Damit wächst nicht nur der Anteil der in der Forschung beschäftigten Menschen kontinuierlich, sondern auch die Menge ihrer Veröffentlichungen.

Die Geisteswissenschaften sind in der damaligen Bundesrepublik zwischen 1954 und 1984/87 um rund das Siebenfache gewachsen, seit den 80er-Jahren klingt der Boom ab und die Geisteswissenschaften bleiben hinter den Naturwissenschaften zurück. Doch der Trend bleibt.

Mit dem dramatischen Wachstum an wissenschaftlich Arbeitenden explodiert auch die Zahl der Veröffentlichungen. Peter Weingart nennt folgendes Beispiel: 1954 veröffentlichten 24 Anglistik-Professoren in Deutschland zwölf Bücher sowie einige Artikel in Fachzeitschriften – eine Menge, die alle Wissenschaftler in dem Bereich lesen konnten. 1984 gab es rund 300 Professoren für Anglistik, die zusammen etwa 60 Bücher und geschätzte 600 Fachartikel publizierten. Es ist klar, dass diese Mengen selbst von Fachkollegen nicht mehr bewältigt werden können (Weingart 1990). In der Folge spezialisieren sich die Anglisten und das einst homogene Fach splittert sich in zahllose Teilbereiche auf, die sich gegenseitig nur bedingt wahrnehmen.

Die Deutsche Forschungsgemeinschaft DFG unterscheidet derzeit 226 Fächer, genauer »aktive Fächer,« in denen also neues Wissen entsteht.

In Deutschland wird an den Hochschulen sowie an außeruniversitären Einrichtungen geforscht. Das Humboldt'sche Ideal von der Einheit von Forschung und Lehre, dem die Universitäten verschrieben sind, ließ sich schwer umsetzen. Bereits um 1900 hinderten die Lehraufgaben die Professoren daran, sich so um die Wissenschaft zu kümmern, wie sie es wollten. Damit deutsche Forscher nicht den Anschluss an die Wissenschaft der USA oder Großbritanniens verlören, gründete Kaiser Wilhelm II. 1911 die außeruniversitäre Kaiser-Wilhelm-Gesellschaft zur Förderung von Wissenschaft und Forschung (KWG), die nach dem 2. Weltkrieg als Max-Planck-Gesellschaft neu konstituiert wurde. Dort widmen sich Wissenschaftler der Grundlagenforschung.

Die Fraunhofer Gesellschaft konzentriert sich auf angewandte Forschung und versucht, neues Wissen schnell in innovative Produkte und Verfahren zu verwandeln.

Im Jahr 2007 hat die Regierung der Bundesrepublik Deutschland 10.145,5 Millionen Euro für Forschung und Entwicklung ausgegeben. Der Löwenanteil geht an die Universitäten und Hochschulen. Die Max-Planck-Gesellschaft lebt zu 50 Prozent vom Geld des Bundes, die Fraunhofer Gesellschaft zu 90 Prozent. Die Deutsche Forschungsgemeinschaft (DFG), die wiederum Hochschulforschung fördert, wird hälftig von Bund und Ländern finanziert. Zur deutschen Forschungslandschaft gehören noch die 15 Großforschungseinrichtungen, die in der Hermann von Helmholtz-Gemeinschaft Deutscher Forschungszentren verbunden sind. Ihre Grundfinanzierung kommt zu 90 Prozent vom Bund.

Weil Wissenschaft nicht nur Erkenntnis, sondern nutzbare Ergebnisse und damit geldwerte Entwicklungen hervorbringt, investierte die Wirtschaft 2007 43.768 Millionen Euro in die Wissenschaft. Zu den großzügigsten Forschungsförderern gehört aber immer noch der deutsche Steuerzahler. Er hat deshalb einen Anspruch darauf, gut und richtig darüber informiert zu werden, was mit seinen schönen Forschungsmillionen passiert.

Forschung zum Benutzen

Die Bedeutung der Forschung für Wirtschaft und Gesellschaft wird gern betont, bleibt aber meist abstrakt. Dabei verwenden wir dauernd Techniken und Produkte, die dank wissenschaftlicher Forschung entstanden sind:

1951 patentierte BASF den Kunststoff, der heute weltweit Waren schützt und Gebäude dämmt: Bei einem Experiment erschuf der Chemiker Fritz Stastny das Styropor. Zwei Jahre später fand Karl Ziegler am Max-Planck-Institut für Kohlenforschung in Mühlheim an der Ruhr einen Katalysator, der die Massenproduktion von Polyethylen erlaubte. Das Patent machte das Institut finanziell unabhängig und brachte Ziegler und Giulio Natte 1963 den Nobelpreis für Chemie.

Alle endoskopischen Eingriffe der Welt funktionieren mit Technik des schwäbischen Unternehmers Karl Storz, der erstmals Lichtleiter im Körper einsetzte und der bei seinem Tod 400 Patente auf Endoskopie-Technik hielt. Die Magnetresonanztomografie (MRT) funktioniert mit einem bildgebenden Verfahren, das der Physiker Jens Frahm in Göttingen entwickelte. Das Patent auf sein Schnell-

Wie die Wissenschaft kommuniziert

bildverfahren (FLASH) ist das ertragreichste der Max-Planck-Gesellschaft in den letzten 20 Jahren.

Nicht jede Entwicklung braucht ein Labor. Das Sozioökonomische Panel (SOEP) ist eine regelmäßige Befragung von 11.000 Haushalten. Das DIW (siehe Kap. 1) beobachtet anhand der SOEP-Daten seit 1983 die sozialen und ökonomischen Trends. Inzwischen arbeiten Wissenschaftler in mehr als 50 Ländern mit den Daten des DIW.

Die Telekommunikation wird bis heute von Forschungsergebnissen aus Deutschland geprägt: 1962 entwickelte Walter Bruch bei Telefunken in Hannover die PAL-Technik zur Farbübertragung im Fernsehen. Das Urgerät der digitalen Bildverarbeitung entwickelte 1951 der Elektrotechniker Rudolf Hell. Sein Klischograph liest Bilder elektronisch ein und graviert sie auf Druckplatten. Zwölf Jahre später erfand er noch den ersten Scanner.

Auch das erste Faxgerät stammt aus deutschen Labors; es wurde 1974 bei der Firma Infotec gebaut.

Mercedes-Benz entwickelte 1968 den Airbag, der erst 1981 mit der Raketentriebwerkszündung einsatztauglich wurde. Heute gehört er in jeden Neuwagen.

Der Transrapid und die Patch-Clamp-Methode, das erste synthetisch hergestellte Insulin und der erste FCKW-freie Kühlschrank, die Entdeckung des Papillomavirus und des Coronavirus, der MP3-Player und das Rastertunnelmikroskop – die Liste lebensverändernder Forschungsprodukte allein aus deutschen Labors lässt sich endlos fortsetzen.

Die Scientific Community

Die Wissenschaftsgemeinde oder (gebräuchlicher) Scientific Community meint alle Wissenschaftler, die am internationalen Forschungsbetrieb teilnehmen – an Universitäten und staatlichen Instituten, in Unternehmen und privaten Forschungseinrichtungen sowie Kliniken jeder Art. So diffus die Arbeitsmöglichkeiten in der Wissenschaft auch sind, noch nie war die Wissenschaftsgemeinde so groß und dabei so homogen wie heute.

Diese Gemeinschaft ist über Sprach-, Länder- und Kulturgrenzen ausgesprochen gut vernetzt und mittlerweile auch durchmischt. In vielen naturwissenschaftlichen Fächern ist ein Aufenthalt an einer ausländischen Forschungseinrichtung karrierebegünstigend. Schon jetzt stammt jeder dritte Postdoc-Student in den USA aus dem Ausland.

Großprojekte wie der Teilchenbeschleuniger CERN oder Riesenteleskope können nur mehrere Länder und Institutionen gemeinsam stemmen. Auch globale Phänomene wie die Klimaveränderung oder die Kartierung der Meeresfauna lassen sich nur weltumspannend erforschen.

Ob in Großforschungsanlagen oder auf internationalen Wissenschaftskongressen, Wissenschaftler verstehen sich untereinander, weil sie die gleiche Sprache sprechen. Formal ist das in der Regel englisch, aber vor allem gibt es in der Wissenschaft Kommunikationsformen, die weltweit gleich sind. Ein Molekularbiologe aus Russland kann sich vermutlich ohne Anlaufschwierigkeiten mit einem Fachkollegen aus Kanada, Deutschland oder Japan unterhalten, während es mit einem Verwaltungsrat im eigenen Land möglicherweise zäh wird.

Besonders deutlich ist der Zusammenhalt der Wissenschaftsgemeinde in den Naturwissenschaften. Mediziner sind es längst gewohnt, große klinische Studien über Ländergrenzen hinweg durchzuführen – man besucht sich und trifft sich regelmäßig auf Tagungen. Auch Physiker und Molekularbiologen treffen die immer gleichen internationalen Kollegen auf Kongressen in aller Welt. In den Geisteswissenschaften ist der Zusammenhalt der Wissenschaftsgemeinde weniger sichtbar. Zwar arbeiten auch Archäologen weltweit zusammen, doch tauschen sich Germanisten, Politologen und Philosophen weniger weltumspannend und vor allem weniger geregelt aus.

Kommunikation als Voraussetzung für Wissenschaft

Über wissenschaftliche Ergebnisse wird nicht abgestimmt, sie werden mit wissenschaftlichen Methoden produziert. Aber auch eine korrekte Messung, ein gelungenes Experiment macht noch keine Wissenschaft. Der Philosoph und Wissenschaftstheoretiker Karl Popper sprach vom öffentlichen Charakter wissenschaftlicher Methoden und verdeutlichte mit seinem Robinson-Crusoe-Argument seine Überzeugung, dass ein Einzelner keine Wissenschaft betreiben könne: Hätte Crusoe auf seiner einsamen Insel alles richtig gemacht bei seinen Sternenbeobachtungen oder bei Experimenten – es wäre doch keine Wissenschaft gewesen. Warum? Crusoe hätte seine Ergebnisse niemandem präsentieren können, der sie kritisch prüft. Es hätte keine Diskussion seiner Arbeit gegeben und die Gefahr, dass Crusoe nur feststellt, was er erwartet hat, wäre groß.

Einzelne Wissenschaftler seien irrational und besessen und damit nicht in der Lage, objektiv zu sein. »Objektivität,« die auch Popper in Anführungszeichen setzt, kommt demnach in der Wissenschaft und in wissenschaftlichen Methoden nur zustande durch öffentliche Kritik und Kontrolle sowie gelungene Kommunikation (Fröhlich 2009).

Ob die Art der Kommunikation, auf die man sich im Wissenschaftsbetrieb geeinigt hat, wirklich gelungen ist, darf bezweifelt werden. Das System ist langsam gewachsen und beschäftigt mittlerweile einen gewaltigen Apparat. Die drei charakteristischen K der Wissenschaft – Kritik, Kontrolle, Kommunikation – manifestieren sich in der weltweit einheitlichen Form der Veröffentlichung von Forschungsergebnissen. Wenn ein Artikel von Forschern für Forscher gedruckt wird, so hat er wichtige Hürden genommen.

Wissenschaftliche Veröffentlichungen

Im Englischen wird zwischen »Scientific Communication« und »Science Communication« unterschieden. Das erste ist die interne Kommunikation vor allem in den Naturwissenschaften, das andere die Kommunikation nach außen, die bei uns meist »Wissenschaftskommunikation« heißt und dem Wissenschaftsjournalismus verwandt ist. Wissenschaftliche Fachzeitschriften, gerne auch Journals genannt, gelten als Kernstück der innerwissenschaftlichen Kommunikation. Wissenschaftsjournalisten arbeiten in der Regel mit diesen veröffentlichten Informationen. Sie dienen als Grundlage für zahlreiche journalistische Artikel.

Dabei ist es wichtig zu wissen, dass die Artikel in einem Journal nicht die nüchterne Darstellung von Forschungsergebnissen sind, sondern das feine Ende eines langen, umstrittenen Prozesses. Bis es zu einer Veröffentlichung kommt, werden im Vorfeld Gelder beantragt – in der Regel in einem einseitigen Kommunikationsprozess.

Dann werden Versuchsaufbau oder Studiendesign beschlossen. Anschließend wird der Versuch aufgebaut, eine Anlage in Betrieb genommen, oder werden die Patienten ausgewählt und in Gruppen aufgeteilt. Die Wissenschaftler messen, erheben und sammeln Daten. Diese werden aufbereitet und verarbeitet. Welche Details schließlich wie ausgesucht und dargestellt werden und was damit am Ende im Journal erscheint, wirft nur ein Schlaglicht auf die tatsächliche Forschungsarbeit. »Die öffentlich zugänglichen Inhalte der Wissenschaftsjournale sind nur die Spitze des Eisbergs forschungsrelevanter Kommunikationen, besonders konstruktiver Kritik. Die wesentlichen Funktionen wissenschaftlicher Journale können daher nicht, wie stets behauptet, im ›Austausch von Ideen und Kritik‹ bestehen, sondern müssen andere sein«, schreibt der Wissenschaftstheoretiker Gerhard Fröhlich (2009).

Der griechische Forscher John Ioannidis hat mit einer statistischen Arbeit errechnet, dass nur rund die Hälfte aller veröffentlichten Artikel auch stimmt. Er berechnete die Auswirkungen kleiner Fallzahlen, schlechten Studiendesigns, selektiven Veröffentlichens und der Voreingenommenheit des Forschers. Diese Faktoren verfälschen jede zweite Studie, die als formal richtig gedruckt wird (Ioannidis 2005).

Weil Wissenschaftler wissen, unter welchen Bedingungen wissenschaftliche Artikel entstehen, nehmen sie sie in der Regel weit weniger ernst als Laien. Die wollen gerne glauben, dass etwas »wissenschaftlich bewiesen« und damit wahr sei, wenn es denn in einem renommierten Journal stand und so berichtet wird.

»Wenn ich die [wissenschaftliche] Literatur lese, dann lese ich sie nicht, um Wahrheiten zu finden wie in einem Lehrbuch. Ich lese sie, um Anregungen zu bekommen. Selbst wenn in einem Paper etwas nicht stimmt, so gibt es doch Stoff zum Nachdenken, wenn sie einen Kern einer neuartigen Idee enthalten«, sagt der Neurowissenschaftler und leitende Redakteur der Proceedings of the National Academy of Sciences Solomon Snyder (Kleiner 2005).

Historisch fanden Kritik, Kontrolle und Kommunikation tatsächlich verbal statt – auf den Sitzungen der Akademien. Ein wichtiger Tagesordnungspunkt dieser Sitzungen war auch das Vorlesen der Briefe von Mitgliedern, die Berichte über eigene Experimente oder Beobachtungen enthielten, oft auch kühne Theorien oder kritische Anmerkungen zu anderen. Der heute noch gebräuchliche Titel »korrespondierendes Mitglied« stammt aus dieser Zeit. 1665 gründete der Sekretär der Londoner Royal Society die Philosophical Transactions, die als Mutter aller wissenschaftlichen Fachzeitschriften gelten.

100 Jahre lang erschienen die gedruckten Briefe mehr oder weniger regelmäßig, bis sich die Royal Society entschloss, nicht nur die Sekretäre mit ihrer Verbreitung zu beschäftigen, sondern offiziell die Verantwortung für den Inhalt zu übernehmen. Man richtete ein Gremium aus Gelehrten ein, das kontrollierte, was da veröffentlicht wurde. Dies gilt als die Geburtsstunde des »Peer Review.« (Peers sind Gleichgestellte, Gleichrangige.)

Nach dem 2. Weltkrieg wurde die systematische und strenge Überprüfung eingereichter Beiträge zum Qualitätsmaßstab für wissenschaftliche Zeitschriften. Externe, passend spezialisierte Fachleute schreiben Gutachten, sie fordern weitere Ausführungen oder Änderungen und geben schließlich grünes Licht für die Veröffentlichung. Dieses Peer- Review-System wird noch heute gepflegt.

Wer schreibt?

Gerichtsprotokolle belegen detailliert, wie die Pharmafirma Wyeth 26 wissenschaftliche papers in 18 wichtigen medizinischen Fachzeitschriften hatte veröffentlichen lassen. Wie das? Wyeth stellt die Medikamente Premarin und Prempro her, die allein im Jahr 2001 rund zwei Milliarden Dollar Umsatz brachten. Die Tabletten ersetzen weibliche Hormone nach den Wechseljahren, sie dämpfen die Hitzewallungen der Wechseljahre, halten die Haut glatt, stärken die Knochen und schützen angeblich sogar vor Demenz und Herzkrankheiten. 2002 wurde eine große Studie mit Hormonersatz abgebrochen, weil die Versuchspersonen überdurchschnittlich oft an Brustkrebs, Herzkrankheiten und Schlaganfällen litten. Später kam auch heraus, dass die Mittel auch das Demenzrisiko steigern. Wie konnten sie sich so lange als Bestseller auf dem Pharmamarkt halten?

Um Premarin als Bestseller zu halten, beschäftigte Wyeth mehrere Schreibfirmen damit, wissenschaftliche Artikel über ihre Hormonpillen zu schreiben, unter anderem ging im Jahr 1997 ein Auftrag an die Firma DesignWrite in Princeton. Sie sollte im Rahmen eines Zweijahresplans 30 wissenschaftliche Artikel erstellen. Die Artikel wurden entworfen und dann Medizinern zugeschickt, die sich als Autoren zur Verfügung stellten. Das Diktat des Publish-or-perish machte das Neinsagen schwer. In den Gerichtsunterlagen sind die Artikel mit der Autorenzeile »TBD – to be decided« (noch nicht entschieden) zu sehen. DesignWrite stellte für einen veröffentlichten Artikel 25.000 Dollar in Rechnung. Es sei übliche Praxis, dass Pharmafirmen mit Schreibfirmen zusammenarbeiten, heißt es bei Wyeth, die veröffentlichten Artikel seien wissenschaftlich in Ordnung und außerdem ja durch den Peer-Review-Prozess gegangen.

Wyeth arbeitet auch weiterhin mit Ghostwritern zusammen, versucht aber nach eigenen Angaben, die »Autoren« früher in den Schreibprozess einzubinden. Außerdem werde angegeben, wer von Wyeth wofür bezahlt worden sei. Für Laien ebenso wie für Mediziner ist es aber nach wie vor nicht ersichtlich, welche wissenschaftlichen Artikel authentische Forschung eines Wissenschaftlers und welche Auftragsarbeiten von Ghostwritern sind (Singer 2009).

Ein einheitliches Prüfsystem gibt es nicht. Manche Zeitschriften setzen nur einen Gutachter ein. Wenn dieser ablehnt, wird ein zweiter hinzugezogen. Andere arbeiten von Anfang an mit mehreren Experten. Was diese zu sehen bekommen, ist ebenfalls unterschiedlich. In der Regel erfahren die Autoren der Studie nicht, wer sie begutachtet. Beim Doppeltblindverfahren werden für die Gutachter die Autorennamen geschwärzt; beim Dreifachblindverfahren weiß auch der Herausgeber nicht, wer da schreibt.

Fehlentscheidungen gab und gibt es trotzdem immer wieder. So wurden mehrfach Arbeiten abgelehnt, die später mit dem Nobelpreis gewürdigt wurden, andererseits werden immer wieder Artikel gedruckt, die sich als fehlerhaft oder als dreiste Fälschung entpuppen.

Ob ein Artikel abgewiesen oder gedruckt wird, hängt längst nicht mehr von seiner wissenschaftlichen Qualität ab. Manche Psychologie- oder Ökonomie-Journale verweisen stolz auf Ablehnungsraten von 80 Prozent. Das heißt: Nur zwei von zehn eingereichten Studien werden tatsächlich gedruckt. Dass diese zwei deshalb überragend viel besser seien als die anderen, ist allerdings nicht gesagt. Es ist ein Mythos, dass eine hohe Abweisungsrate für besonders strenge Bewertungskriterien und damit hohe Qualität stünden.

Auch in der innerwissenschaftlichen Kommunikation regieren Angebot und Nachfrage. Wird ein neues Journal für ein Spezialgebiet gegründet, so wittern Wissenschaftler hier ihre Chance auf eine Veröffentlichung und reichen dort Artikel ein. In der Folge wächst also das Angebot an Arbeiten in diesem Spezialgebiet.

In der Physik werden nur rund 25 Prozent der Arbeiten abgelehnt, bei den Philosophen sind es bis zu 90 Prozent. Mit Qualität haben diese krassen Unterschiede nichts zu tun. Physikjournale haben pro Jahrgang bis zu 10.000 Seiten, bei philosophischen Fachzeitschriften sind es nur rund 200. In Disziplinen, in denen Druckseiten eine knappe Resource sind, werden Arbeiten deshalb oft immer und immer wieder unverändert eingereicht, bis sie gedruckt werden. Oder die Autoren funktionieren ihren Aufsatz zum Buchkapitel um – so wird er auch gelesen und ist zitabel.

»It is not science till it's published« – solange es nicht veröffentlicht ist, ist es keine Wissenschaft – heißt es in Fachkreisen. Diese Erkenntnis ist auch für Journalisten wichtig. Wenn sie über unveröffentlichte wissenschaftliche Arbeiten berichten, so können sie die wissenschaftliche Veröffentlichung erschweren. Wer gedankenlos Ergebnisse aufschreibt, die den Peer-Review-Prozess noch nicht durchlaufen haben, kann dem Urheber der Daten damit ernsthaft schaden. Das erklärt, warum viele Wissenschaftler so zurückhaltend mit Informationen über ihre Arbeit sind (siehe Kap. 11).

Lohnende Lektüre

Gutachter erfahren viel. Was dürfen sie damit anfangen?
Was als wissenschaftliche Publikation begann, wird jetzt zum Rechtsfall

Die wissenschaftlichen Wettläufe mit den höchsten Preisgeldern finden in der Regel unter Ausschluß der Öffentlichkeit statt. Hinter verschlossenen Türen sequenzieren Biotechniker fieberhaft die Gene für hoffnungsvolle Moleküle, also Substanzen mit vermeintlich therapeutischem Wert. Wer den Wettlauf gewinnt, kann mit Patentrechten ein Vermögen verdienen. Gerade bei solchen Rennen kann es an der Zielgeraden zu unschönen Szenen kommen. So auch in einem Fall, über den das Magazin SCIENCE berichtet. Nach fast dreizehn Jahren Streit fordern amerikanische Wissenschaftler jetzt die Disqualifikation ihrer Konkurrenten. Der Vorwurf: geistiger Diebstahl durch Gutachter der angesehenen Wissenschaftszeitschrift NATURE.

Eine Forschergruppe um Philip Auron, gesponsert von der Biotechnikfirma Cistron in New Jersey, präsentierte sich im Dezember 1983 in Siegerpose. Die Biologen hatten das Gen für einen menschlichen Immunbotenstoff, das Interleukin 1 (IL-1), entschlüsselt. Einen Artikel über ihren Erfolg mit der DNA-Sequenz des Gens reichten sie zur Veröffentlichung bei NATURE ein. Was dann mit dem Bericht geschah, soll ein Gericht in Seattle am kommenden Dienstag klären.

Zunächst nämlich wurde die Veröffentlichung der Arbeit nach der üblichen Begutachtung durch mehrere Fachleute abgelehnt. Die Ergebnisse seien unvollständig, urteilten John Maddox und Nigel Williams, damals Herausgeber und Manuskript-Chef von NATURE. Ein halbes Jahr später wurde das überarbeitete Manuskript eingereicht. Diesmal prüfte Steven Gillis, der für die Firma Immunex aus Seattle an der Isolierung von Interleukin arbeitete, das Manuskript als Gutachter. Wieder wurde die Publikation zurückgewiesen. – Alltag im Wettlauf um die erste Veröffentlichung wissenschaftlicher Arbeiten. Während einer Fachtagung im Oktober 1984 im bayerischen Schloß Elmau kam es jedoch zum Eklat: Als Philip Auron ein Dia mit Teilen des IL-1-Gens zeigte, sprang ein Immunex-Mitarbeiter auf, eilte zum Mikrophon und verkündete, er kenne diese Sequenz, sie sei nicht richtig. Woher er die noch unveröffentlichte Gen-Sequenz kannte, verschwieg er. Hatte Gutachter Gillis sie weitergegeben?

Im Mai 1984 hatte Cistron eilig die Patentierung des IL-1-Gens beantragt und die Sequenz im Publikationsorgan der amerikanischen Akademie der Wissenschaften (PNAS) mit Auron als Hauptautor veröffentlicht. Im selben Jahr patentierte Immunex eine kleinere biologisch aktive Einheit des identischen Gens. Sechs Monate später veröffentlichte der Immunex-Mann Steven Gillis als Koautor in NATURE einen mit sieben Seiten erstaunlich umfangreichen Artikel, in dem zwei Gene für IL-1 beschrieben wurden – das von der Konkurrenz beschriebene nannte er IL-1-beta und verwies es so auf Platz zwei.

Gleich nach der Veröffentlichung beschwerte sich Auron bitter über die »arrogante« Zurücksetzung durch die Nomenklatur. Der Streit, den beide Firmen nun vor Gericht austragen wollen, dreht sich nicht nur um das gleich zweimal vergebene Patent; der Hauptvorwurf lautet: Gillis habe seinen Gutachterstatus mißbraucht und Informationen aus dem Auron-Ergebnispapier für eigene Zwecke genutzt. Cistron wirft der Konkurrenz »Gangstermethoden zur unlauteren Bereicherung« vor und fordert hundert Millionen Dollar Schadenersatz, obwohl das Interleukin bis jetzt nicht besonders viel Gewinn erwirtschaftet hat.

Als Beweis für den geistigen Diebstahl präsentiert Cistron die beiden Patentakten, die 1992 geöffnet wurden. In die Original-Cistron-Version der Gen-Sequenz hatte sich ein Fehler eingeschlichen, der genauso in

> der Immunex-Gen-Sequenz wiederauftauchte. Der Patentanwalt von Cistron hält damit für bewiesen, dass Immunex die Gen-Sequenz abgeschrieben hat. Immunex indes weist die Vorwürfe mit dem Hinweis zurück, Ergebnisse seien in dem Moment nicht mehr vertraulich, in dem sie zur Durchsicht weggeschickt würden.
>
> Jetzt diskutieren die Fachkreise, was ein Gutachter darf, denn feste Regeln gibt es nicht. Die bunt gemischten Anschuldigungen von Cistron gegen Immunex konnte der Vorsitzende Richter auf »unlauteren Wettbewerb« und die Schadenersatzforderung auf neunzig Millionen Dollar herunterschrauben. Doch Immunex verklagte Cistron nun ebenfalls wegen unlauteren Wettbewerbs: Cistron wolle mit rechtlichen Tricks Geld machen, nachdem die Firma weder im Labor noch auf dem Markt Erfolg hätte. Doch die Frage, ob und wieviel Immunex wird zahlen müssen, ist weit weniger brisant als die, ob Wissenschaftler künftig fürchten müssen, dass ihr geistiges Eigentum von Gutachtern gestohlen werden kann.
>
> (Jutta v. Campenhausen, DIE ZEIT, 20.9.1996)

Als Kontrollsystem hat der Peer Review längst versagt. Von wenigen Ausnahmen abgesehen, passieren Fälschungen und Fehler in der Wissenschaft diese Hürde erstaunlich problemlos. Auch die renommiertesten Journale müssen immer wieder beschämt eingestehen, dass sie falsche oder unseriöse Artikel veröffentlicht haben.

Schlimmer ist, dass das Peer-Review-System selbst neue Missbrauchsmöglichkeiten eröffnet. Den Gutachtern wird vorgeworfen, ihre Position zu missbrauchen: Sie können Arbeiten unliebsamer Konkurrenten blockieren oder ausbremsen, indem sie zahlreiche Änderungen verlangen. In der Zeit können sie wichtige Informationen selber nutzen oder an befreundete Wissenschaftler weitergeben. Der Vorwurf, sie klauten Ideen, wenn sie sich vom Gelesenen anregen lassen, klingt dagegen harmlos, spielt aber auch eine Rolle.

Trotzdem ist und bleibt der Peer-Review für wissenschaftliche Veröffentlichungen vorerst unumgänglich. Immerhin sind die meisten Gutachter lauter und arbeiten so gut, wie es im Rahmen der Möglichkeiten des Systems geht. Wer Arbeiten zitiert, die dem kritischen Blick der Peers nicht ausgesetzt wurden, sollte extrem kritisch sein und die Qualität der Daten selber sorgfältig prüfen. Wer will das schon?

Beispiel: Ohne Peer Review unglaubwürdig

Der Weltklimarat IPCC hat die Aufgabe, die Risiken der globalen Erwärmung zu beurteilen und die Strategien für den Umgang damit zusammenzutragen. Das Gremium hatte prognostiziert, dass die Himalajagletscher bis zum Jahr 2035 abgeschmolzen sein würden, musste die These mangels wissenschaftlichen Fundaments aber wieder zurückziehen. In einer »Zusammenfassung für politische Entscheidungsträger« von 2007 stand: »Durch Klimaschwankungen werden für viele Länder und Regionen Afrikas schwerwiegende Beeinträchtigungen der landwirtschaftlichen Produktion – einschließlich des Zugangs zu Nahrungsmitteln – prognostiziert [...] In einigen Ländern könnten sich die Erträge aus der vom Regen abhängigen Landwirtschaft bis 2020 um bis zu 50 Prozent reduzieren.« Diese beängstigende Aussicht tauchte in Reden des IPCC-Vorsitzenden sowie des UNO-Vorsitzenden wieder auf. Was war die wissenschaftliche Grundlage? Keine. Die Prognose fußt auf einem Exposé des marokkanischen Beamten Ali Agoumi – ein Papier, das keinerlei eigene Forschung enthielt und keinen Peer-Review-Prozess durchlaufen hatte. Darin spricht Agoumi von einem erwarteten Rückgang der Getreideerträge um 50 Prozent in trockenen und 10 Prozent in normalen Jahren. In der gleichen Zeit veröffentlicht die algerische Regierung einen Bericht, der mit einer Verdopplung der Erträge bis 2020 rechnet, aber klimabedingte Ernteausfälle von bis zu 6,8 Prozent für möglich hält. Ein dritter, tunesischer Regierungsbericht liefert gar keine Zahlen zu möglichen Ernteverlusten. Die These des IPCC ist also aus ungeprüften Quellen manipulierend zusammengerührt. So wird aus einer vagen Vermutung für Ernteeinbrüche in Marokko ein Ernterückgang um 50 Prozent »in einigen Ländern.« Der ehemalige Vorsitzende des IPCC und Chefwissenschaftler im britischen Umweltministerium Robert Watson sagte dazu: »Jede solche Prognose sollte auf Peer- Reviewed-Literatur gestützt sein [...]«

Der Peer Review trennt nicht die Spreu vom Weizen, indem er dafür sorgt, dass gute Artikel gedruckt und schlechte abgelehnt werden. Er schafft eine verfälschende, nicht repräsentative Auswahl der Arbeiten, die schließlich veröffentlicht werden.

Gwendolyn Emerson, Orthopädin in Seattle, machte den Test: Sie legte 200 Gutachtern einer orthopädischen Zeitschrift einen fiktive Studie in zwei Versionen vor. Beide Artikel waren von der Methode identisch und enthielten gleich viele absichtliche Fehler. Der eine hatte ein positives Resultat, das andere ein negatives. 98

Prozent der Gutachter sprachen sich für die Veröffentlichung des positiven Artikels aus, nur 71 Prozent für den – wissenschaftlich absolut gleichwertigen – negativen. Im negativen Artikel fanden die Gutachter auch viel mehr der versteckten Fehler. Ganz offensichtlich nimmt ein positives Ergebnis die Gutachter für eine Veröffentlichung ein und lässt sie über Fehler hinwegsehen (Emerson 2009).

Die Verzerrung der wissenschaftlichen Wirklichkeit durch die Auswahl im Peer Review ist bekannt und wird immer wieder thematisiert. Ausschalten lässt sich dieser menschliche Makel allerdings nicht.

NATURE und die Börse

»Wir sind eine Biotech-Firma, die daran arbeitet, mithilfe von Stammzelltechnologie in der regenerativen Medizin effektive, patientenspezifische Therapien in die Kliniken zu bringen.« So stellt sich das Unternehmen Advanced Cell Technology (ACT) auf seiner Website vor. Der Aktienkurs von ACT folgt den Meldungen über Erfolge und Misserfolge in der Stammzellforschung. 2005 stürzte der Kurs der ACT-Aktie von 2,50 Dollar auf 26 Cent ab – die Anwendbarkeit der Stammzellen ließ doch zu lang auf sich warten. Eine Veröffentlichung in NATURE ließ die Hoffnungen wieder wachsen. Angeblich hatten die Forscher von ACT zwei Stammzelllinien aus Embryonen gewonnen – ethisch makellos, weil diese dadurch nicht beschädigt wurden. Wie immer hatte NATURE die Information vorab an die Presse gegeben. Das hatten sich Spekulanten prompt zunutze gemacht und Aktien gekauft. Am Tag der Veröffentlichung kletterte der Kurs der ACT-Aktie immerhin auf 40 Cent. Allerdings stellte sich schnell heraus, dass NATURE übertrieben hatte. Gleich mehrere Korrekturen stellten klar: ACT hatte keine Stammzellen aus Einzelzellen gezüchtet und die Embryonen zur Zellgewinnung komplett zerstört. Aus der Traum von der ethisch einwandfreien Stammzelle. Nicht immer ist die Darstellung in Peer-Review-Zeitschriften auch seriös.

Der Impact Factor

Inzwischen gibt es je nach Schätzung weltweit 50.000 bis 500.000 wissenschaftliche Fachzeitschriften. Die letzte Zahl zählt auch Online-Ausgaben, Nebenreihen, Jahrbücher und Newsletters mit. Vorsichtige Schätzungen gehen von 16.000 Journalen mit Peer Review aus, in denen pro Jahr 1,4 Millionen Artikel erscheinen. Die Flut der wissenschaftlichen Veröffentlichungen ist schier unüberschaubar geworden. Bibliothekare müssen angesichts ihres begrenzten Budgets und endlichem Regalplatz entscheiden, welche Journals ihre Institution sich leistet und im Abo hält. Die Zeitschrift NATURE kostet 3.280 Dollar im Jahr – für eine der mittlerweile zahllosen Ausgaben. Manche Abonnements kosten bis zu 20.000 Euro im Jahr.

Wissenschaftler können aus einer Masse von Journalen auswählen, wo sie sich informieren wollen und wo sie ihre eigenen Arbeiten zur Veröffentlichung einreichen möchten.

Institutionen, die eine Wissenschaftlerstelle neu besetzen möchten, Gremien, die Stipendien oder Fördergelder zu vergeben haben, fällt es schwer, die Kandidaten angesichts ihrer veröffentlichten Werke zu bewerten. Alle drei, Wissenschaftler, Bibliothekare und Arbeitgeber, brauchen angesichts der Vielfalt der Journale, in denen die Kandidaten ihre Werke veröffentlicht haben, ein Instrument, das die einzelnen Zeitschriften bewertet. Ist eine Fachzeitschrift klein und fein oder einfach nur unbedeutend? Ist ein Forscher mit einer langen Publikationsliste wirklich herausragend oder verschwendet er seine kostbare Zeit mit Artikeln für drittklassige Blätter, die sowieso alles drucken, was sie kriegen?

Qualitativ sind solche Fragen schwer zu beantworten. 1955 entwickelte Eugene Garfield, Gründer und Chef des Institute for Scientific Information (ISI heute Thomson Reuters) ein bibliografisches System, die Citation Indexes for Science.

Daraus entwickelte sich der »Journal Impact Factor,« kurz Impact Factor (IF). Er ist ein quantitatives Maß dafür, wie oft eine Veröffentlichung in einem bestimmten Jahr zitiert wurde. Der geisteswissenschaftliche Impact Factor wird aus der Artikeldatenbank Social Science Citation Index berechnet, aus dem Science Citation Index die Impact Factors für Naturwissenschaften, Technik und Medizin.

Der Impact Factor entwickelte sich schnell als Maß für die Anerkennung wissenschaftlicher Leistung – ein quantitatives wohl gemerkt. Auch minderwertige Artikel werden häufig zitiert, wenn sie eine Fragestellung behandeln, die gerade en vogue ist.

So berechnet man den Impact Factor

Für den IF von 2011 benötigt man
a) die Summe der Zitate, welche die in den Jahren 2009 und 2010 in dieser Zeitschrift erschienenen Publikationen im Jahr 2011 erzielten, und
b) die Summe der Publikationen, welche in dieser Zeitschrift 2009 und 2010 erschienen:

$$IF = a/b$$

Ein IF von 1 bis 2 gilt als gut, ein IF von über 2 als sehr gut. Als bedeutsam gilt eine Arbeit, wenn sie mehr als zehnmal zitiert wurde.

Sowohl Herausgeber wie Autoren versuchen einen möglichst hohen Impact Factor zu erreichen. Das bringt wieder eine eigene Dynamik mit sich: Hat ein Herausgeber die Wahl zwischen einem mittelmäßigen Artikel, der ein Thema behandelt, das gerade gern zitiert wird, und einem sehr guten Artikel, der eine seltene Orchideenfrage behandelt, so wird er sich vermutlich für den schlechteren entscheiden, weil dieser aufgrund seines Zuschnitts (nicht seiner Qualität!) öfter zitiert werden wird.

Klinische Studien fußen immer auf medizinischer Grundlagenforschung. Deshalb zitieren alle Medikamentenstudien medizinische Grundlagenartikel. Veröffentlichungen aus der medizinischen Grundlagenforschung werden deshalb drei bis fünfmal so häufig zitiert wie klinische Studien – wie immer unabhängig von Richtigkeit oder Qualität.

Viele Zitationen erhöhen den IF des Journals. Das ist gut fürs Renommee. Bibliothekare abonnieren Journals mit möglichst hohem IF, und Wissenschaftler möchten ihre Artikel am liebsten in Zeitschriften mit hohem IF sehen. Denn diese Zeitschriften werden viel abonniert und damit viel gesehen und zitiert – das erhöht die Chance, dass die eigene Arbeit einen hohen IF erreicht. Das ist wichtig für die Karriere.

Gut zu wissen, dass einige Faktoren den IF verfälschen:

- Der IF wird für eine ganze Zeitschrift berechnet, aber zitiert werden einzelne Artikel. Wer einen nie zitierten Artikel in einer viel zitierten Zeitschrift unterbringt, profitiert also von den Zitationen der anderen.
- Auch negative Zitationen zählen. Wenn andere Artikel also auf ein Paper hinweisen, weil dort falsch, schlecht o. Ä. gearbeitet worden ist, so zählt das als Zitation und damit als Pluspunkt.
- Der IF berücksichtigt nur die Zitationen aus zwei Jahren. Manche Artikel (die wieder andere zitieren) brauchen über ein Jahr, um überhaupt veröffentlicht zu werden. Wenn sie herauskommen, ist die Zweijahresfrist für den IF möglicherweise abgelaufen, so dass die Zitation nicht mehr zählt. Manche Artikel oder Zeitschriften werden womöglich über zehn Jahre gleich bleibend zitiert, während andere nur sehr kurzzeitig interessant sind, weil sie von der Forschung überholt werden. All das berücksichtigt der IF nicht.
- Nur was gut zugänglich ist, kann zitiert werden. Sind Zeitschriften online zu lesen und womöglich sogar günstig, so werden sie eher zitiert als wenn zur Lektüre ein teures Abonnement nötig ist.

Derzeit werden 5.900 weltweit führende wissenschaftliche Fachzeitschriften in der Datenbank des Science Citation Index geführt und bewertet. Weitere Journale werden beobachtet, haben aber noch keinen IF zugewiesen bekommen. Über 420.000 zitierte Publikationen deponiert das Web of Science in seinen Datenbanken – pro Woche! Dazu kommen im Schnitt 19.000 neue wissenschaftliche Veröffentlichungen.

Unter http://www.bio-diglib.com/content/2/1/7 steht ein umfassender Artikel zum Thema *Impact Factor*.

Veröffentlichungen

(Original) Paper/Contribution, Regular Article – Das Paper ist die klassische und häufigste Form der Veröffentlichung. Sie unterliegt einem strengen Aufbau mit der Kurzzusammenfassung (Abstract), Einleitung, Material und Methode mit den exakten Angaben, wie das Experiment durchgeführt wurde, den Resultaten (oft in Grafiken), der Diskussion und der Zusammenfassung. Dazu natürlich die Literaturliste, die wegen der Zitationen so wichtig ist. Noch zu Beginn des 20. Jahrhunderts konnten Artikel in SCIENCE und NATURE wie die Tageszeitung gelesen werden. Heute ist der Stil verknappt und verklausuliert. Selbst für Wissenschaftler anderer Disziplinen sind die Abkürzungen und Daten oft unverständlich.

Letter – der Brief ist mehr als ein Leserbrief und hat seine historischen Wurzeln in den Transactions. Er dient der raschen Veröffentlichung wichtiger Ergebnisse und ist wesentlich kürzer als ein Artikel. Viele Zeitschriften legen eine Höchstgrenze von 100 bis 1500 Wörtern fest.

Review, Research, Report – Forschungsberichte geben einen Überblick über aktuelle Forschungsergebnisse und stellen einen Zusammenhang zwischen ihnen her. Für kritische Überblicksartikel gibt es manchmal eine Extrarubrik *Point of View Article*. Reviews haben eine größere Leserschaft, weil sich auch Nicht-Spezialisten damit einen Überblick über benachbarte Themenfelder verschaffen. Sie sollten deshalb verständlich formuliert sein und sparsam mit Fachbegriffen umgehen. Sie unterliegen aber wie Forschungsberichte dem Peer-Review-Prozess.

Editorial – Im Editorial melden sich die Herausgeber einer Fachzeitschrift, aber auch andere Autoren zu Wort. Darin werden oft Wertungen und Erläuterungen zu den Originalveröffentlichungen der Ausgabe untergebracht. Oft geben die Herausgeber hier auch eine Einschätzung der Forschung auf einem bestimmten Gebiet ab.

Open Access

Während Institutsbibliotheken über schrumpfende Etats klagen, erhöhen die Verlage die Abonnementspreise recht unerschrocken. Manche Verlage versprechen ihren Anlegern 20-Prozent-Renditen. Die Veröffentlichung wissenschaftlicher Arbeiten wird also längst als Geldquelle ausgebeutet. Das ärgert nicht nur Bibliothekare. Auch für den Steuerzahler ist es bitter, dass die durch Steuern finanzierte Forschung von Verlagen teuer wieder eingekauft werden muss. Durch die Verlage wird das Wissen privatisiert, das auf Kosten der Allgemeinheit entstehen konnte.

Die Wissenschaftler bekommen für ihre Artikel nicht nur kein Honorar, sie müssen ihre Arbeiten druckfertig im vorgegebenen Layout einreichen, um den Verlagen Kosten zu sparen. Extras wie Farbbilder werden zusätzlich in Rechnung gestellt, so dass das Veröffentlichen eines Papers am Ende den Autor (oder seine Institution) Geld kostet. In der Regel darf der Urheber sein Werk nur mit Zustimmung des Verlags verbreiten, die meist erst frühestens ein Jahr nach Erscheinen des Papers kommt. Es ist also verständlich, dass wissenschaftliche Autoren sich von den Verlagen geknebelt fühlen. Doch Veröffentlichungen sind die karriererelevante Währung in der Wissenschaftswelt. Noch immer gilt gnadenlos der Grundsatz »publish or perish«: »veröffentliche oder gehe unter«.

Der Unmut über dies Dilemma befeuert die Diskussion um »Open Access«. Die internationale Open-Access-Bewegung formierte sich in den 90er-Jahren. Sie fordert, dass wissenschaftliche Publikationen online zur Verfügung gestellt werden. So bekämen auch Forscher mit wenig Geld Zugang zu wichtigen Ergebnissen und könnten am Diskurs teilnehmen. Online lassen sich Arbeiten wesentlich schneller veröffentlichen als mit dem mühseligen und langwierigen Peer-Review-Prozess der gedruckten Fachblätter.

Für ihre Befürworter erscheint Open-Access-Bewegung als eine Befreiung; ihre Gegner sehen darin Enteignung und Nötigung. Und nicht nur das. Der Philosoph Volker Gerhardt wittert Gefahr für die Produktivität der Wissenschaft, denn die Open-Access-Bewegung »[...] führt über die Entliterarisierung des wissenschaftlichen Lebens in den absehbaren Ruin unserer Schriftkultur« (FAZ, 10.06.2009).

Eine breite Allianz deutscher Wissenschaftsorganisationen, darunter die DFG und die Max-Planck-Gesellschaft, unterstützt die Open-Access-Idee. Der »grüne Weg« des offenen Zugangs sieht vor, dass Forschungsarbeiten wie gehabt in einem Verlag erscheinen; der Autor hat aber das Recht, sie parallel dazu kostenlos einer öffentlichen Datenbank anzubieten.

Während der Bundestag über eine Anfrage zu Open Access diskutiert und der Streit um die beste Veröffentlichungsform noch schwelt, werden im Internet längst die geforderten neuen Wege begangen.

Finnische Forscher haben ermittelt, dass 2006 bereits 8 Prozent der 1,3 Millionen Wissenschaftsartikel von den Herausgebern frei ins Netz gestellt wurden. Weitere 11 Prozent konnte man auf den Internetseiten der Autoren oder in den Datenbanken ihrer Institutionen einsehen (Björk 2009). Damit ist mindestens ein Fünftel der wissenschaftlichen Informationen jetzt schon frei zugänglich. Viele Fachblätter erscheinen online, und eine wachsende Zahl ist kostenlos zugänglich.

Dazu gibt es eigene Websites für den Austausch unter Fachkollegen. ArXiv ist ein Online-Archiv, in dem Arbeiten aus der Teilchenphysik vor ihrer konventionellen Veröffentlichung erscheinen. Im Oktober 2008 feierte ArXiv seinen 500.000. veröffentlichten Fachartikel. Die Autoren laden ihre Artikel selbst auf der Website hoch, und in der Regel stehen sie am Folgetag im Netz. Der berühmt öffentlichkeitsscheue russische Mathematiker Gregor Perelman veröffentlichte seinen Beweis der 100 Jahre alten Pointcaré'schen Vermutung ausschließlich auf ArXiv.

Das Internetforum Sci-Mate (www.sci-mate.org) des Heidelberger Immunologen Christopher Dyer ist eine Mischung aus Vorveröffentlichungsdatenbank und Technologiebörse. Herzstück der Website ist ein Diskussionsort, an dem sich Wissenschaftler online treffen und sich gegenseitig ihre Ergebnisse präsentieren, kommentieren und korrigieren. All das, was Popper fordert, findet schnell und effizient im Internet statt. Die Forschungsarbeiten werden dabei zur papierenen Veröffentlichung vor- und aufbereitet. Urheberrechtsvereinbarungen stellen sicher, dass das geistige Eigentum beim Verfasser bleibt.

Open Notebook

Eine kleine, aber stetig wachsende Gruppe von Wissenschaftlern praktiziert »Open Notebook Science«, wobei Notebook hier nicht für einen Klapprechner, sondern für das Labornotizbuch steht, in dem alle Rohdaten stehen, jede Messung, jeder Versuch und Fehlversuch aufgezeichnet sind. Erfunden wurde die Praxis von Jean-Claude Bradley, einem Chemiker an der Drexel University in Philadelphia. Seine Idee war es, möglichst schnell möglichst alle Informationen einsehbar zu machen. Dazu gehören gerade die Daten, die gewöhnlich, wenn nicht aktiv unterschlagen, so doch einfach nicht veröffentlicht werden: Fehlschläge und zweifelhafte Versuche. Wer veröffentlicht schon gern, dass er mit einem Versuch gescheitert ist? Und welcher Herausgeber würde ein solches Paper annehmen? Gerade diese Informationen könnten aber die Wissenschaft schneller voranbringen, denn aus Fehlern lernt man leichter und meist mehr als aus Erfolgen.

Der unübersichtliche Markt der wissenschaftlichen Veröffentlichungen ist in Bewegung. Die Bedeutung einzelner Zeitschriften sinkt. Derzeit erscheinen wissenschaftliche Journale teils ausschließlich auf Papier oder online, teils sowohl digital als auch gedruckt. Manche Online-Ausgaben sind für Autoren und Leser kostenpflichtig (Toll Access), andere frei zugänglich (Open Access). Langfristig werden Papierausgaben es schwerer haben. Die Zukunft gehört vermutlich den so genannten Hybrid-Journalen, die parallel im Druck und als Faksimile online erscheinen. Um die Chancen des Internets zu nutzen, setzen manche Verlage bereits auf Online Supplements, die etwa den Versuchsaufbau detaillierter darstellen oder Animationen, Videos und zusätzliche Daten zeigen und außerdem gleich mit Quellen, Zitaten und Kritik verlinkt sind.

Eine weitere Form des Hybrid-Journals ist die Kombination aus Toll Access und Open Access. Immer mehr Fachzeitschriften bieten ihren Autoren an, ihre Artikel für den Open Access freizuschalten. Die Kosten von rund 3000 Dollar trägt dann der Autor. Solche Hybridjournale bieten also sowohl Inhalte an, die für die Leser als auch solche, die für die Autoren kostenpflichtig sind.

Wie weit Open-Access-Journale papierene Zeitschriften ablösen können, ist umstritten. Schon jetzt zeigt sich, dass die Zitationen oder Article Impacts von kostenfrei lesbaren Artikeln deutlich höher sind als die kostenpflichtiger Artikel. Ein weiterer Vorteil von Open Access wird von den Naturwissenschaftlern kaum bemerkt: Online werden immer mehr Publikationen sichtbar, die nicht auf Englisch geschrieben sind. Gerade in den Kultur- und Sozialwissenschaften mit ihren kultur- und sprachabhängigen Themen profitieren die Forscher vom digitalen Austausch. Das Internet fördert die Vielsprachigkeit der Wissenschaft und stärkt die nicht englische Kommunikation.

> »Während einer nur Zahlen und Zeichen im Kopf hat,
> kann er nicht dem Kausalzusammenhang auf die Spur kommen.«
> (Arthur Schopenhauer, Philosoph)

> »Unmerklich beginnt man die Fakten so zu drehen,
> dass sie sich den Theorien anpassen,
> anstatt die Theorien den Fakten.«
> (Sherlock Holmes, fiktiver Detektiv)

> »Die hinterhältigste Lüge ist die Auslassung.«
> (Simone de Beauvoir, Philosophin)

3 Vom Umgang mit Zahlen

Zahlen, Daten, Fakten – das klingt nach handfesten unumstößlichen Wahrheiten, nach den Tatsachen, an denen es nichts herumzudeuten gibt. Wissenschaftliche Veröffentlichungen bestehen zu einem Gutteil aus Ziffern, Zahlen, Daten. Ob in der Wirtschaft, der Physik, Soziologie oder der Medizin – Forschungsergebnisse und Risikoberechnungen, Zuwachsprognosen und Wirksamkeitsnachweise kommen gern als Zahlen daher. Angesichts von Zahlenreihen und Kurven zu erkennen, was bemerkenswert, aussagekräftig oder gar falsch ist, und den nüchternen Daten Leben einzuhauchen, gehört zum Handwerk des Wissenschaftsjournalisten.

Der Pressedienst erspart seinen Nutzern die mühselige Ziffernlektüre und berichtet von enormen Zuwächsen, geringem Risiko und überschaubaren Kosten. Die Adjektive gelten als anschaulich. Und sie liefern die Deutung gleich mit.

In der Wissenschaft ist aber Präzision gefragt. Ob die Messreihen, die ein Physiker liefert, die Daten aus klinischen Studien und Schulvergleichen oder Modelle in der Wirtschaftswissenschaft, sie bestehen hauptsächlich aus Zahlen, die in wissenschaftlichen Veröffentlichungen auch abgedruckt werden müssen, damit man die Versuche und die Schlüsse daraus nachvollziehen kann. Sie werden durch den Wissenschaftler interpretiert – so oder so.

Der Journalist, der darüber berichtet, sollte die Zahlen kennen und verstehen, um entscheiden zu können, ob die Zuwächse tatsächlich enorm, die Risiken gering und die Kosten überschaubar sind. Das klingt banal, ist es aber nicht. Zum einen braucht es ein wenig statistisches Können und rechnerisches Handwerkszeug, um Zahlen zu »lesen.« Zum anderen braucht es gesunden Menschenverstand, um mögliche Fallen zu erkennen. Nicht immer nämlich belegen die Daten das Ergebnis, das die Autoren aus ihnen herauslesen.

Zuletzt braucht es schreiberische Kniffe, die Essenz der Daten präzise, aber für Laien verdaulich aufzubereiten.

Will das was heißen? Die Signifikanz

Zahlen, die Schlagzeilen machen, haben in der Regel eines gemeinsam: Sie sind »statistisch signifikant«. Raucher leiden signifikant öfter an Lungenkrebs, Pflanzen, die mit Pferdemist gedüngt werden, bringen signifikant mehr Ertrag, und Kinder, die gestillt wurden, sind später nicht signifikant weniger von Allergien geplagt. Dieser viel strapazierte Begriff bedeutet Folgendes: Die Wahrscheinlichkeit, dass dieses Ergebnis purer Zufall ist und keinen tatsächlichen Zusammenhang belegt, liegt unter 5 Prozent. Andersherum liegt die Wahrscheinlichkeit dafür, dass die gemessenen Unterschiede (mehr Lungenkrebs, mehr Ertrag, genauso viel Allergie) etwas mit dem untersuchten Faktor zu tun haben, bei 95 Prozent. Sie ist nicht absolut, aber hoch genug, so dass man sich auf dieses Kriterium geeinigt hat.

Die Signifikanz zu berechnen, gehört zu den leichtesten statistischen Übungen. Auch wenn man nur sporadisch in die Verlegenheit gerät, selbst nachzurechnen, so sollte man doch wissen, wie das geht: mit dem Vier-Felder-Test.

Der Vierfeldertest
(auch Chi-Quadrat-Test, engl. Crosstab oder Fourfold Test)

Dieser einfache statistische Test ist ein wichtiges Mittel, um zu prüfen, ob Unterschiede in zwei Gruppen, die größer als 6 sind, zufällig sind. Die vier Felder sehen so aus:

	Ereignis	Nichtereignis	Summe
Stichprobe 1	a	b	a + b
Stichprobe 2	c	d	c + d
Summe	a + c	b + d	n

$$\text{Prüfgröße} = \frac{n (a \cdot b - b \cdot c)^2}{(a + b) \cdot (c + d) \cdot (a + c) \cdot (b + d)}$$

Statistisch signifikant sind die Unterschiede zwischen den beiden Gruppen, wenn die Wahrscheinlichkeit, dass die Unterschiede rein zufällig auftreten, kleiner ist als 5 Prozent. Für eine Irrtumswahrscheinlichkeit von p< 0,05 liegt der kritische Prüfwert bei 3,841. Im Klartext: Wenn die Prüfgröße kleiner als 3,841 ist, so liegt hier kein statistisch signifikantes Ergebnis vor.

Ein typisches Beispiel ist ein Vierfeldertest für ein neues Medikament. Hier nehmen 60 Patienten an einer klinischen Studie teil. Die Hälfte bekommt das neue Mittel, die andere die Standardtherapie. Nach Ablauf der Testphase sind 11 Patienten durch die Standardtherapie geheilt worden; das neue Medikament kurierte 19. Um zu testen, ob das Ergebnis dieser Studie statistisch signifikant ist, setzen wir die Zahlen in die vier Felder ein und berechnen die Summen.

	geheilt	nicht geheilt	Summe
Standardtherapie	11	19	30
neues Medikament	19	11	30
Summe	30	30	60

Jetzt errechnet man die Prüfgröße nach der Formel oben:

$$\text{Prüfgröße} = \frac{60 \cdot (11 \cdot 11 - 19 \cdot 19)^2}{30 \cdot 30 \cdot 30 \cdot 30}$$

$$= \frac{60 \cdot 57.600}{810.000}$$

$$= \frac{3.456.000}{810.000}$$

$$= 4,3$$

Mit 4,3 ist die Prüfgröße größer als 3,841. Daraus folgt: Der Test ist statistisch signifikant. Auf Deutsch: Das neue Medikament heilt statistisch signifikant mehr Menschen und ist damit besser als das herkömmliche.

Doch auch wenn die Signifikanz noch so sauber berechnet wurde, heißt das: Bei 5 von 100 Studien liegt kein echtes Ergebnis vor, sondern die Daten lassen es zufällig so erscheinen, als hätte z. B. eine neuartige Krebsbehandlung die erwünschte Wirkung.

Als wäre das nicht Besorgnis erregend genug, untersucht kaum eine Studie nur einen einzigen Parameter. Ein Parameter ist das Alter, das Gewicht, Blutzucker, Lebensqualität, Zellmengen und Ähnliches, was sich gut messen lässt. Wenn zwei unabhängige Parameter untersucht werden, so gilt für jeden einzelnen die 5-Prozenthürde zur statistischen Signifikanz. Damit steigt das Risiko auf 10 Prozent, dass einer ein falsches (zufälliges) Ergebnis zeigt.

Ein beliebtes Beispiel für statistischen Nonsens sind Rechenübungen mit Störchen und Geburten. Eine Untersuchung aus Berlin zeigt einen signifikanten Zusammenhang zwischen Storchpopulation und Geburtenrate (Höfer 2004): Schrumpft die Storchpopulation in einer Region, so gehen dort auch die Geburtenzahlen zurück, stagniert die Zahl der Störche, stagnieren die Geburten. Sollte sich ein solcher signifikanter Zufall nicht gleich einstellen, so lassen sich die Geburtenraten mit den Populationen von 10 oder 20 Vogelarten vergleichen, und wenn das nicht reicht, ein paar Amphibienarten. Die Wahrscheinlichkeit wird schon für irgendeine Zahlenreihe einen Zusammenhang zeigen. Wenn nicht mit dem Storch, so hängen die Geburtenzahlen rein statistisch möglicherweise an der Geburtshelferkröte.

Bevor Sie allzu sehr auf wissenschaftlich Bewiesenes vertrauen, sollten Sie wissen, dass mindestens 5 Prozent der Studien keinen echten Effekt nachweisen. Wenn man in einer umfangreichen Studie 20 falsche Hypothesen testet, so wird eine davon als richtig herauskommen.

Prozente, Prozente!

Rabattaktionen, Entwicklungen, Verbesserungen, Chancen und Risiken werden in Prozenten angegeben. Prozentzahlen klingen oft sehr aussagekräftig und dramatisch und sind doch in den allermeisten Fällen irreführend.

Ein fiktives Beispiel:

Schaufensterkrankheit ist der umgangssprachliche Name einer Durchblutungsstörung, die Menschen zwingt, wegen Schmerzen in den Beinen immer wieder stehen zu bleiben. Unauffälliger und unterhaltsamer sind die Laufpausen vor Schaufenstern – daher der Name. Langfristig kann die Schaufensterkrankheit die Beinadern so beeinträchtigen, dass amputiert werden muss. In Deutschland werden jedes Jahr rund 30.000 Gliedmaßen wegen solcher arterieller Durchblutungsstörungen amputiert.

Ein neuartiges Medikament lässt die Betroffenen hoffen: Nach Angaben des Herstellers erhöht es die Laufleistung um sagenhafte 16 Prozent. Kein Wunder, dass er dafür kämpft, dass das teure, innovative Mittel von den Krankenkassen übernommen wird. Zu Recht?

Als Journalist besorgen Sie sich die Unterlagen über die klinischen Tests, die Ihnen die Pharmafirma sehr zuvorkommend per Boten ins Haus schickt. Versiert, wie Sie sind, lesen Sie nach: Tatsächlich konnten die Patienten mit dem Medikament zwischen 6 und 26 Prozent längere Strecken zurücklegen als ohne. Der Fall scheint klar: Das Medikament wäre für die vielen Betroffenen ein Gewinn, die Krankenkassen verwehren aus purer Knauserigkeit ein innovatives Mittel.

Stimmt das? Bevor Sie das guten Gewissens schreiben dürfen, müssen Sie klären, um welche Größenordnungen es geht. Sie sollten deshalb einige Fragen klären, die Ihnen die Pharmafirma vermutlich nicht ganz so fix beantwortet. Die am nächsten liegende lautet: Auf welcher Grundlage sind die Prozentzahlen berechnet worden? Vergrößert sich der Aktionsradius der Betroffenen dank des neuen Mittels um 2.000 Meter oder um 10 Schritte?

Nächste Frage: Um wie viel ist das teurere Mittel besser als herkömmliche Mittel? Nehmen wir an, die etablierten Wirkstoffe gegen die Schaufensterkrankheit, deren Patentschutz lange abgelaufen ist und die es als günstige Nachahmerprodukte (Generika) zu kaufen gibt, verbessern die Laufleistung der Patienten um 10 Prozent. Damit schrumpft der Vorteil des neuen Mittels auf 6 Prozent zusammen.

Wenn ein Mensch ganz ohne Medikament nach 20 Schritten stehen bleiben muss, bis die Schmerzen in den Wadenmuskeln abklingen, heißt das: Er könnte es mit einem herkömmlichen Generikum 22 Schritte schaffen, mit dem teuren neuen Mittel 23,2 Schritte. Ein Schritt mehr bis zur Pause verändert die Lebensqualität des Patienten nicht und rechtfertigt damit sicher keine erhebliche Mehrbelastung des gebeutelten Gesundheitsbudgets.

Weil es keine bewiesene Wirkung ohne Nebenwirkung gibt, ist die Gabe eines Medikaments immer eine Abwägungsfrage. Weitere Fragen sind deshalb: Rechtfertigt die Wirkung eventuelle Risiken? Auch nach Wechselwirkungen und Langzeitfolgen sollte man fragen. Möglicherweise erhöht das Medikament das Risiko, dass später amputiert werden muss. Viele Patienten mit Durchblutungsproblemen leiden auch unter Bluthochdruck und nehmen deshalb Medikamente. Gibt es Wechselwirkungen mit diesen Mitteln?

Fehlt nur noch die Grundsatzfrage, ob Medikamente gegen Schaufensterkrankheit überhaupt das Mittel der Wahl sind. Die meisten Patienten sind Raucher. Vielleicht würde es mehr nützen, das Rauchen aufzugeben, und gewissenhaft ein Bewegungstraining zu absolvieren. Gibt es dazu Untersuchungen?

Am Ende der Recherche steht also nicht nur die Zahl, die ganz eindeutig für das Medikament spricht. Sie ist ein Mosaiksteinchen in der Beurteilung eines neuen Wirkstoffs, und wie sich herausstellt, nicht von der Farbe, die das Bild am Ende bestimmt. Wer das neue Medikament gegen seine Schaufensterkrankheit nimmt, schafft es trotzdem nicht ohne Pause über eine vierspurige Straße. Der Nutzen im Alltag kann also vernachlässigt werden. Außerdem birgt der neue Wirkstoff möglicherweise Risiken – etwa für Komplikationen bis hin zur Amputation, zu Leberschäden oder verändert die Wirkung von Blutdrucksenkern. Zu guter Letzt ist das neue Produkt unvernünftig teuer. Die Krankenkassen haben also gute Gründe, die Kostenübernahme abzulehnen.

Risikoreduktion – absolut oder relativ?

Wer regelmäßig Olivenöl zu sich nimmt, senkt sein Krebsrisiko um 9 Prozent. Wer zusätzlich weniger rotes Fleisch und mehr Hülsenfrüchte isst, kann es sogar um 12 Prozent senken. Das berichtete die BBC, und alle druckten es nach. Weil solche Meldungen einen Nutzwert haben, werden sie gern in Magazinen und auf vermischten Seiten aufgegriffen. Frauenzeitschriften strotzen vor kleinen Texten, die vermelden, dass dies oder jenes Obst oder Gemüse ein Krankheitsrisiko um eine hübsche Zahl senke. Aber was heißt das? Wenn 100 Menschen neuerdings Olivenöl zum Salat essen, überleben dann neun mehr? Nein.

Dramatischer wird der laxe Umgang mit Prozentzahlen, wenn es um Nutzen von Arzneimitteln oder medizinischen Tests geht. Es ist essenziell, zwischen absolutem und relativem Risiko unterscheiden zu können. Meist wird das relative Risiko angegeben, weil das dramatischer klingt. Der Wert bezieht sich auf die Veränderung. Solange man nicht weiß, wie der Ausgangwert war, ist er aber nicht sehr aussagekräftig. Interessant ist das absolute Risiko, dessen Wert die tatsächliche Gefahr für jeden einzelnen beschreibt. Es wird selten angegeben, deshalb sollte man es berechnen können.

Beispiel: Krebs-Test

Urologen empfehlen ihren Patienten gern einen Bluttest, der auf Prostatakrebs hinweisen kann (PSA-Test). Der Test kostet rund 40 Euro und ist umstritten. Klarheit sollten zwei große Langzeitstudien bringen, die im NEW ENGLAND JOURNAL OF MEDICINE erschienen (Andriole 2009). Die erste Studie zeigt keinen Nutzen des Tests. Doch der Urologenverband jubelt: Durch den PSA-Test würde die Zahl der Todesfälle um 20 Prozent gesenkt. Bei diesem recht überzeugenden Wert handelt es sich um die relative Risikoreduktion.

Für die zweite Studie wurden 162.000 Männer aus acht Ländern neun Jahre lang begleitet. Die Hälfte machte jährlich einen PSA-Test. Von 1.000 Männern in der Testgruppe starben in 9 Jahren 3 an einem Prostatakrebs, in der Vergleichsgruppe waren es 3,7.

Für die relative Risikoreduktion setzen wir die 3,7 als 100 Prozent. In der Testgruppe sind es 0,7 Prozent weniger. Das entspricht 18,9 Prozent.

Doch wie sieht das absolute Risiko für den Einzelnen aus? In der ungetesteten Gruppe stirbt in neun Jahren ein Mann (genauer 0,7) weniger als in der Testgruppe. Der Test rettet also einen von Tausend – das ist eine Risikoreduktion von einem Promille.

Wenn tausend Menschen neunmal einen Test machen, profitiert statistisch gesehen einer. 8.999 Tests werden also ohne jeden Nutzen, aber mit einigem Schaden gemacht: Unsichere Diagnosen machen Gewebeproben nötig. Wird ein Prostatatumor tatsächlich erkannt, so ist auch die Therapie von zweifelhaftem Nutzen: 30 bis 70 Prozent der langsam wachsenden Tumoren würden unnötig therapiert, sagen Fachleute. Sie hätten nie Probleme verursacht, die Therapie sei allerdings nebenwirkungsreich und psychisch extrem belastend.

Beispiel: Cholesterinstudien

Die 4S-Studie gilt als Mutter aller Cholesterinstudien. Sie verspricht 30 % weniger Todesfälle durch Herz-Kreislauf-Erkrankungen dank Cholesterinsenkern. Die Zahlen:
- 4.444 Versuchspersonen (davon 82 % Männer und 18 % Frauen)
- 2.222 bekommen das Medikament (Verumgruppe), 2.222 ein Placebo
- 5,4 Jahre dauert die Untersuchung
- Todesfälle: 182 in der Verumgruppe, 256 in der Placebogruppe

Relative Risikoreduktion: 256 − 182 = 74. 256 entspricht 100 %, 74 sind 29 %.
Absolute Risikoreduktion: 74 von 2.222 werden gerettet, das sind 3,3 % in 5,4 Jahren.

Das heißt: In jedem Jahr, in dem 1.000 Menschen den teuren und nebenwirkungsreichen Cholesterinsenker schlucken, profitiert knapp einer, genauer 0,6 Menschen.

Vom Umgang mit Zahlen

Zahlen sind präzise und – das zeigt das Beispiel – doch selten eindeutig. Die Schaufensterkrankheits-Medikamentengeschichte beginnt mit einer überzeugenden Prozentzahl, die beim versierten Rechercheur gleich mehrere Alarmlampen leuchten lässt. Zum Umgang mit Zahlen gelten folgende Regeln:

- Prozentzahlen sind nur dann aussagekräftig, wenn die Bezugsgröße erwähnt wird. Zwei ist klein und 75 viel. Aber 2 Prozent von einer Million sind 20.000; 75 Prozent von 40 sind 30. Arbeiten Sie deshalb nie mit Prozentzahlen, deren Bezugsgröße Sie nicht kennen. Sollten sich keine Angaben in absoluten Zahlen herauskriegen lassen, so wäre das auch eine Nachricht.
- Durchschnittswerte sind nur bedingt aussagekräftig. Achten Sie auch auf die Streuung der zugrunde liegenden Werte! Wir haben uns längst daran gewöhnt, den Durchschnittswert als praktisches Maß zu verwenden. Dabei ist das ein rechnerischer Wert, der unter Umständen nicht einmal tatsächlich vorkommt. Wenn von vier Patienten zwei nur 10 und 12 Schritte ohne Pause gehen können, die anderen beiden 78 und 100 Schritte, so ergibt sich eine durchschnittliche Laufstrecke von 50 Schritten pro Fußpaar. Das ist rechnerisch korrekt, beschreibt die Laufleistung der Kranken aber trotzdem nicht annähernd richtig. Für die einen erinnern 50 Schritte an eine nicht zu bewältigende Marathonstrecke, für die anderen ist der kurze Gang ein Klacks – sie könnten doppelt so weit gehen! Der Durchschnittswert ist eine interessante Zahl, die aber die Wirklichkeit nicht immer realistisch beschreibt. Prüfen Sie wenn möglich, wie diese Kenngröße einzuschätzen ist. Bei kleinen Gruppengrößen können Ausreißer die Durchschnittszahl zusätzlich verfälschen. Ein frisch verliebter Patient, der zum Zeitpunkt der Studie beseelt und einmalig 300 Meter schafft, ohne zu stoppen, verdoppelt den Schnitt von 50 auf 100. Aussagekräftig ist freilich auch das nicht.
- Verwechseln Sie nie Anzahl und Anteil!

Vorsicht Falle: Anteil und Anzahl

Alljährlich gefährden Rapsglanzkäfer, Rapsstängelrüssler und der gefleckte Kohltriebsrüssler die Rapsernte. Längst haben sich die Schädlinge an die gängigen Insektizide gewöhnt und vermehren sich prächtig in den üblichen Monokulturen. Neue Schädlingsbekämpfungsmittel sollen möglichst selektiv nur die Schädlinge, nicht aber harmlose, geschützte und nützliche Insekten meucheln. Das erfordert aufwändige Forschung und natürlich sorgfältige Tests, die dann zur Zulassung dokumentieren, dass das neue Insektizid kein chemischer Rundumschlag ist, sondern ein nur selektiv tödlicher Stoff.

Stolz präsentiert ein Chemiekonzern ein neues Spritzmittel, das nachweislich die Bienen schone, und legt Zahlen vor. Am Rande eines mit dem neuen Mittel besprühten Testfeldes wurden drei Frühjahre und Sommer lang Insektenfallen aufgestellt und der Inhalt ausgezählt. Das Ergebnis der Untersuchung zeigt: Der Anteil der Bienen ist über die Jahre sogar deutlich gestiegen. Dokumentiert wird das Ganze mit einer Grafik, die den steilen Anstieg der Bienenkurve auf einer Prozentskala zeigt. Der benachbarte Imker ist erleichtert. Die Giftspritze scheint den Nutzinsekten nichts anzuhaben. Hat er Recht?

Ohne die absoluten Zahlen lässt sich die Frage nicht beantworten. Es gibt unendlich viele Möglichkeiten, die solchen Anteilszahlen zugrunde liegen können. Etwa folgende:

- Tatsächlich hat sich die Anzahl der Bienen vermehrt, die Schadinsekten sind weniger geworden, Schmetterlinge, Marienkäfer und andere Krabbeltiere sind von der Giftspritze unbeeinträchtigt geblieben. Ein schönes Szenario – so hat sich der Imker das auch vorgestellt.
- Die Anzahl der Bienen ist gleich geblieben, allerdings hat die Zahl aller anderen Insekten dramatisch abgenommen. Nicht nur die Schädlinge sind weniger geworden, auch die Vielfalt an anderen Insekten ist zurückgegangen.
- Es sind insgesamt deutlich weniger Insekten gefangen worden. Die Zahl der Bienen ist weniger dramatisch gesunken als die der übrigen Tiere, von denen manche Arten ganz aus den Fallen verschwunden sind.

Verwechseln Sie nie einen wachsenden Anteil mit einer wachsenden Zahl! Gerade weil eine Angabe in Prozent so überhaupt gar nicht aussagekräftig ist, sollte sie, wenn nicht Ihr Misstrauen, so doch das Recherchefieber wecken: Unterstreicht oder vertuscht ein Trend, der in Prozent oder Promille angegeben wird, die tatsächliche Entwicklung?

Das Phänomen illustrieren die beiden statistisch gewandten Physiker Hans-Hermann Dubben und Hans-Peter Beck-Bornholdt in ihrem Buch »Der Hund, der Eier legt« mit folgendem titelgebenden Beispiel: Auf einem Küchentisch liegen sieben Würstchen und drei Eier. Die Eier machen also 30 Prozent der Gegenstände auf dem Tisch aus. Ein Hund kommt in die Küche und stiehlt dem Koch fünf Würstchen. Jetzt sind nur noch fünf Gegenstände übrig, von denen zwei Drittel oder 60 Prozent Eier sind. Der Hund hat den Eieranteil verdoppelt – und trotzdem keine Eier gelegt.»Diese Geschichte klingt banal, hat aber zahlreiche Parallelen in der wissenschaftlichen Literatur«, schreiben Beck-Bornholdt und Dubben und zählen einige prominente Veröffentlichungen auf, darunter diese:

»Ein Spitzenergebnis der Verwechslung von Anteil und Anzahl ist ein in dem angesehenen NEW ENGLAND JOURNAL OF MEDICINE erschienener Artikel über die Besetzung von Spitzenpositionen in den Kinderkliniken der USA (Kaplan1996). Anlass der Studie war die Beobachtung, dass diese Posten meist von Männern bekleidet werden, obwohl der Frauenanteil in der Kinderheilkunde besonders groß ist. Um die Ursache ausfindig zu machen, wurde die Verteilung der Arbeitszeit auf die drei Bereiche Krankenversorgung, Lehre und Forschung untersucht. Dabei zeigte sich, dass Frauen einen größeren Anteil ihrer Arbeitszeit auf Krankenversorgung (46 Prozent) und Lehre (31 Prozent) verwenden als Männer (44 bzw. 30 Prozent), aber einen kleineren (23 gegenüber 26 Prozent) mit Forschung zubringen. Dieser Unterschied war statistisch signifikant. Da wissenschaftliche Produktivität für eine akademische Karriere unerlässlich ist, schließt die Studie mit der Feststellung, dass Frauen in ihrem beruflichen Fortkommen benachteiligt seien, weil sie mehr Zeit in die Krankenversorgung und Lehre investierten als Männer.

Diese Schlussfolgerung ist jedoch falsch. In der Untersuchung wird beiläufig erwähnt, dass die Frauen im Durchschnitt 60,5, die Männer im Mittel 64,4 Stunden wöchentlich arbeiten. Aus diesen Angaben kann man die tatsächlich geleisteten absoluten Arbeitsstunden berechnen und stellt fest, dass die Männer nicht nur mehr Zeit für Forschung, sondern auch für Lehre und Krankenversorgung aufwenden. Die geringeren Aufstiegschancen der Kinderärztinnen in den USA sind daher nicht auf ihre stärkere Belastung mit Routineaufgaben zurückzuführen, sondern darauf, dass die männlichen Kollegen zumindest im Beruf signifikant mehr arbeiten.«

Einen freundlichen Leserbrief der beiden Hamburger Dozenten, der auf den Fehlschluss hinwies, hat das NEW ENGLAND JOURNAL OF MEDICINE nicht abgedruckt.

Auch wenn alle Daten stimmen, alles korrekt bereinigt und gerechnet wurde und die Ergebnisse signifikant sind, muss eine Studie noch lange nicht aussagekräftig sein. Möglicherweise kommt das Ergebnis ja allein dadurch zustande, dass man sich die richtigen Versuchsobjekte zusammensuchte, rückblickend den Zeitraum so wählt, dass die richtigen Ereignisse berücksichtigt werden und so geballt erscheinen. Eine wichtige Rolle für die Bewertung einer Untersuchung ist deshalb das so genannte Studiendesign.

Die wenigsten Untersuchungen starten ergebnisoffen. Fast immer wissen die Forscher, was sie beweisen möchten, und das ist nicht *ob* eine Sache funktioniert, sondern *dass* sie es tut. Wer würde sich die Mühe eines Experiments machen, um herauszufinden, dass die Kernfusion im Marmeladenglas nicht funktioniert oder dass ein mühsam entwickelter Wirkstoff womöglich keinen Deut besser ist als der herkömmliche?

Für die Veröffentlichung werden immer Daten ausgewählt. Das ist dankenswert und richtig, denn beileibe nicht jede Messung, jedes Ergebnis ist interessant und nützlich. Die Unterschlagung von vermeintlich Uninteressantem oder Verfälschendem ist allerdings auch eine zulässige und übliche Art der Manipulation, die es zu erkennen gilt – sofern das möglich ist.

Beispiel: Restless Mind-Syndrom

Für eine Studie soll untersucht werden, ob das ebenso seltene wie fiktive »Restless Mind«-Syndrom möglicherweise im Zusammenhang mit der Nähe zu Schulen steht. Um diese These zu prüfen, kann man entweder die Anwohner von Schulen beobachten und abwarten, ob und wie viele das Syndrom entwickeln. Gleichzeitig untersucht man Menschen, die keine Schule in der Nähe haben, und vergleicht deren Daten. Gibt es unter Schulanrainern mehr Restless Minds als unter anderen Personen, die unter ähnlichen Umständen, nur ohne Schulnähe leben, so wäre das ein guter Hinweis darauf, dass hier ein Zusammenhang besteht.

Weil die Krankheit so selten ist, fällt diese Art der Untersuchung aus; zu viele Menschen müssten zu lange beobachtet werden, um am Ende brauchbare Fallzahlen zu liefern. Einfacher geht es im Rückblick. Aus den Krankenakten sucht man sich die Restless Mind- Patienten, kartiert ihren Wohnort im Stadtplan und berechnet den Abstand zur nächsten Schule. Auch so kann man zeigen, dass möglicherweise alle Erkrankten in Schulnähe wohnen.

Ein solcher Studienaufbau ist zulässig und üblich; aber Vorsicht! Aussagekräftig ist er nicht. Schließlich ist die Untersuchung nicht ergebnisoffen. Es kann nicht belegt werden, dass die Menschen nicht erkrankt wären, hätten sie nicht bei der Schule gewohnt. Eine solche Studie kann nur feststellen, dass die Restless Mind-Patienten mehr oder weniger nah an einer Schule wohnen; sie beweist aber nicht, dass die Schule das Syndrom verursacht!

Diese Methode, bei der Daten ausgewählt werden, nachdem das zu untersuchende Ereignis bereits eingetreten ist, ist die des texanischen Scharfschützen. Der schießt auf ein Scheunentor und malt nachher sorgfältig eine Zielscheibe ums Einschussloch. Volltreffer. Das ist offensichtlich absurd. Im Aufbau medizinischer Studien ist es aber gängige Praxis, sowohl die zeitliche als auch die räumliche Auswahl der Daten nachträglich vorzunehmen, was das Ergebnis bestenfalls verfälscht. Solche Untersuchungen eignen sich nicht, um Hypothesen zu prüfen, sondern nur, um Ausgangsdaten zu bestätigen – nach dem Motto: In der Nähe des Atomkraftwerks Krümmel gibt es Leukämiefälle. Dass es sie anderswo auch gibt, und dass es sich um Zufall handeln kann, muss jedem klar sein. Ob das Atomkraftwerk die Ursache von Leukämie ist, kann eine nachträgliche Analyse nicht belegen.

> Wenn Sie bewerten möchten, ob eine Studie etwas aussagt, müssen Sie wissen, wie das so genannte Studiendesign ist. Die Art, wie die Daten, zustande gekommen sind, wie die Versuchspersonen ausgewählt und wie die Gruppen zusammengestellt wurden, entscheidet über Qualität und Aussagekraft des Ergebnisses.

Es gibt gute Gründe dafür, dass manche schöne Frage nicht methodisch sauber untersucht wird. Geld- und Zeitmangel machen viele Untersuchungen fast undurchführbar. Oft verhindern ethischen Bedenken zu Recht Experimente am Menschen. Natürlich ist es undenkbar, schwer kranken Menschen eine vorhandene und nötige Therapie vorzuenthalten und sie mit einem Placebo abzuspeisen. Um herauszubekommen, wie bestimmte Krankheiten entstehen, müsste man makabere Menschenversuche machen, die billigend in Kauf nähmen, dass Menschen erkranken. Doch im Rahmen des vertretbaren und machbaren lässt sich vieles untersuchen – wenn man nur will.

Arten von klinischen Studien

Experimentelle Studie: Hier werden z. B. Patienten ausgewählt und behandelt. Sie bekommen ein Medikament oder eine bestimmte Therapie.

Beobachtungsstudien sind in der epidemiologischen Forschung sehr häufig. Hier werden Patienten mit einem bestimmten Merkmal (einer Krankheit, Angewohnheit, Übergewicht o. Ä.) beobachtet. Sie bekommen im Rahmen der Studie keine Therapie oder Medikamente; es werden nur Veränderungen dokumentiert, die im Laufe der Zeit auftreten. Typische Fragen sind: Bekommen Frauen mit einer Hormonspirale häufiger Brustkrebs? Schneiden Kinder, die täglich fernsehen, in der Schule schlechter ab?

Kohortenstudien beobachten eine bestimmte Gruppe von bis zu 50.000 Versuchspersonen (= die Kohorte) über längere Zeit, ohne dass sie einer bestimmten Behandlung unterzogen wird. Die Teilnehmer haben den passenden Risikofaktor, die entsprechende Therapie o. Ä. Vor Studienbeginn wird festgelegt, welche Parameter wann und wie erhoben werden, aber das Endergebnis muss offen sein. Passende Fragestellungen sind: Senkt der regelmäßige Brokkoliverzehr die Sterblichkeitsrate? Kohortenstudien erlauben Schätzungen von relativen Risiken.

Kontrollierte Kohortenstudien haben zwei Gruppen – die eine, die exponiert ist oder das entsprechende Medikament bekommt, und eine Kontrollgruppe. Prospektive Kohortenstudien beobachten eine größere Personengruppe, die exponiert ist und vergleichen sie mit einer möglichst ähnlichen Gruppe ohne die Exposition. Für manche Kohortenstudien wird der Untersuchungsbeginn vorverlegt. Der erste Teil der Untersuchung ist also retrospektiv, der zweite prospektiv. Das verkürzt den Beobachtungszeitraum auf Kosten der Datenqualität.

Fall-Kontroll-Studien sind immer retrospektiv. Sie untersuchen nachträglich seltene Ereignisse und vergleichen mit Kontrollen, die nicht exponiert waren. Sie sind nur mit hohen Fallzahlen wirklich aussagekräftig. Gut erhobene Kontrollgruppen haben möglichst viel Ähnlichkeit mit der Fallgruppe und stimmen in Alter, Geschlecht, Körpergewicht, Rasse und Wohnort überein. Am besten ist das paarweise Matching, mit dem für jeden Fall ein statistischer Zwilling gesucht wird. Geeignete Fragen sind: Erhöht die Nähe eines Atomkraftwerks das Leukämierisiko? Erhöht Rauchen das Lungenkrebsrisiko? Da die Daten durch Befragungen erhoben werden, sind sie in der Regel nur mäßig verlässlich. Fall-Kontroll-Studien sind nicht so teuer wie andere Studien, weil wirklich nur die Fälle vorgenommen werden, die interessant sind, es gibt also keine Studienabbrecher.

Querschnittsstudien (Transversalstudien) sind Zustandsbeschreibungen an einem bestimmten Zeitpunkt. Die Momentaufnahme zeigt, wie viele der Untersuchten zu dem Zeitpunkt an bestimmten Erkrankungen leiden. Sinnvoll für nicht zu seltene und chronische Erkrankungen sowie andauernde Risikofaktoren wie Rauchen. Die Daten werden aus Krankenblättern entnommen oder durch Fragebögen oder Interviews erhoben. Entweder werden Menschen mit einer bestimmten Exposition erfasst, und man fahndet nach einer Folge oder es werden Menschen mit einer bestimmten Erkrankung erfasst, und man sucht nach einer Exposition. (Von den Anwohnern des Atomkraftwerks haben soundsoviele Leukämie oder: Von den Leukämiekranken wohnen soundsoviele in unmittelbarer Nähe zu einem Atommeiler.) Die Stichproben müssen zufällig gemacht werden. Geeignete Frage: Wie sind die Kinder in der 4. Klasse geimpft? Querschnittsstudien spiegeln den Gesundheitszustand eines definierten Studienkollektivs wieder, sind aber nicht sehr aussagekräftig.

Längsschnittstudien (Longitudinalstudien) begleiten die Patientengruppe über einen längeren Zeitraum und sammeln in bestimmten Abständen neue Daten.

Anwendungsbeobachtungen sind immer retrospektiv. Für Patienten, die eine bestimmte Therapie erhalten, wird ein standardisiertes Beobachtungsprotokoll geführt, ein Anamnesebogen ausgefüllt und manchmal auch eine Abschlussuntersuchung gemacht. So bringt man etwas über Nebenwirkungen, Wechselwirkungen und die Akzeptanz einer Therapie in Erfahrung. In der Regel machen das Ärzte und Apotheken, gern auch gegen großzügige »Aufwandsentschädigungen« der Pharmafirmen. Solche Beobachtungen können neue Hypothesen bringen, aber keine überprüfen.

Prospektive Studien sind wörtlich vorausschauend. Hier werden die Daten im Laufe der Untersuchung erhoben. Sie sind gut reproduzierbar, weil man in einem zweiten Versuch die Daten wieder neu sammeln könnte.

Retrospektive, also wörtlich zurückschauende *Studien* sammeln Daten von bereits vergangenen Ereignissen. Sie analysieren Daten, die bereits zu Beginn der Studie vorlagen und nicht extra erhoben wurden. Retrospektive Studien findet man vor allem da, wo eine prospektive Untersuchung zu lange dauern würde, etwa bei sehr seltenen Nebenwirkungen einer Therapie. Gerade in retrospektiven Studien ist die Gefahr der meist unwillkürlichen Manipulation durch Auslese groß.

Randomisiert: Aus einer möglichst homogenen Gruppe werden nach Zufallsprinzip zwei gemacht. Eine Testgruppe, eine Kontrollgruppe. Nach der Aufteilung der Gruppen sollte kontrolliert werden, dass Alter, Geschlecht, Blutwerte und andere wichtige Parameter gleichmäßig verteilt sind.

Einfachblind: Der Patient weiß nicht, ob er in der Verumgruppe oder der Kontrollgruppe ist.

Doppeltblind: Auch der Arzt weiß nicht, in welcher Gruppe der Patient ist.

Dreifachblind: Der Statistiker weiß auch nichts.

Interventionsstudie: Hier ist eine »Verblindung« oft nicht möglich, weil es um Krankengymnastik oder Reha-Maßnahmen geht.

Kontrollierte klinische Studien sind nicht randomisiert.

Cross-Over-Design: Zwei Gruppen bekommen Medikamente a und b, nach einer »Auswaschphase« wird getauscht. So bekommt man sehr präzise Daten, weil an

> jeder einzelnen Versuchsperson der Vergleich zwischen den zwei Therapien gemacht werden kann. Das ist aber nur bei kurz wirksamen Medikamenten sinnvoll, da sonst Langzeiteffekte aus der ersten Phase das Bild verfälschen können.

Legale Unterschlagung

In der Regel kann man nur auf die Daten zurückgreifen, die in irgendeiner Weise veröffentlicht wurden. Dass auf dem Weg vom Labor in eine Fachzeitschrift Daten ausgewählt, frisiert, gewertet werden, lässt sich kaum vermeiden. Dass eher positive als negative Ergebnisse an die Öffentlichkeit kommen, wurde bereits im 2. Kapitel erklärt.

Das heißt konkret: Wenn eine Pharmafirma zehn Tests zu einem neuen Wirkstoff durchführt, von denen zwei zeigen, dass er eine positive Wirkung hat, so werden höchstwahrscheinlich nur diese zwei Studien veröffentlicht. Sie mögen in sich schlüssig sein – die Daten sind korrekt erhoben, die statistische Auswertung ist fehlerfrei. Trotzdem vermitteln die beiden Artikel ein falsches Bild.

In der Medizin können solche irreführenden Veröffentlichungen tödliche Folgen haben. Ärzte verschreiben oder verwehren Therapien schließlich aufgrund der veröffentlichten Daten – mit gesundheitlichen Folgen für die Patienten. Sie können ja nicht ahnen, dass in den Schubladen der Pharmafirma Studien lagern, deren Daten ganz andere Entscheidungen nahelegen.

Ein Beispiel dafür ist das Antidepressivum Paroxetin (Seroxat). Aufgrund einer Studie mit Jugendlichen wurde es lange Zeit depressiven Kindern und Jugendlichen empfohlen. Zwei weitere Studien zu dem Medikament waren nicht veröffentlicht worden. Sie zeigten nicht nur keinen Nutzen für Jugendliche, sondern ein erhöhtes Risiko von feindseligem und suizidalem Verhalten. Der Fall kam vor Gericht. Der Hersteller Glaxo-Smith-Kline wurde von einem US-Gericht dazu verurteilt, alle Studien auf der Internetseite der Firma zu veröffentlichen. Der Wirkstoff Paroxetin wird nicht mehr bei Jugendlichen angewandt.

Unliebsame Studienergebnisse verschwinden oft gar nicht ganz in der Schublade. Statt wertvolle Informationen komplett zu unterschlagen, können die Autoren die Daten noch gehörig frisieren. Die Kunst des Verfälschens, ohne zu fälschen, ist jedem vertraut, der Daten für die Veröffentlichung aufbereitet. Wissenschaftliche Studien sind selten so angelegt, dass sie nur eine einzige Frage beantworten, so dass man verschiedene Antworten aus den erhobenen Daten stricken kann. Man sucht sich die Daten heraus, die für eine Veröffentlichung geeignet scheinen.

Beispiel: Unterschlagung von Informationen

Ein Chemiekonzern testet, wie ein neuer Dünger sich auf die Bodenqualität auswirkt. Angelegt ist der Versuch für 10 Wochen. Nach vier Wochen erblühen die erwünschten Mikroorganismen, alle Werte sind stabil, und was wachsen soll, wächst. Nach acht Wochen ist der positive Effekt nicht mehr messbar und weitere zwei Wochen später ist der Boden umgekippt, die Mikrofauna tot, der pH ist entgleist, die Salzwerte sind explodiert und die Pflanzen verkümmern. Was tun? Man veröffentlicht die Messwerte, die nach vier Wochen erhoben wurden. Diese sind korrekt. Die Botschaft, die eine solche Veröffentlichung sendet, ist es nicht.

Eine klinische Studie soll zeigen, dass ein Statin die Mengen an bösem Cholesterin senkt und so Herzinfarkte verhindert. Leider belegen die Daten keinerlei Effekt in Sachen Herzinfarkt, der erwünschte Schutz bleibt aus. Die Cholesterinwerte gehen aber herunter. Was tun? Die Autoren entscheiden sich für ein Surrogat-Endprodukt: Anstatt das Endergebnis (nicht weniger Herzinfarkte) zu publizieren, schreiben sie, dass das Medikament erfolgreich den Cholesterinspiegel senkt. Und der habe bekanntlich etwas mit dem Infarktrisiko zu tun. Unvorsichtige Journalisten, die so etwas lesen, laufen Gefahr zu schreiben, dass das Mittel wahrscheinlich das Herzinfarktrisiko senke, obwohl es das erwiesenermaßen nicht tut.

Es ist gang und gäbe, dass Daten unterschlagen und unliebsame Ergebnisse verheimlicht werden. Solange wir nicht wissen, welche Informationen uns fehlen, ist es deshalb fast unmöglich zu beurteilen, ob das, was eine Studie suggeriert, stimmt. Selbst voreilige Schlüsse zu ziehen und Effekte zu vermuten, die nicht in der Studie belegt sind, ist deshalb doppelt gefährlich. Wenn etwas in einer Veröffentlichung nicht erwähnt ist und wichtige Fragen nicht beantwortet werden, so sollte man dringend nachrecherchieren. Wurden Nachuntersuchungen (Follow Ups) gemacht? Wie sind die Nebenwirkungen? Wie ist die Überlebensrate?

Ein Register könnte helfen

Ein einfaches Mittel, um Fehlinformationen zu verhindern, ist ein Register für klinische Studien, in dem man vor Beginn der Untersuchung angeben muss, was geprüft wird, wie, wie lange und an wie vielen Versuchspersonen. So können die Autoren das Resultat nicht unerkannt nachträglich manipulieren. Taucht die abgeschlossene Studie später nicht auf, ist die Unterschlagung klar, ebenso wenn der Untersuchungszeitraum kürzer geworden ist, die untersuchten Parameter geändert sind oder die Zahl der Versuchspersonen auf einmal deutlich geschrumpft ist.

Im Jahr 2005 einigte sich das internationale Herausgebergremium medizinischer Zeitschriften, künftig nur noch Studien zu veröffentlichen, die vorher registriert wurden. Viele Zeitschriften machen sich die Mühe, die Ursprungsprotokolle einer klinischen Studie mit dem fertigen Paper zu vergleichen. Pariser Mediziner nahmen die Veröffentlichungspraxis der zehn größten Medizinjournale im Jahr 2008 unter die Lupe. Sylvian Mathieu und seine Kollegen fanden 323 randomisierte kontrollierte klinische Studien in drei Fächern. Das Ergebnis ihrer Untersuchung war allerdings ernüchternd: Weniger als die Hälfte der Studien war korrekt registriert, 89 Studien waren überhaupt nicht vorher aktenkundig (Mathieu 2009). Pharmafirmen können die Register also weiterhin umgehen. Sie haben so die Möglichkeit, ihre Studien unbemerkt zu frisieren, wie es ihnen günstig erscheint.

Wie bitter nötig ein funktionierendes Register und wie dramatisch die Fehlinformation durch Datenunterschlagung sind, zeigt eine Studie, die die Zeitschrift »The Oncologist« veröffentlichte (Ramsey 2008). Zwei Krebsforscher haben geprüft, was aus den 2.028 Krebsstudien geworden ist, die die US-Gesundheitsbehörde registrierte (unter www.clinicaltrials.gov): 17,6 Prozent wurden veröffentlicht; bei Studien von Pharmafirmen waren es 5,9 Prozent. Im Umkehrschluss heißt das: Ärzte verschreiben Medikamente und Behandlungen, obwohl sie 94 Prozent der klinischen Evidenz nicht kennen.

Die höhere Vernunft: Meta-Analysen

Das Ergebnis eines physikalischen Versuchs oder einer klinischen Studie kann ein wichtiger Hinweis auf neuartige Phänomene sein oder der Beginn einer neuen Behandlungsmethode. Ebensogut kann das Ergebnis schlichter Zufall sein, ein Ausreißer oder das Resultat von Manipulation und Fälschung. Deshalb ist es immer sinnvoll, sich nicht auf einzelne Studien zu verlassen, sondern den großen Zusammenhang zu sehen.

Genau das tun Meta-Analysen: Sie sammeln sämtliche Studien zu einem Thema und werten sie aus – auch die Studien, die zu kleine Teilnehmerzahlen haben, um für sich relevant zu sein, sowie Studien, deren Ergebnis nicht statistisch signifikant ist. (Merke: Die Tatsache, dass das Ergebnis zufällig sein könnte, heißt nicht, dass es zufällig ist!) Fasst man zahlreiche kleine Studien mit mittelprächtigen Ergebnissen zusammen, so entsteht rechnerisch eine große Studie, deren Ergebnis sehr aussagekräftig sein kann.

Vom Umgang mit Zahlen

Ein typisches Beispiel für eine Meta-Analyse hat die Cochrane Collaboration (s. u.) in ihr Logo genommen. Zu früh geborene Babys haben oft noch nicht ausgereifte Lungen und deshalb schlechtere Überlebenschancen. Zwischen 1972 und 1981 testeten Ärzte in Neuseeland, ob es die Chancen der Frühchen verbessert, wenn man den schwangeren Frauen vor der Geburt Steroide zur Lungenreifung spritzt. Zwei Studien belegen einen gewissen Nutzen, die anderen nicht, weshalb sich die Behandlung nicht durchsetzte.

Acht Jahre später wurden die sieben Studien für eine Meta-Analyse zusammengetragen. In der grafischen Darstellung (Forest Plot oder Blobbogramm) steht jede Linie für eine Studie – je kürzer, desto eindeutiger ist das Ergebnis der Studie. Links der senkrechten Nulllinie stehen Studien, in denen die Behandlung besser wirkte als Placebo, rechts davon Studien, in denen das Mittel schlechter abschnitt. Auf der Nulllinie stehen Studien, die keinen Effekt zeigen konnten. Offensichtlich stehen nur zwei der sieben Studien deutlich diesseits der Nulllinie, der Rest berührt oder überschreitet sie. Die summarische statistische Auswertung zeigt die schwarze Raute. Ihre Lage deutlich links der Nulllinie zeigt, dass die Untersuchungen in der Summe zeigen, dass die Behandlung wirkt: Die Steroide senken das Sterberisiko der Frühchen um 30 bis 50 Prozent. Seitdem gehören Mittel zur Lungenreifung zur Standardtherapie. Doch bis zur Meta-Analyse mussten Babys unnötig sterben, weil ihnen eine Behandlung aufgrund der uneindeutigen Datenlage vorenthalten wurde.

Cochrane Datenbank

Die Cochrane Collaboration ist eine unabhängige, internationale, gemeinnützige Institution, die systematische Übersichtsarbeiten zur Bewertung von Therapien erstellt. Seit der Gründung 1993 verfasst diese Arbeitsgruppe Übersichtsartikel zu medizinischen Themen und veröffentlicht sie. Unter www.cochrane.org findet sich zu so ziemlich jedem relevanten Gesundheitsthema eine Übersichtsarbeit oder Meta-Analyse, die übrigens auch regelmäßig aktualisiert wird.

Nach dem Impact Factor (siehe Kap. 2) steht die Cochrane Datenbank für Übersichtsarbeiten auf Platz 12 von 107 medizinischen Quellen.

Literatur

Trisha Greenhalgh (1997): How to read a paper. BRITISH MEDICAL JOURNAL 1997, Vol. 315, Nr. 7109, S. 364–366
Dieser englischsprachige Artikel aus dem BMJ erklärt kurz, knapp und abschließend, worauf man achten muss, wenn man ein Paper zitieren möchte. Es listet wie in einer Checkliste alle Fragen auf, die man angesichts einer Studie stellen sollte, und erklärt die Bedeutung der Antworten.

Hans-Hermann Dubben/Hans-Peter Beck-Bornholdt (2009): Der Hund, der Eier legt. Erkennen von Fehlinformation durch Querdenken.
Ein unterhaltsam geschriebenes Buch zum Umgang mit Statistiken. Zahlreiche fiktive und reale Beispiele illustrieren, welche Fehlinformationen durch frisierte Daten und falsche Interpretationen von Zahlen zustande kommen können.

Hans-Hermann Dubben/Hans-Peter Beck-Bornholdt (2005): Mit an Wahrscheinlichkeit grenzender Sicherheit. Logisches Denken und Zufall.
Auch dies Buch ist überraschend unterhaltsam. Es enthält Beispiele und Aufgaben, die das logische Denken schulen und den Umgang mit statistischen Auswertungen üben.

> »Betrügen war schon immer eine Kunst. Seit einiger Zeit ist es auch eine
> Wissenschaft. [...] Die Wissenschaft der Fälscher lehrt Wissenschaftler,
> wie man andere Wissenschaftler betrügt. Diese überzeugen die Journalisten, die wiederum die Öffentlichkeit irreführen.«
> (Federico Di Trocchio in seinem Buch
> »Betrug und Fälschung in der Wissenschaft«)

4 Fakt oder Fälschung?

»Die Wissenschaft hat ihre eigene strenge Logik – und eine fatale menschliche Schwäche. Sie verdrängt immer wieder die eigene Fehlbarkeit«, schreibt Joachim Müller-Jung in der Leitglosse der FAZ. In der Wissenschaft mag das stimmen; im Wissenschaftsjournalismus stimmt es nicht. Nie wieder werden wir so unverzagt auf der Computertastatur herumklappern wie vor der flächendeckenden Einführung des Misstrauens in wissenschaftliche Veröffentlichungen. Begriffe wie »Elfenbeinturm« und »Halbgötter in Weiß« stammen aus Zeiten, als Forscher und Wissenschaftler als erhaben wahrgenommen wurden. Seitdem hat so manche raffinierte Fälschung vertrauensselige Reporter blamiert und Misstrauen gesät.

Doch solides Schreiberhandwerk und gute Recherche kann vor peinlichen Falschmeldungen schützen. Was genau in den Archiven historischer Institute zutage kam, was im Teilchenbeschleuniger wirklich passierte und welche Zellen in der rosa Nährflüssigkeit schwimmen, kann ein Journalist kaum nachprüfen. Er ist dazu verdammt, über das zu berichten, was er sicher hat, und das ist in der Regel nicht das Ergebnis eines Experiments oder einer Zeitzeugenbefragung, sondern ein Artikel darüber. Das ist ein feiner Unterschied!

Eine wissenschaftliche Erkenntnis kommt nie ohne die passende Veröffentlichung dazu. Deshalb arbeitet ein Wissenschaftsjournalist extrem viel mit Fachpublikationen. Die sollte man nicht nur sorgfältig lesen und verstehen, sondern auch kritisch betrachten. Welche Fallstricke solche Quellen umgeben können, deren Inhalt niemand nachprüfen kann, davon handelt dieses Kapitel.

Der Abstract allein reicht nicht

Fachzeitschriften kosten Geld und Regalplatz, deshalb leisten sich die wenigsten Redaktionen Abonnements. Da viele Veröffentlichungen auch im Internet stehen, finden viele das Heft sowieso überflüssig. Doch auch das Lesen im Netz ist teuer, denn die Studien kann man oft nur mit einer teuer erkauften Zugangsberechtigung ansehen. Kostenlos dagegen ist die Kurzzusammenfassung (Abstract). Sie besteht aus einem Absatz, der dem Artikel vorangestellt wird. In wenigen Sätzen steht hier, worum es in dem Artikel geht und mit welchem Ergebnis die Frage wie behandelt wurde. Das ist äußerst nützlich, um sich schnell einen Überblick zu verschaffen. Es spart das mühsame Durcharbeiten des oft komplexen Papiers – schließlich kommt man selbst in der Regel zum gleichen Schluss wie die Autoren. Viele Journalisten lesen deshalb nur den Abstract und zitieren dazu den ganzen Artikel.

Auch die wenigsten Forscher kommen dazu, die Fachliteratur sorgfältig zu lesen. Zum Zitieren genügt auch ihnen die Zusammenfassung. Wer gern zitiert werden will, versucht deshalb, bestimmte Schlüsselwörter im Abstract unterzubringen – ob diese nun zu der Veröffentlichung passen oder nicht. Aus diesem Grund ist die Kurzform deshalb nicht nur vereinfacht, sondern bisweilen auch verfälscht. Wenn irgend möglich, sollten Sie die Veröffentlichung, auf die Sie sich beziehen, kennen und wenigstens die Diskussion – das ist der letzte Teil des Artikels – gelesen haben, um sicher zu sein, dass die Daten halten, was die Zusammenfassung verspricht.

Beispiel: Vorsicht bei Zusammenfassungen!

Patienten mit Lungen- und Darmkrebs werden bestrahlt, um die Tumoren abzutöten. Bei besonders schnell wachsenden Krebsarten bekommen die Patienten mehrere Strahlenbehandlungen pro Tag. Eine Studie untersucht, ob Pausen im Bestrahlungsstundenplan den Tumor wieder schneller wachsen lassen.

Im Diskussionsteil des Artikels in der Fachzeitschrift CANCER heißt es: »Die vorliegenden Daten liefern keinen Hinweis auf beschleunigtes Wachstum, aber sie sind mit der Hypothese eines beschleunigten Wachstums vereinbar.« (Im Original: These data per se do not show accelerated proliferation, but they agree with the hypothesis that proliferation occurs and is important in determining outcome.)

In der Zusammenfassung des Artikels klingt die Aussage bereits ein wenig anders: »Die vorliegenden Daten stützen die Hypothese eines möglicherweise beschleunigten Wachstums.« (These data support the hypothesis that proliferation [possibly accelerated] of tumor clonogens during treatment influences the outcome.) Noch einmal: Die Daten haben keinen Hinweis auf beschleunigtes

Wachstum gefunden, aber trotzdem will die Studie die Hypothese stützen! Im Titel der Studie, die kein beschleunigtes Wachstum feststellen konnte, steht: »Neue Hinweise auf beschleunigtes Wachstum« (Cox 1992). Die Überschrift der Studie suggeriert also das genaue Gegenteil dessen, was die Daten belegen und was im vollständigen Text steht. Gestört hat dieser Widerspruch niemanden. Drei Jahre nach der Veröffentlichung wurde der Autor Dr. Cox Chef der Strahlungs-Abteilung des Krebs-Zentrums der University of Texas.

Wer wirklich wissen will, was eine Studie ergeben hat, sollte sich also nicht auf die Kurzzusammenfassung der Autoren verlassen, die dort gern eine Tendenz einbauen. Man braucht vielmehr die vollständige Originalpublikation. Für Journalisten mit Presseausweis ist sie nicht schwierig zu bekommen. Da auch die Fachmagazine gern zitiert werden, sind sie in der Regel ausgesprochen zuvorkommend. Die großen Magazine haben auf ihrer Website eigene Journalistenbereiche. Wer sich dort registriert, bekommt den Inhalt des kommenden Heftes in der Regel per E-Mail kostenlos vorab. Dann kann er den Artikel anfordern, der für ihn interessant ist. So kann der Wissenschaftsschreiber den kompletten Artikel in Ruhe lesen, den Autor kontaktieren, Hintergründe recherchieren und rechtzeitig zum Erscheinen des Fachartikels ein kluges Stück darüber schreiben.

Wer war's? Auch Fachzeitschriften irren

Eine wichtige Regel im Wissenschaftsjournalismus lautet: Die Quelle dient nicht der Hintergrundrecherche, sie wird genannt. In anderen Ressorts mögen eigene Quellen oder exklusive Informationslieferanten den Artikel adeln, weil deren Material schwieriger zu liefern und noch dazu lebendiger ist. Man gibt die Quelle deshalb nicht oder nur ungenau an. Nur in fremden Artikeln zu räubern, erscheint den meisten Journalisten schäbig und vergleichsweise einfach.

In der Wissenschaftsberichterstattung ist das anders. Eine kurze Quellenangabe mit Zeitschrift, Datum oder laufender Nummer wertet den Artikel auf. Zum einen zeigt die Tatsache, dass eine Studie veröffentlicht wurde, dass sie anscheinend gewissen Standards entspricht. Zum anderen wird damit auch die Verantwortung für die Richtigkeit der Angaben auf die Originalveröffentlichung geschoben – wo sie hingehört.

Auch sorgfältige und kundige Lektüre schützt nämlich nicht vor Fehlern in der Berichterstattung. Das liegt nicht an schlampiger Recherche oder unqualifizierten Schreibern. Nicht immer stimmt, was in den Fachzeitschriften steht. Fehler in Stu-

Fakt oder Fälschung?

dien können verschiedene Ursachen haben. Immer häufiger machen Betrugsgeschichten Schlagzeilen. Es gibt zahllose Fälle, wo junge Wissenschaftler ihre Publikationsliste verlängern, indem sie fremde Daten anreichern und als eigenen Artikel einreichen oder die gleichen Daten wiederholt zu veröffentlichen versuchen. Das ist verwerflich und schadet – wenn es denn entdeckt wird – der Karriere; für den Journalisten ist es aber meist unspektakulär.

Doch es gibt mittlerweile auch eine Vielzahl dramatischer Fälschungsgeschichten, denen praktisch alle Medien zunächst einmal aufgesessen sind. Bestes Beispiel ist die vermeintliche Klon-Sensation des Südkoreaners Hwang Woo Suk.

Bereits im Jahr 2004 veröffentliche SCIENCE einen Artikel des Forschers, in dem er beschreibt, wie er eine Stammzelllinie aus einem geklonten menschlichen Embryo gewann. »In Südkorea haben Wissenschaftler erstmals zweifelsfrei menschliche Embryonen durch Klonen hergestellt«, schrieb die SÜDDEUTSCHE ZEITUNG auf der Titelseite. Am 17. Juni 2005 erschien ein weiterer Artikel, der diesmal gleich die Titelgeschichte in SCIENCE war. Hwang hatte angeblich elf maßgeschneiderte Stammzelllinien aus 31 geklonten menschlichen Embryonen gewonnen. Die Nachricht war eine Sensation. Begeisterung und Empörung im Laienpublikum, Bewunderung und Neid von Kollegen und Berichte über phantastische Abwerbesummen für den Ausnahmeforscher füllten einige Tage lang die Zeitungen der Welt. Nachdem zahllose vermeintliche Klonsensationen bereits als Falschmeldungen enttarnt waren, schien diese anders: Beide Artikel erschienen im renommierten Fachblatt SCIENCE – und damit »erstmals zweifelsfrei«.

Im November 2005 zeigte sich, dass die Koreaner über die Herkunft der menschlichen Eizellen gelogen hatten, Mitte Dezember schließlich flog das ganze Stammzelltheater als großer Schwindel auf. Hwang Woo Suk hatte zwar Stammzellen gekauft, konnte aber keine einzige Stammzelllinie selber herstellen. Er hatte die Bilder manipuliert und alle Daten für die Veröffentlichung gefälscht. Nicht ein einziger menschlicher Embryo aus dem Labor hatte sich zum Zellspender entwickelt.

Natürlich konnte kein Journalist am Schreibtisch ahnen, dass der angebliche Durchbruch eine Riesenente war. Wenn selbst die Redakteure von SCIENCE und das ganze Peer-Review-Verfahren den Betrug nicht witterten, ist es keine Schande, die Studie für richtig zu halten.

Im Rückblick zeigt sich jedoch, dass sich manche Wissenschaftsjournalisten ein bisschen mehr über ihren Artikel ärgern sollten als andere, und das liegt am sauberen oder schlampigen Umgang mit der Quelle.

Auf Seite 1 schreibt die FAZ: »Wie die Hwang und Moon von der National University of Seoul in der Zeitschrift SCIENCE berichten, haben sie von insgesamt elf Patienten im Alter zwischen zwei und sechsundfünfzig Jahren durch Klonen embryonale Stammzellen gewonnen.«

Fakt oder Fälschung?

Die FINANCIAL TIMES (FT) schreibt: »Wie der Klonforscher in der aktuellen Ausgabe des Fachmagazin SCIENCE schreibt, ist es ihm gelungen, die Technik so weit zu perfektionieren, dass er von neun seiner elf Patienten mindestens eine genetisch identische Stammzellkultur anlegen konnte. Therapeutisches Klonen erscheint damit erstmals klinisch machbar zu sein.«

Nicht der Autor der Artikel schwingt sich zu der Erkenntnis auf, dass Hwang das Klonen gelungen sei, sondern der Schreiber weist auf die Quelle, die das behauptet. Klug und fein setzt der Autor des FT-Artikels den »Schein« ein. Tatsächlich »erscheint« es so, als funktioniere das therapeutische Klonen. Aber heute wissen wir, dass der Schein trog.

Wie misslich dagegen die Formulierung des SPIEGELS: »Hwang ist gelungen, was viele für unmöglich hielten [...] Er hat Menschenzellen geklont, sie zu 200-zelligen Embryonen reifen lassen und aus ihnen eine embryonale Stammzelllinie gewonnen.« (Wenn schon: Es waren angeblich elf Linien). Damit nicht genug, haben es die SPIEGEL-Journalisten auch schon geahnt: »Dass der große Durchbruch in Fernost bevorstand, kündigte sich bereits an.« Ein kleiner Hinweis hätte den Autoren eine Peinlichkeit erspart. Die sauber formulierten Artikel sind zwar inhaltlich überholt, bleiben aber korrekt. Schließlich bleibt es wahr, dass der entsprechende Artikel in SCIENCE erschien. Die selbstherrliche Formulierung des SPIEGELS macht den Artikel allerdings zur waschechten Ente, die korrekterweise eine Richtigstellung bräuchte.

> Dass Hwang veröffentlichte, er habe geklont, ist richtig; das Hwang geklont hat, ist falsch. Wer die Quelle korrekt angibt, schreibt deshalb einen richtigen Artikel, wer sie weglässt, möglicherweise einen falschen.

Es sind Feinheiten in der Formulierung, die die nötige Distanz des Journalisten zu den Fakten schaffen, die er selbst nicht nachprüfen, sondern nur wiedergeben und erläutern kann. Elegant geht das mit einem Konjunktiv.

»In radebrechendem Englisch gab der Koreaner Auskunft über seine Arbeit, die erstmals bewies, dass therapeutisches Klonen beim Menschen wirklich möglich ist.« Das steht im SPIEGEL. Ein kleines »sei« am Ende des Satzes wäre nicht nur eleganter gewesen, weil die indirekte Rede es verlangt; es hätte den Autoren damit auch geschickt Abstand und Kritikfähigkeit bescheinigt. Auch »seine Arbeit, mit der bewiesen scheint« wäre eine richtigere Formulierung. Wenn einmal deutlich gemacht ist, wo die Verantwortung für die Richtigkeit liegt, darf – so erlaubt es die Konvention – gern im Indikativ weitergeschrieben werden. Sonst müssten die Wissenschaftsseiten großflächig im Konjunktiv stehen, und das wäre nicht schön.

Fakt oder Fälschung?

> **Sprachliche Distanz**
>
> Eine Quelle neutral einführen geht so:
> - Wie Hwang in SCIENCE schreibt, hat er Menschen geklont.
> - Wie SCIENCE berichtet, hat Hwang Menschen geklont.
> - Laut SCIENCE hat Hwang Menschen geklont.
> - Hwang hat Menschen geklont – so steht es in SCIENCE.
> - Der letzten Ausgabe von SCIENCE zufolge hat Hwang Menschen geklont.
>
> Die Details dürfen danach im Indikativ stehen, wenn klar ist, woher die Information kommt:
> - Demnach/demzufolge ist er so vorgegangen …
> - Er beschreibt den Prozess so: …
> - Der Artikel beschreibt auf X Seiten, wie Hwang Menschen geklont hat: …
> - Nach Angaben von X funktionierte es folgendermaßen …
>
> Größere Distanz schaffen folgende Formulierungen:
> - Angeblich hat Hwang Menschen geklont.
> - Anscheinend/offenbar hat Hwang Menschen geklont.
> - Möglicherweise ist damit bewiesen, dass das therapeutische Klonen funktioniert.
> - Hwang sagt, er habe Menschen geklont.
>
> Zweifel kann man so zeigen:
> - Hwang will Menschen geklont haben.
> - Hwang behauptet, er habe Menschen geklont.
> - Wenn das stimmt, wäre therapeutisches Klonen möglich.

> Nicht verwechseln: Ein »vermutlicher« Durchbruch ist nicht bewiesen, wird aber angenommen, genau wie ein »mutmaßlicher«. »Vermeintlich« ist die Klonerei, wenn sie sich bereits als Fälschung entpuppt hat.

Für eine renommierte Fachzeitschrift, die falsch geurteilt hat, ist die Sache viel peinlicher als für einen Wissenschaftsjournalisten in einem Publikumsmedium, der sich auf die Urteilskraft der Fachleute verlassen hat. Im Fall Hwang untersuchten fünf Wissenschaftler und eine Journalistin des Konkurrenzblattes NATURE, wie es zu dem grandiosen Betrug kommen konnte. In dem Gutachten, das SCIENCE über ein Jahr später druckte, heißt es: »Die Redakteure folgten den etablierten Prozeduren und erweiterten sie durch zusätzliche Bewertungen, um einen hohen (Qualitäts-)Standard zu gewährleisten.« Diese etablierten Prozeduren seien jedoch ungeeignet gewesen, um Fälle von bewusster Irreführung zu erkennen und zu verhindern.

Eine solche Prüfung hat Folgen: Der gefälschte Artikel wird in allen Archiven gekennzeichnet, eine Korrektur weist auf den Betrug hin. (In Pressedatenbanken stehen Artikel wie der oben zitierte aus dem SPIEGEL ohne Korrektur.)

Korrekturen in Fachzeitschriften

Die Tatsache, dass etwas anstandslos in einem Fachblatt veröffentlicht wurde, heißt nicht, dass es dort bleibt. Im Jahr 2007 zog eine Gruppe von Wissenschaftlern, darunter die Nobelpreisträgerin Linda Buck, eine Veröffentlichung zurück. Der Artikel war 2001 in NATURE erschienen und beschrieb, wie in genmanipulierten Mäusen ein Pflanzenprotein in Geruchszellen produziert wurde. Anhand des Proteins sollte man die Geruchszellen im Gehirn kartieren können. Der Versuch machte keine Schlagzeilen, doch bemerkten die Autoren Ungereimtheiten in den Zahlen und beschlossen: »Wir haben das Vertrauen in unsere Schlussfolgerungen verloren.« Fünf Jahre lang war die Arbeit zitabel – jetzt ist sie es nicht mehr.

So viel Einsicht ist nicht selbstverständlich. Noch heute weisen Sympathisanten der Homöopathie gern auf eine Veröffentlichung in NATURE hin, die beweise, dass das homöopathische Prinzip funktioniere. In der Homöopathie werden Krankheiten mit extrem verdünnten Lösungen behandelt, die chemisch nichts als reines Wasser sind. Das Wasser »erinnere« sich aber an den Kontakt mit einem Naturstoff und sei deshalb wirksam. Der sorgfältige Wissenschaftsjournalist sollte das nachprüfen. Das lohnt sich, denn die Geschichte ist hübsch: 1988 veröffentlichte der französische Immunologe Jacques Beneviste einen Artikel, der beweisen sollte, dass Wasser, in dem einst Antigene schwammen – also Eiweiße, auf die das Immunsystem reagiert – einen Effekt auf Immunzellen habe. Die Homöopathen frohlockten, und zahllose ungläubige Wissenschaftler versuchten vergeblich, das einmalige Experiment zu wiederholen. Schließlich reiste der damalige Chefredakteur von NATURE John Maddox mit einem Fälschungsexperten nach Paris in Benevistes Labor. Dort versuchte der Immunologe erneut, den Effekt zu demonstrieren – vergebens. Der fragwürdige Artikel ist im NATURE-Archiv mit einem Erratum versehen: »High-dilution« experiments a delusion (etwa: Hochverdünnungsexperimente sind eine Täuschung).

Beneviste aber gab so schnell nicht auf. Nachdem das staatliche Institut INSERM schloss, wo er Abteilungsleiter war, arbeitete er im Privatlabor weiter am Beweis des Wassergedächtnisses. Der mit dem Nobelpreis gekrönte Physiker Georges Charpak schlug dem Franzosen eine Reihe von Experimenten vor, in denen er seine Thesen endlich beweisen sollte. Die Versuche scheiterten. Beneviste hatte auch dafür Erklärungen. Er vermutete Sabotage, entließ verdächtige Mitarbeiter und fand immer neue Gründe, die die Ergebnisse verfälscht hätten. Nach einem Jahr erklärte Charpak das Wassergedächtnis für tot. Doch die unbeweisbare These vom mysteriösen Erinnerungsvermögen des Wassers geistert weiter durch die esoterische Literatur. Eigentlich ist sie schon fast bewiesen – schließlich stand es sogar schon in NATURE!

Unter http://www.ncbi.nlm.nih.gov/pubmed/2455869?dopt=Abstract kann man sich das Erratum ansehen.

Unter http://www.zeit.de/2003/49/N-Wasser_Ged_8achtnis sind weitere Versuche aufgelistet, dem Wassergedächtnis endlich auf die Spur zu kommen.

Sollte es jemals glücken, das Wassergedächtnis zu beweisen, wäre das sehr lukrativ. Der Magier James Randi hat einen Preis von einer Million Dollar ausgesetzt. Das Geld bekommt der, der die Wirkung paranormaler, supernatürlich oder okkulter Kräfte wissenschaftlich beweisen kann. Das Geld wurde nie eingefordert, zweifelhafte Experimente mit obskuren Methoden aber gibt es weiterhin – genau wie manipulierte oder erfundene Forschungsergebnisse. Eine Liste der Fälscher liest sich ernüchternd. Weder die Hürden des Peer Review, das Renommee einer Zeitschrift noch das Ansehen eines Wissenschaftlers garantieren für wahre Wissenschaft.

Grenzen der Evidenz

Es gibt keine Wunder mehr – leider. Wissenschaft ist nachprüfbar, messbar und frei von mysteriösen Zaubereffekten. Einerseits. Andererseits ist der am schnellsten wachsende Medizinmarkt der der so genannten alternativen Heilmethoden. Homöopathen und Auramasseure, Pflanzenheiler und Chiropraktiker versuchen die Wirksamkeit ihrer Methoden ebenfalls durch wissenschaftliche Veröffentlichungen zu belegen. Für sie gilt das Gleiche wie für jede andere Studie: Man sollte sie genau unter die Lupe nehmen, bevor man sie glaubt.

Noch nie konnte die Cochrane Collaboration zeigen, dass ein homöopathisches Medikament besser wirkt als ein Placebo. Trotzdem tauchen immer und immer wieder Studien auf, die zeigen, dass homöopathische Zuckerkügelchen, deren Ursubstanz bei Mondschein verschüttelt wurde, eine Wirkung hätten. Die freilich haben alle Zuckerpillen, wenn sie mit dem entsprechenden Ernst verabreicht werden. Weil das so ist, sollte man etwas über den Placeboeffekt wissen.

Placeboeffekt

Um zu prüfen, ob ein Wirkstoff tut, was er soll, vergleicht man ihn mit einem Scheinmedikament – nicht mit gar keiner Intervention. Denn allein das Wissen, dass eine Behandlung erfolgt, hat einen Effekt, den Placeboeffekt. Der wurde in zahllosen Studien untersucht und kann ungeheuer stark sein. Wer weiß, dass er behandelt wird, reagiert darauf. Wissenschaftliche Studien zeigen: Placebos haben starke Nebenwirkungen (wenn man sie auf die Packungsbeilage schreibt). Kapseln sind wirksamer als Tabletten, rote Placebos sind wirksamer als blaue, und vier wirkstofffreie Tabletten haben deutlich mehr Effekt als zwei. Teurere oder angebliche Markenplacebos sind wirksamer als billige Nachahmerplacebos. Ein piksiges Placeboritual, das der Akupunktur ähnlich war, erwies sich als wirksamer als Placebopillen. Und es kommt noch stärker: Vorgetäuschter Ultraschall lindert Zahnschmerzen, vorgetäuschte Operationen heilen Knieschmerzen. Eine Herzoperation, bei der der Brustkorb geöffnet, aber nicht weiter operiert wird, ist genauso heilsam wie eine echte OP, und in einer schwedischen Studie erwies sich das Einsetzen von Herzschrittmachern als extrem hilfreich – auch wenn die Geräte nicht eingeschaltet wurden.

Wenn der verabreichende Arzt glaubt, das Placebo sei wirksam, so wirkt es stärker als wenn er glaubt, er gebe nur ein wirkungsloses Placebo. Es sind ganze Bücher über die wunderbare Welt der Suggestion geschrieben worden, und die Liste atemberaubender Experimente ist ebenso spannend wie endlos.

Zwei Harvard-Psychologen erklärten einer Gruppe Zimmermädchen, dass ihre Arbeit im Hotel gesunde Bewegung sei, für die Kontrollgruppe blieb sie der ganz normale Job. Nach vier Wochen, in denen beide Gruppen die gleiche Menge der gleichen Arbeit getan hatten, waren die, die das für gesund hielten, messbar und signifikant gesünder: Sie hatten Fett verloren und an Muskelmasse zugelegt.

Die Botschaft all dieser Experimente ist: Der Glaube, dass etwas passiert, kann enorme Folgen haben. Die Tatsache, dass eine körperliche Veränderung eintritt, heißt nicht, dass ein Wirkstoff oder ein Eingriff die Ursache dafür ist.

Zahlreiche Bücher beschäftigen sich mit dem Placeboeffekt. Eine gute, knappe, aber umfassende Darstellung ist:
Moerman DE, Jonas WB: Deconstructing the placebo effect and finding the meaning response. ANNALS OF INTERNAL MEDICINE. 3/2002, S. 19, 136 (6), 471–476.
Kostenlos online unter: http://www.annals.org/content/136/6/471.full

Fakt oder Fälschung?

Die Tatsache, dass eine Behandlung ebenso gut wirkt wie ein Placebo, heißt also nicht, dass sie nicht wirksam sei. Deshalb schwören so viele Menschen auf ihren Homöopathen, der sich Zeit nimmt und bei allen möglichen Leiden Linderung verschafft. Auch absurd anmutende Methoden mit Kristallen und farbigen Lichtstrahlen, Klängen und Güssen schlagen Seiten im Bewusstsein und Unterbewusstsein an, die körperliche Auswirkungen haben, die mit nüchterner Schulmedizin kaum zu erreichen sind.

Rückenschmerzen kommen und gehen, und auch eine Grippe ist irgendwann vorbei – egal, wie man sie behandelt. Die meisten Beschwerden haben einen natürlichen Verlauf, d. h., sie werden stärker und klingen irgendwann ab. Die Einnahme eines Mittels muss also nicht die Ursache dafür sein, dass es dem Patienten irgendwann besser geht. Besonders geschickt argumentiert man in der Homöopathie: Geht es dem Patienten nach der Behandlung besser, so zeigt das, dass sie wirkt; geht es ihm schlechter, so zeigt das angeblich, dass sie besonders stark wirkt, es handelt sich dann um eine »Erstverschlimmerung.« Im Anschluss darf man hoffen, dass es wieder besser wird. So oder so – irgendwann wird's wieder gut, dank Globuli.

Der Professor für Alternativmedizin Edzard Ernst hat Studien über homöopathische Behandlungen nach der Jadad-Skala bewertet und zeigt, dass die positiven Effekte der Homöopathie in methodisch schlechten Studien deutlich, in methodisch sauberen Untersuchungen leider nicht feststellbar sind. Wenn beim Schreiben über eine Studie Zweifel aufkommen, sollten Sie die Jadad-Skala und die Cochrane Library bemühen, um sie richtig einordnen zu können.

Die Jadad- oder Oxford-Skala

Der Mediziner Alejandro Jadad entwickelte in Oxford ein einfaches Bewertungsschema, das die Qualität klinischer Studien analysieren hilft. Jeder der fünf Fragen sollte von mindestens zwei Personen beantwortet werden, um methodische Fehler zu vermeiden. Für ein Ja gibt es einen Punkt, für einen Nein keinen. Studien mit weniger als drei Punkten auf der Jadad-Skala gelten als minderwertig. Die Fragen lauten:
- Wurde die Studie als randomisiert beschrieben?
- War die Randomisierung sachgerecht?
- Wurde die Studie als doppeltblind beschrieben?
- War die Verblindung sachgerecht?
- Wurden die Ausfälle (Drop-outs) begründet?

Quatsch und Neuigkeiten im Internet

Papier mag geduldig sein; es ist aber auch altmodisch, langsam und teuer. Ein Abonnement einer etablierten Fachzeitschrift kostet fünfstellige Eurobeträge im Jahr. Dabei bekommen weder die Autoren ein Honorar noch die Fachleute, die die Artikel begutachten. Um jedem Forscher den Zugang zu neuen Erkenntnissen ermöglichen, entwickelten Forscher die Idee der Internet-Magazine (siehe Kap. 2). Open-Access-Journale verlangen meist Gebühren für die Veröffentlichung, stellen den Inhalt dann aber kostenlos ins Netz. Dieses Vorgehen ist anerkannt und wird von seriösen Zeitschriften der Public Library of Science ebenso angewandt wie von schlampigeren Herausgebern.

Online-Magazine sehen auf den ersten Blick seriös aus und sind es oft auch. Wie sehr, das wollte Philip Davis, Student an der US-amerikanischen Cornell-Universität, gern genau wissen und machte – ganz evidenz-gläubiger Jungforscher – den Test: Der Wissenschaftsverlag Bentham hatte ihn mehrfach per E-Mail angeschrieben: Wenn er etwas veröffentlichen wolle, könne er sein Paper beim Open Information Science Journal, einem Online-Journal von Bentham, einreichen. Dort werde es von unabhängigen Gutachtern geprüft und – wenn es den Ansprüchen des Journals genüge – ins Netz gestellt. Die Kosten der Veröffentlichung betrügen 800 US-Dollar.

Gemeinsam mit Kent Anderson, einem Redakteur des Fachblattes NEW ENGLAND JOURNAL OF MEDICINE, reichte Davis ein Paper ein. Als Autoren firmierten Davis und Anderson, verfasst hatte des Werk allerdings eine Software namens Scigen, die grammatikalisch korrekte, aber komplett kontextfreie Publikationen zusammenstellt – inklusive umfangreichem Literaturverzeichnis und dekorativen Grafiken (z. B. »die durchschnittliche Uhrengeschwindigkeit als Funktion der Popularität objektorientierter Sprachen«).

Das Kauderwelschpapier passierte den angeblichen Peer-Review-Prozess und erschien unverändert im Online-Journal. Dabei hätte man schon beim Überfliegen stutzen müssen. Der Diskussionsteil behandelt den »geringfügigen Maultierhirsch« (»Trifling Thamyn«) und als Heimatinstitution hatten die beiden Autoren ein »Center for Research in Applied Phrenology« erfunden. Die Abkürzung CRAP heißt auf deutsch: Mist. (https://confluence.cornell.edu/download/attachments/2523490/access+points.pdf).

Für die, die sich zu Recht fragen, wozu um alles in der Welt es ein Computerprogramm für Nonsens-Artikel gibt, hier noch ein wenig Hintergrund zu Scigen. Das Programm wurde von drei Postgraduate Studenten des Massachusetts Institute of Technology (MIT) programmiert, um mal zu schauen, wie weit man im Wissenschaftsbetrieb mit komplettem Quatsch kommt. Wörtlich schreiben sie: »Unser Ziel ist es, den Spaß zu maximieren.«

Fakt oder Fälschung?

Die »Erfolge« der Scigen-Publikationen werden auf der Website aufgelistet, der schönste: Auf der World Multiconference on Systemics, Cybernetics and Informatics in Orlando 2005 halten die drei eine Session ab mit dem (per Scigen generierten Titel) 6th Annual North American Symposium on Methodologies, Theory and Information. Jeder der drei Initiatoren muss dabei mit ernstem Gesicht einen Nonsens-Vortrag halten. Übrigens gibt es einige solcher Generatoren, die sprachlich und formal korrekte, aber inhaltlich absurde Wissenschaftsveröffentlichungen, Essays u. Ä. generieren (http://pdos.csail.mit.edu/scigen/).

Sensation! – oder so ähnlich

Ida wurde angepriesen als »achtes Weltwunder,« in ihrer Bedeutung vergleichbar mit der Mondlandung. Von der Mondlandung haben Sie gehört, von Ida nicht? Ida ist ein Affenfossil aus der Grube Messel bei Darmstadt, das mit großem Pomp im New Yorker Naturhistorischen Museum präsentiert wurde. Über das etwa 476 Millionen Jahre alte Fossil gab es auch eine wissenschaftliche Veröffentlichung, doch wurde die Präsentation mit allem Presserummel vorab gemacht, so dass kein Journalist prüfen konnte, ob und was denn nun wirklich so sensationell daran war.

Je erstaunlicher wissenschaftliche Neuigkeiten sind, desto vorsichtiger sollte man sie behandeln. Viele Forscher beherrschen die Regeln der Werbung recht gut (siehe Kap. 10). Ist vorab keine Veröffentlichung zu haben, so sollte man die Aussagen des Sensationsforschers nicht unkommentiert stehen lassen. Normalerweise sind Wissenschaftler entweder sehr zurückhaltend mit unveröffentlichten Daten, weil sie die Veröffentlichung nicht gefährden wollen. Oder aber die Veröffentlichung steht unmittelbar bevor, dann bekommen Journalisten den Artikel – belegt mit einer Sperrfrist – problemlos vorab. Wenn noch unveröffentlichte Forschung mit Pomp beworben ist, so ist in der Regel etwas faul.

Doch was tun, wenn es doch nichts Handfestes zu dem Thema gibt? Es ist dann interessant, auf Abhängigkeiten hinzuweisen – etwa, wenn das Forschungsprojekt ausläuft, Stellen gefährdet sind, eine Studie von bestimmten Firmen bezahlt wird. Ein kritisches fachkundiges Urteil über angebliche Durchbrüche haben immer diejenigen, die im gleichen Feld arbeiten. Dort sollte man sich erkundigen, ob das sein kann, wie man die angeblichen Sensation zu bewerten habe. Zweifel des Autors dürfen und sollen sich im Text niederschlagen. Nach dem Motto: Ein solcher Durchbruch käme überraschend und ist unwahrscheinlich. Die Vorgehensweise ist ungewöhnlich, normalerweise würde man vorab eine wissenschaftliche Veröffentlichung sehen, andere Experten zweifeln.

»Schreiben ist harte Arbeit. Ein klarer Satz ist kein Zufall.
Sehr wenige Sätze stimmen schon bei der ersten Niederschrift
oder auch nur bei der dritten. Nehmen Sie das als Trost
in Augenblicken der Verzweiflung. Wenn Sie finden,
dass Schreiben schwer ist, so hat das einen einfachen Grund:
Es ist schwer.«
(William Zinsser, »On writing well«)

»Wer es nicht einfach und klar sagen kann,
der soll schweigen und weiterarbeiten, bis er es klar sagen kann.«
(Karl Popper in einem Brief gegen die Sprache
von Adorno und Habermas 1971 in der ZEIT, Nr. 39)

5 Sprache

Schreiben kann ja praktisch jeder, der einen Stift halten kann. So zu schreiben, dass es der Leser gern liest, dass es ihn packt, interessiert und bereichert, das kann nicht jeder. Die Materie des Wissenschaftsjournalisten ist nicht immer hilfreich, um große Leserscharen zu begeistern: Spröde Diskurse über lebensferne Themen unter Geisteswissenschaftlern, komplizierte Experimente und unaussprechliche Moleküle machen die Lektüre nicht automatisch zum Schmöker. Je komplexer die Sache, desto einfacher und eingängiger muss die Sprache oder Schreibe sein. Die gute Nachricht lautet: Schreiben kann man lernen. Wie bei jedem anderen Handwerk auch gibt es bewährte Techniken, Regeln und Ratschläge, die helfen. Mit Sprachgefühl und Fleiß kann sogar Kunsthandwerk daraus werden.

Das wichtigste Handwerkszeug des Wissenschaftsjournalisten ist nicht eine phantastische Datenbank oder ein Notizbuch mit den privaten Handynummern aller Nobelpreisanwärter, sondern wie bei allen Journalisten die Sprache. Das ist ebenso essenziell wie scheinbar banal. Die spektakulärsten Rechercheergebnisse, das tiefste Verständnis und die raffinierteste Darstellung sind umsonst und vergebens, wenn sie nicht so aufgeschrieben werden können, dass der Leser gern folgt und versteht. Natürlich müssen Sie das, was Sie an den Leser vermitteln möchten, deshalb mit eingängiger, klarer, verständlicher Sprache erläutern. Und möglichst interessant. Schon haben wir einen Widerspruch: Wer immer nur einfach, knapp und klar schreibt, läuft Gefahr, ein nervtötendes Stakkato kurzer, gerader Sätze zu produzieren. Das ermüdet den Leser und macht die Sache uninteressant. Wer schreibt, muss also abwägen, wie viel Schlichtheit und Schnörkel, wie viel Fakten und Vereinfachungen passend sind. Zum Glück passiert das in der Regel intuitiv.

Aber keinem Journalisten sprudeln preiswürdige Texte mühelos aus der Feder, so wie kein Pianist virtuose Stücke auf der Bühne aus dem Ärmel schüttelt. Gute Anleitung ist schön und gut, essenziell aber ist üben, üben, üben. Auch schreiben lernt man in erster Linie durch schreiben (und lesen).

Für Wissenschaftsjournalisten gelten dabei noch mehr Regeln als für Schreiber anderer Ressorts. Einerseits ist ihre Materie oft besonders komplex, zum anderen wird von ihnen mehr als von irgendeinem anderen Ressort Massentauglichkeit erwartet. Wissenschaftsjournalisten dürfen sich keine kryptischen Wurstsätze erlauben, die Feuilletonisten adeln. Sie dürfen kein Fachchinesisch unkommentiert stehen lassen wie ein Wirtschaftsbeobachter oder sich in Andeutungen gefallen wie politische Autoren. Im Feuilleton dürfen Vokabeln wie Hermeneutik ohne Erklärung stehen, aber auf der Wissenschaftsseite muss im Zweifelsfall schon das »Enzym« übersetzt oder erläutert werden.

Weil das oft schwierig ist und Platz frisst, muss die Sprache besonders effizient genutzt werden. Bevor es ans Schreiben geht, sollte man sich das, was man erzählen möchte, notieren und zwar so, wie man es der eigenen Mutter erzählen würde, woran man nun arbeiten werde. In Stichpunkten oder sehr kurzen Sätzen.

Satzbau

Machen Sie kurze Sätze. Viele Schreiber neigen dazu, möglichst viele Fakten in einen Satz zu stopfen. Leichter verdaulich ist es dagegen, jeder Hauptsache einen Hauptsatz zu widmen. Beispiel:

> 2002 hatte Mike Archer, der Direktor des Australischen Museums in Sydney, bekannt gegeben, Genabschnitte dieser Tierart, die in seinem Haus ebenfalls in Alkohol lagerte, zu kopieren – eine erste Voraussetzung immerhin, um ein Lebewesen zu klonen, was Archer mit dem ausgestorbenen Beuteltier in 10 Jahren machen wollte. (DIE WELT, 23.5.2008)

Ein Satz, drei Fakten. Erstens: Mike Archer hat 2002 angekündigt, er werde 2012 Genabschnitte des tasmanischen Tigers kopieren. Zweitens: Der tasmanische Tiger ist ausgestorben und könnte möglicherweise geklont werden. Drittens: Das Genmaterial wollte Archer aus Alkoholpräparaten isolieren, die im Museum lagern. (Ob irgendetwas davon in Angriff genommen wurde, lässt der Artikel leider offen.) Der Wurstsatz wirkt atemlos und unübersichtlich; die Zeitsprünge sind verwirrend. Im

Jahr 2008 schreibt der Autor, dass vor 6 Jahren geplant war, in vier Jahren etwas zu tun. Mit klaren Sätzen sollte auch die Chronologie klar werden. Noch ein Beispiel:

> Dem Goldenen Reis, den er in neunjähriger Arbeit entwickelte, ist etwas eigen, was keine andere Reissorte aufweist [...] Als er den Goldenen Reis an der ETH entwickelt hatte und sich schon freute, dass er die Technik irgendwann an die armen Bauern der Dritten Welt verschenken könnte, stellte er plötzlich fest, dass er insgesamt 72 Verfahren angewendet hatte, auf die [gemeint ist: denen] Patente lagen. (DIE WELT, 10.6.2010)

Der Einschub im ersten Satz ist nicht nur eine Stolperfalle beim Lesen, er enthält eine Hauptsache, die einen Hauptsatz fordert: Neun Jahre lang feilte und tüftelte der Forscher! Der Hauptsatz »etwas ist eigen« ist nicht nur merkwürdig formuliert, sondern auch denkbar schwach. Besser könnte es heißen: Neun Jahre lang arbeitete Potryklus an seinem Goldenen Reis, einer weltweit einzigartigen Sorte ... Er freute sich darauf, die Technik armen Bauern in der Dritten Welt zu schenken, doch es gab einen Haken: Er verwandte 72 patentgeschützte Verfahren. Das sind 37 statt 60 Wörter – fast halb so viele, obwohl der Haken dazugekommen ist.

Natürlich schreiben wir nicht genau so, wie wir sprechen, aber die Umgangssprache ist ein gutes Vorbild. Achten Sie darauf, wie sie einem Freund am Telefon erzählen, worüber Sie gerade schreiben. Sie sprechen praktisch nie in Schachtelsätzen, verwenden wenige Nebensätze und reihen die Fakten schön hintereinander auf.

Das heißt nicht, dass immer nur kurze Hauptsätze guter Stil sind. Sie können monoton, unelegant und langweilig werden. Aber Hauptsachen gehören in Hauptsätze, und wenn Sie mehrere wichtige Fakten unterbringen möchten, brauchen Sie mehrere.

Die meisten Nebensätze sind entbehrlich. Meiden Sie sie. Sie sind zwar nicht verboten, sollten aber die Ausnahme sein. Belasten Sie einen Hauptsatz nicht mit mehr als einem Nebensatz. Prüfen Sie bei jedem Nebensatz, ob er nicht ein hauptsatzgeeignetes Faktum enthält oder – wie die meisten – ganz und gar überflüssig ist. Beispiel:

> So ergab sich eine Konstellation, in der die UN für alle Länder gleichermaßen die schärfsten nur denkbaren Regularien für gentechnisch veränderte Organismen (GV) aufstellten. (DIE WELT, 10.6.2008)

Soll heißen: Die UN stellten daraufhin für alle Länder die schärfsten Regeln für den Umgang mit genetisch veränderten Organismen auf. Ein Fakt, ein Hauptsatz – mehr braucht es hier nicht.

Beispiel: In der Biographie des ehemaligen US-Präsidenten George W. Bush heißt es:»Wir plantschten durch Pfützen, die der Morgenregen und das Wasser, mit dem die Feuer bekämpft worden waren, zurückgelassen hatten.« Das schlichte Bild, des Präsidenten, der durch die Trümmer des World Trade Centers stapft, ist sprachlich erbärmlich übersetzt. Natürlich plantscht ein erwachsener Mensch am Katastrophenort nicht. Das Wasser, mit dem gelöscht wird, heißt Löschwasser. Ohne die verschachtelten Nebensätze heißt der Satz schlicht: Wir liefen durch Pfützen von Regen- und Löschwasser.

Wenn Sie unbedingt einen Nebensatz brauchen, dann hängen Sie ihn hinten an den Hauptsatz an. Eingeschobene Nebensätze erschweren das Verständnis, weil sie Worte, die zusammengehören, trennen. Sie schieben sich mitten in den Hauptsatz, oft zerhacken sie das Verb: Ein solcher Satzbau stellt, wenn er wie hier gebraucht wird, was vermieden werden sollte, wenn man verstanden werden möchte, ein echte Lesehürde dar. Gemerkt? Stellt dar ist ein Verb, das den Spagat über die Nebensätze nicht gut aushält. Natürlich können Sie die Nebensätze anhängen. Noch schöner wird's, wenn man sie ganz weglässt. Beispiel:

> Dass die Wissenschaft bei der Entwicklung neuartiger Röntgenquellen auf dem richtigen Weg ist, hat nun Alexander Debus vom Forschungszentrum Dresden-Rossendorf (FZD) bestätigt. Mithilfe experimenteller Daten, die vor einigen Jahren in Kooperation deutscher und britischer Forscher am ASTRA-Laser im Rutherford Appleton Laboratory in Rutherford/England entstanden, rekonstruierte er durch Computersimulationen die Eigenschaften eines laserbeschleunigten Elektronenpulses. [...] »Dieses Ergebnis ist ein stabiles Fundament für die Entwicklung neuer Lichtquellen für Röntgenstrahlung, die extrem kurze Elektronenpulse mit einer hohen Ladung, also einer großen Anzahl von Elektronen, benötigen, um zu funktionieren«, so Dr. Michael Bussmann vom FZD. (aus einer Pressemeldung des Forschungszentrums Dresden-Rossendorf e.V.)

Zum Verständnis: Es geht um neue, kleine Röntgenquellen. Berechnungen haben gezeigt, dass man einen Elektronenpuls mithilfe von Laserstrahlen beschleunigen und so die gesuchten kurzen Pulse herstellen kann. Woher die Daten kommen, muss wirklich nicht diesen Satz sprengen, der auch so schon schwierig genug ist. Wenn es wichtig erscheint, darf die Datenherkunft einen eigenen Satz haben, schließlich gehören Hauptsachen in Hauptsätze. Die beiden letzten Sätze könnten schlanker und besser so lauten:

> Alexander Debus berechnete aus den Daten vergangener Experimente, wie Laser Elektronenpulse beschleunigen. »Aufgrund dieser Erkenntnisse können wir neue Quellen für Röntgenstrahlung entwickeln, die extrem kurze Elektronenpulse mit hoher Ladung benötigen«, sagt Michael Bussmann vom FDZ.

Die zwei Sätze haben in der ersten Version 68 Wörter mit 566 Zeichen. In der zweiten sind nur rund halb so viele: 35 Wörter mit 286 Zeichen. Weniger Wortgeklingel macht Texte besser. Das schafft Platz für Erläuterungen oder anschauliche Schilderungen.

> Was jahrelang schier unmöglich schien, wegen der Besonderheiten des Islam, oder am Starrsinn der Funktionäre des organisierten Islam und natürlich auch am Des- beziehungsweise Eigeninteresse vieler Hochschulen zu scheitern drohte, soll nun offensichtlich ganz schnell gehen. Einigkeit jedoch herrscht vorerst nur darüber, dass der Ort, an dem sich die Wissenschaft vom Islam etablieren und entfalten soll, unbedingt die staatliche Universität sein muss. (FAZ, 23.6.2010)

Gleich zweimal spalten hier Nebensätze die Hauptsätze auf. Wenn man sie hinten dran hängte und so wenigstens die Hauptsätze intakt gelassen hätte, wäre schon einiges gewonnen. Besser ist aber der Einsatz von mehr Hauptsätzen, sinngemäß:

> Jahrelang schien es unmöglich. Die Funktionäre des organisierten Islam waren starrsinnig; die Hochschulen zeigten kein Interesse. Doch nun soll es ganz schnell gehen. Einig ist man sich nur darüber, dass es die staatliche Universität sein soll, an der […]

Fakten, Fakten, Fakten in Hauptsätze, Hauptsätze, Hauptsätze und die Nebensätze hintendran.

Aktiv statt Passiv

Kaum jemand gebraucht beim Reden das Passiv. Die aktive Form ist direkt, lebendig und klar, die passive neutral, vage und umständlicher. Sie ist immer dann sinnvoll, wenn es kein Subjekt gibt, dem man die Handlung zuschreiben kann. Wenn ein bestimmter Stoff injiziert ist, dann spielt es keine Rolle, ob der Hauptautor der Studie, der diensthabende Stationsarzt oder die Nachtschwester die Spritze gesetzt

Sprache

hat. In solchen Fällen mag das Passiv durchgehen. Wann immer es sich vermeiden lässt, sollte es aber vermieden werden – nur wie?

Wenn das handelnde Subjekt klar ist, lässt sich der Satz einfach ins Aktiv drehen. Beispiel:

> Entdeckt wurde der Effekt von einer Doktorandin während einer Studie zur Giftwirkung von Metallmolekülen [...] Mit (der Schnecke) könne vielleicht geklärt werden, warum es innere Schalen bei Weichtieren gibt, etwa bei manchen Nacktschneckenarten oder Tintenfischen. Die kalkhaltigen Schalen dienen Schnecken als Schutz vor Feinden. (DPA/ FINANCIAL TIMES, 12.10.2010)

Diese Sätze lassen sich problemlos umkrempeln: Ein Doktorandin entdeckte den Effekt während einer Studie ... Die Schnecke könnte klären, warum ...

Doch auch ohne Subjekt lässt sich das Passiv in der Regel vermeiden. Dazu ist oft gar kein Umformulieren nötig, sondern nur beherztes Streichen. Beispiel:

> Wenn Früherkennungsmaßnahmen wie das Mammographie-Screening genutzt werden, kann ein kleiner Knoten in der Brust operativ entfernt werden [...] Eingesetzt werden auch spezielle Antikörper (Trastuzumab), wenn im Brustgewebe der so genannte HER-2-Rezeptor nachgewiesen werden kann. Es existieren aber auch Formen von Brustkrebs, bei denen im Gewebe weder HER-2 noch Rezeptoren für die Hormone Östrogen und Progesteron nachgewiesen werden können (»triple negative breast cancer«) [...] Auf dem Kongress wurde darüber berichtet, dass auch betagtere Frauen, bei denen die Diagnose Brustkrebs erst im Alter zwischen 70 und 80 Jahren gestellt wurde, noch von einer Behandlung profitieren. (DIE WELT, 13.10.2010)

Im ersten Satz ist das Subjekt klar: Patienten nutzen das Screening. Aber die spielen in dem Artikel gar keine Rolle, eher sind es Maßnahmen, die zum Subjekt werden können.

Im nächsten Satz ist die Passivkonstruktion unnötig ungenau: Die Antikörper kommen nur zum Einsatz, wenn der entsprechende Rezeptor nachgewiesen ist.

Und wenn nicht klar sein sollte, wer auf dem Kongress über all das berichtet, oder wenn der lange und irrelevante Name überflüssig erscheint, hilft die vage anonyme Passivformulierung auch nicht weiter. Im Aktiv klingt der Absatz so:

> Früherkennungsmaßnahmen wie das Mammografie-Screening zeigen auch kleine Knoten in der Brust, die noch operabel sind. Patienten, bei denen spezielle Antikörper nachgewiesen sind, ...

Oder noch besser:

> Bei manchen Patienten helfen spezielle Antikörper. Es gibt aber auch Formen von Brustkrebs, bei denen keine behandlungsrelevanten Rezeptoren nachweisbar sind. Offenbar profitieren Frauen auch dann noch von einer Behandlung, wenn sie die Brustkrebsdiagnose erst mit über 70 Jahren bekommen [...]

Gerade, wenn es um wissenschaftliche Studien geht, weiß man oft nicht, wer korrekterweise als Akteur auftreten sollte. In solchen Fällen darf man die Studie selbst zum Subjekt erheben: »Die Studie zeigt ...«, »Die Untersuchung belegt ...«, »Die Daten legen nahe ...«

Und wenn Menschen im Spiel sind, die man nicht benennen kann, so darf der Journalist jederzeit »Die Mediziner«, »Experten«, »Fachleute« oder »Wissenschaftler« ins Spiel bringen. Das ist vage genug, um nie falsch zu sein und konkret genug, um als Subjekt herzuhalten. Beispiel:

> In den USA ist erstmals ein Patient mit Zellen behandelt worden, die aus menschlichen embryonalen Stammzellen gewonnen wurden. Der Patient wurde in einem Krankenhaus für Rückenmarks- und Hirnverletzungen in Atlanta im US-Bundesstaat Georgia für den klinischen Test ausgewählt, wie die Biotechnik-Firma Geron mitteilte. Behandelt werden sollen in der Testreihe querschnittsgelähmte Patienten, bei denen die Verletzung des Rückenmarks ganz neu ist. Ihnen sollen binnen 14 Tagen die Zellen gespritzt werden. [...] Bei der Phase-I-Studie der Firma Geron soll zunächst die Sicherheit und Verträglichkeit einer solchen Zelltherapie geprüft werden. (AFP/TAGESSPIEGEL, 12.10.2010)

Das Umkrempeln ins Aktiv ist einfach, wenn man die oben vorgeschlagenen Subjekte hinzuzieht. Dann lauten die Sätze so:

> Wissenschaftler in den USA haben erstmals Patienten mit Zellen behandelt, die aus menschlichen embryonalen Stammzellen gewonnen wurden. Sie wählten für den klinischen Test Patienten aus einem Krankenhaus für Rückenmarks- und Hirnverletzungen in Atlanta im US-Bundesstaat Georgia, wie die Biotechnik-Firma Geron mitteilte. Das

> Unternehmen will in der Testreihe querschnittsgelähmte Patienten behandeln, bei denen die Verletzung des Rückenmarks ganz neu ist. Ärzte sollen ihnen die Zellen binnen 14 Tagen spritzen. […] Die Studie soll die Sicherheit und Verträglichkeit prüfen.

Jedes Verb bekommt so ein handelndes Subjekt.

Der Wechsel vom Passiv zum Aktiv ist nicht nur eine stilistische Formalie, er verschiebt auch die Gewichtung. Ist der Patient wichtig, so darf er ausnahmsweise auch im Passiv behandelt werden. Liegt aber die Betonung auf dem Arzt, so erfolgt die Behandlung aber bitte aktiv.

Nominalstil

Das Deutsche bietet die besonders beliebte, aber sprachlich ausgesprochen scheußliche Möglichkeit, Verben in Substantive zu verwandeln. Solche Nominalkonstruktionen sparen Nebensätze und verkürzen Texte. Das lässt sie attraktiv erscheinen. Außerdem lassen sie Texte scheinbar wichtig, obrigkeitlich und irgendwie erhaben klingen. Dem Verständnis dienen die Wortgebilde nicht, die gern auf »-ung« enden.

Nominalkonstruktionen fallen bei genauem Hinsehen dadurch auf, dass starke Verben fehlen. Sperrige Nomen tragen die Handlung und werden von Hilfsverben aneinandergekittet. Wer starke Verben verwendet, gerät selten in die Versuchung, nominallastig zu schreiben. Beispiel:

> Die Abschlussberichte des Uno-Komitees zur Eliminierung der rassischen Diskrimination haben nach der Überprüfung einer zufällig zusammengewürfelten Staatengruppe im August auch in gesättigten Gesellschaften gewisse Schwächen beim Schutz von Minderheiten bloßgelegt. Bei autoritären Staaten fange es damit an, dass allein die klare statistische Erfassung und Anerkennung der ethnischen Zusammensetzung der Bevölkerung die herrschende Nationalideologie in Gefahr bringe. Das Uno-Komitee wacht über die Umsetzung der Konvention von 1965 wider die Rassendiskrimination […] Der Ausschuss stellte am Freitag die wichtigsten Empfehlungen nach der jüngsten Überprüfungsrunde vor. Aus aktuellem Anlass rief das Gremium nach der Beendigung der kollektiven Abschiebung von Roma aus Frankreich. (NEUE ZÜRCHER ZEITUNG, 3.9.2010)

Lebendiger und eleganter wird es ohne die Flut von Nominalkonstruktionen: Autoritäre Staaten wähnten ihre Nationalideologie in Gefahr, wenn sie ethnische

Minderheiten erfassen und anerkennen ... Der Ausschuss hat überprüft, ob ethnische Minderheiten in gesättigten Gesellschaften weiter diskriminiert werden, und empfiehlt in seinem Abschlussbericht – ja was? Nominalkonstrukte sind oft ungenau. Wer das Verb nutzen will, muss wissen, wer was tut. In diesem Text fordert der Ausschuss Frankreich auf, die Roma nicht mehr abzuschieben. Hier wäre auch das Wort Abschiebestopp eine kurze knackige Alternative zur besonders scheußlichen »Beendigung der Abschiebung.«

Wenn Nominalkonstruktionen die Sätze beherrschen, kommt das Passiv meist gleich automatisch mit. Wer Nominalkonstruktionen eliminiert, krempelt deshalb am besten auch gleich den Satzbau ins Aktiv um. Das ist leicht, weil durch die Auflösung des Nominalen starke Verben vorkommen, die handelnde Subjekte brauchen. Beispiel:

> Das Tiefziehen zählt zu den wichtigsten Verfahren der Blechumformung und ist für die Massenfertigung von Hohlkörpern von zentraler Bedeutung. Es bezeichnet das Umformen eines Blechzuschnitts mittels Zugdruck, so dass ein einseitig geöffneter Hohlkörper entsteht. Die dafür notwendige Presskraft wird von einem Stempel in den umzuformenden Bereich geleitet. Nach Wegnahme der Belastung wird gespeicherte elastische Energie wieder abgegeben [...] (aus einer Pressemitteilung der TU Chemnitz vom 19.3.2010)

Nicht jedes Substantiv ist schlecht. Das »Tiefziehen« ist ein Fachwort, das hier erklärt wird und deshalb auch stehen bleiben soll. Auch Verfahren und Herstellung sind Substantive, die sinnvoll und schwer zu ersetzen sind. Die vielen anderen Nominalkonstrukte müssen aber nicht sein. Sie machen den Vorgang unlebendig und abstrakt – und das, wo er doch gerade plastisch erklärt werden soll. Dass es eine Umformung ist, muss nicht erwähnt werden, wenn die Umformung doch anschließend erklärt wird. Die Wegnahme der Belastung heißt: der Stempel geht zurück.

Besser wäre also:

> Tiefziehen ist das Standardverfahren zur Massenproduktion von Blechhohlkörpern (wie Autotüren oder Kotflügel?). Dabei presst ein Stempel das Blech in die gewünschte Form. Geht der Stempel zurück, federt das Metall ein wenig zurück [...]

So könnte man auch seiner Großmutter das Tiefziehen nahe bringen. Obwohl Nominalkonstrukte Texte in der Regel verkürzen, ist die bereinigte Version weniger als halb so lang und viel leichter verständlich.

Verben

Verben kann ein Text gar nicht genug haben – vorausgesetzt, es sind anschauliche, starke und schlichte Verben. Sie sind konkret und transportieren die Handlung. Beinhalten, bewerkstelligen oder vergegenwärtigen sind sperrige, abstrakte Worte, genau wie die meisten, die auf -ieren enden. Die sollten Sie meiden. Meiden Sie auch Verbkonstruktionen, die auf ein Substantiv angewiesen sind:

> zur Anwendung bringen = anwenden
> zum Ausdruck bringen = ausdrücken
> Verzicht leisten = verzichten
> Bekenntnis ablegen = bekennen
> einen Kauf tätigen = kaufen
> in Erwägung ziehen = erwägen

Manche Forscher oder Pressestellen finden ihre obrigkeitlich klingenden Verlautbarungen besonders schön, wenn sie lange vermeintlich bedeutungsschwangere Worte enthalten. Sie bemängeln die journalistische Wortwahl gern als »zu salopp«. Lassen Sie sich nicht beirren, denken Sie an den Leser. Er soll nicht abschalten, sondern verstehen. Eindruck schinden Journalisten nicht mit Imponiervokabeln, sondern, wenn überhaupt, mit guter, klarer Sprache.

Wenn Verben adjektivisch verwendet werden, heißen sie Partizip. (Eine gelungene Veranstaltung ist eine Veranstaltung, die gelang; »gelungen« ist das Partizip.) Partizipien sind selten elegant und meistens überflüssige Füllworte. Verwenden Sie sie nur, wenn sie wirklich nötig sind.

> auftretende Beschwerden = Beschwerden
> aufgenommene Befunde = Befunde
> durchgeführte Studie = Studie
> veröffentlichte Studie – ist richtig, weil es ja auch unveröffentlichte gibt.
> gestellte Fragen = Fragen
> ungestellte Fragen – richtig, denn auch dies Partizip transportiert eine Zusatzinformation.
> geladene Gäste – auch richtig. Das heißt, dass nicht jeder kommen durfte.
> vorgenommene Korrekturen = Korrekturen
> aufgestellte Regeln = Regeln
> überwiegende Mehrheit = Mehrheit
> gesetztes Ziel = Ziel
> usw.

Substantive und Adjektive

Das Gleiche gilt für Substantive. Auch sie sollen treffend, konkret und aussagekräftig sein. Je länger ein Wort, desto kritischer sollten sie es ansehen. Viele glauben, eine Stallung sei etwas Feineres als ein schlichter Stall, die Überdachung ein besseres Dach und die Bestuhlung umfassender als die Stühle. Tatsächlich umschreibt die Überdachung den Vorgang, bei dem ein Dach angebracht wird. Sie wird aber selten so korrekt gebraucht. Die »Zielsetzung« wird gern als besonders schönes »Ziel« verwendet, dabei bedeutet die Vokabel das möglicherweise gemeinschaftliche Setzen, also das Finden und Festlegen des Ziels.

Gut sind Substantive immer dann, die nicht weiter verkürzt oder durch ein Verb ersetzt werden können. Ob die geblähte Form nötig ist, lässt sich einfach testen: Wenn die kürzere Form passt, nehmen Sie die. In der Regel landet man automatisch bei der schöneren, knapperen Kurzform:

>   Rücksichtnahme = Rücksicht
>   Aufgabenstellung = Aufgabe
>   Zielsetzungen = Ziele
>   Einflussnahme = Einfluss
>   Regelsetzung = Regeln
>   Problemstellung = Probleme
>   Fragestellungen = Fragen
>   Gefahrenpotenzial = Gefahr

Anschauliche Substantive stehen für sich. Seien Sie deshalb extrem geizig mit Adjektiven. Die allermeisten braucht man nicht. Oft sind sie Teile von abgegriffenen Floskeln:

>   schwere Verwüstungen – leichte heißen Unordnung
>   restlos überzeugt – mit Rest ist man eben nicht überzeugt
>   dunkle Ahnung – helle Ahnung heißt Wissen
>   steile Felswand – nicht steile Wände heißen Hang
>   wichtiger Durchbruch – unwichtig ist es keiner

Wichtig sind Adjektive einzig und allein zur Unterscheidung und Wertung. Alle anderen sind bestenfalls unnötig. Oft sind sie sprachlich unschön etwa

>   alpine Flora statt Alpenflora
>   gesellschaftliche Ordnung statt Gesellschaftsordnung
>   biologische Vielfalt statt Artenvielfalt

Oder der Bezug ist schlicht falsch. Der häufigste Adjektiv-Fehler ist der »dreistöckige Hausbesitzer« – so könnte man den Besitzer eines dreistöckigen Hauses fälschlich und unsinnig beschreiben. Nach diesem Schema falsch sind

>konspirative Wohnung
>Statistisches Bundesamt
>atlantischer Tiefausläufer (das ist ein hiesiger Ausläufer eines atlantischen Tiefs)
>stehende Ovation
>oppositioneller Gesetzesentwurf
>umweltpolitischer Maßnahmenkatalog
>soziales Problemfeld

Beispiel:

>Seit mehr als zwanzig Jahren wird nach einer vaginalen Substanz als HIV-Schutz geforscht, die Frauen sicher vor einer Infektion schützen kann, ohne dass sie von der Bereitschaft des Sexualpartners und einem Kondom abhängig wären. (FAZ, 21.7.2010)

So beginnt ein halbseitiger Artikel über die 18. Welt-Aidskonferenz im Teil Natur und Wissenschaft der FAZ. Man ahnt, was tatsächlich gemeint ist. Natürlich suchen die Forscher nach einer Substanz, die das HI-Virus tötet und die vaginal angewendet werden kann. Sie suchen nicht in der Vagina. Die gilt als gut erforscht, und es ist unwahrscheinlich, dass dort selbst in weiteren 20 Jahren der Suche eine Substanz gefunden wird, die vor HIV schützt. Sie suchen für die Vagina.

Nicht alle Adjektive lassen sich steigern. Nicht steigerbar sind z. B. »dreiseitig, alltäglich, einzig, eisern, ideal, rechtwinklig, tot« sowie alle, die auf »-los« oder »-frei« enden.

Es gibt also eine Menge Möglichkeiten, Adjektive grammatikalisch, stilistisch und inhaltlich falsch zu verwenden. Wenn Sie sie sprachlich korrekt und stilistisch gut einsetzen, sind Adjektive freilich schöne Worte. Aber prüfen Sie – wann immer Sie versucht sind, eines zu tippen – ob es wirklich sein muss: Dient es der Unterscheidung? Transportiert es eine wichtige Information? Wenn das nicht der Fall ist, sollten Sie es dringend streichen. Ein Text ohne beigeordnete Schnörkel ist sowieso viel klarer und besser.

Fremdwörter und Jargon

Meike Jotzo hat für ihre Masterarbeit an der TU Dortmund drei Hörfunkbeiträge zu einem medizinischen Thema produziert: Der eine enthielt acht medizinische Fachbegriffe, der nächste vier, und im letzten waren alle Fachwörter übersetzt und eliminiert worden. Testpublikum waren Studenten, allesamt Medizinlaien. Jeder hörte einen der Beiträge und musste anschließend schriftlich nacherzählen, was er gehört hatte. Ergebnis: Die Studenten, die den Beitrag mit acht Fachwörtern gehört hatten, hatten am wenigsten behalten. Die Hörer des Stücks mit vier Fachwörtern schnitten genauso gut ab wie die, die einen fremdwortfreien Beitrag gehört hatte (Jotzo 2009). Die besten Hörernoten bekam der Beitrag mit vier Fachbegriffen. Offenbar helfen neue Worte, neue Information richtig zu benennen und abzuspeichern. Fachbegriffe müssen also nicht grundsätzlich gemieden, sondern sollten überlegt eingesetzt werden.

Es gehört zum Wesen der Wissenschaftsberichterstattung, dass Fachtermini eine Rolle spielen. In dem Kongressbericht der auf Seite 78 zitiert wird, müssen nicht unbedingt Trastuzumab, HER-2 Rezeptoren und »triple negative breast cancer« in einem Absatz vorkommen. »Antikörper« und »Rezeptoren« hätten völlig gereicht. Und dass ein Krebs, der keinen der drei behandlungsrelevanten Rezeptoren hat, auf Englisch »triple negative« heißt, ist für deutsche Leser komplett belanglos, und der Fachmann weiß es sowieso (und findet es auch belanglos). Wenn ein Fachwort wirklich nötig ist, weil es etwas Neues benennt, sollten Sie es übersetzen und wenn möglich im weiteren Text die Übersetzung verwenden. Wenn es nicht nötig ist, sollten Sie nicht damit angeben, dass Sie es wissen, sondern es getrost streichen.

Wenn es für ein Fachwort keine Übersetzung gibt, weil es ein Eigenname ist, so müssen sie den Begriff erklären. Am elegantesten geht das, indem Sie gleich den brauchbaren Begriff verwenden, das Fachwort der Vollständigkeit halber aber in Klammern dazustellen – damit ist es abgehakt und muss nicht wieder vorkommen: »spezielle Antikörper (Trastuzumab)«. Auch den HER-2-Rezeptor hätte man so behandeln können: »dem entsprechenden Rezeptor (HER-2)«.

Die Wörter, die Sie verwenden, sollten verständlich sein, deshalb ist es elegant, wenn Sie für schwierige Fachtermini einen aussagekräftigen Begriff finden.

Als 1965 ein Vertrag über die Nichtweitergabe von Atomwaffen, auf Englisch Non-Proliferation Treaty, geschlossen wurde, übersetzten das deutsche Medien mit »Nonproliferationsvertrag«. Das ist ein langes, schwieriges Wort, das mit keiner Silbe verrät, worum es geht. Angeblich erfand ein Journalist den Begriff »Atomsperrvertrag« und hatte damit ein verständliches Wort gefunden, mit dem jeder gut umgehen kann.

Sprache

Wie jede Zunft haben Wissenschaftler auch jenseits der Fachbegriffe einen eigenen Jargon. Natürlich ist es schön, wenn Sie da mitreden können. In journalistische Texte darf sich der laborinterne Sprachgebrauch aber nicht schleichen. Ein Laie, der Ihren Text gegenliest, stolpert über Formulierungen, von denen Sie wissen: Das sagen aber alle Molekularbiologen. Wenn die Formulierung nicht zum allgemeinen Sprachgebrauch gehört, dann handelt es sich um Jargon, und der hat in Massenmedien nichts zu suchen. Beispiel:

> Embryonale Stammzellen (ES) haben ein unschätzbares Potenzial für die regenerative Medizin. Gerade beginnt die Wissenschaft zu verstehen, wie die vielfältigen Entwicklungsmöglichkeiten (»Pluripotenz«) der ES-Zellen entstehen. Das Pou5f1/Oct4 Protein ist dabei einer der wichtigsten Stammzellfaktoren. Im Gegensatz dazu weiß man leider noch wenig über Struktur und Funktion des regulatorischen Netzwerkes, das von Pou5f1/Oct4 gesteuert wird. Dieses Netzwerk kann Pluripotenz aufrechterhalten, aber auch gleichzeitig die Zuordnung embryonaler Zellen in die verschiedenen Hauptzelllinien ermöglichen. (aus einer Pressemitteilung der Albert-Ludwigs-Universität Freiburg im Breisgau vom 18.3.2010)

Leider, leider weiß man nicht nur wenig über das regulatorische Netz, man versteht die ganze Geschichte nicht. Selbst wenn man darauf vorbereitet wäre, dass ausgerechnet Pou5f1/Oct4 wie Ziethen aus dem Busch kommt, wird es schwer. Unwahrscheinlich, dass ein Nichtfachmann ermisst, was die Zuordnung der Zellen in Hauptzelllinien bedeutet und wie man gleichzeitig die Pluripotenz aufrechterhält. Diese Pressemitteilung schwelgt so offensichtlich im Fachjargon, dass die Botschaft wohl kaum jemanden erreicht, der nicht Stammzellforscher ist.

Der Umgang mit Fachbegriffen ist eine Gratwanderung. Zuviel macht einen Text für Laien schwierig und unverständlich. Wissenschaftsjournalisten neigen aber auch zu unnötiger Vereinfachung, die das Verstehen genauso erschwert.

So wird alles, was im Körper vor sich geht, »Eiweißen« zugeschrieben. Eiweiße oder auch Eiweißstoffe sind für die Atmung in der Zelle, fürs Teilen und Reagieren zuständig. Aber wie soll sich ein Laie das vorstellen, dass sein Gehirn voller Eiweiß steckt, jenem Stoff, von dem er aus der Schule weiß, dass es mehr davon im Eigelb als im Eiweiß gibt? Dass diese vermeintliche Substanz chemische Reaktionen in Zellen in Gang hält, dass sie Genprodukte produzieren wird, ist schwierig anschaulich zu machen, wenn man sich Worte wie Enzym verbietet.

Umgang mit Zitaten

Sprachregeln gelten für den gesamten Text, das heißt: Auch für Zitate, die nicht von Ihnen stammen. Wenn Sie ein Zitat aufschreiben, so sollten Sie sich natürlich an das halten, was der Zitierte gesagt hat. Sie müssen weder mündliches Umgangsdeutsch eins zu eins übernehmen; noch dürfen sie kryptische, schwer verständliche Zitate eins zu eins in Ihren Text schreiben. Damit stoßen Sie den Leser vor den Kopf. Ein unverständliches Zitat schadet einem ansonsten guten Text. Es ist erlaubt, ein Zitat so zu bearbeiten, dass es seine Aussage behält, aber verständlich wird und dem Text sprachlich angepasst ist. Beispiel:

> »Iter kommt zu spät als ein Phantom für das Jahr 2050«, kritisiert Turmes das millionenschwere Engagement zu Lasten der Erneuerbaren, »in der aktuellen europäischen Energiepolitik sehen wir uns angesichts der Energieressourcen und ihrer Nutzung einer auf dem Kopf stehenden Pyramide gegenüber. Vernünftig ist das nicht.« (DIE WELT, 28.1.2006)

Dieses kryptische Zitat ist das Schlusswort zu einem langen Artikel über Energiequellen der Zukunft. Aber was will es sagen? Man sucht offenbar ein Phantom für das Jahr 2050, aber »Iter« kommt dafür zu spät. Wir stehen vor einer umgedrehten Pyramide. Und das ist unvernünftig.

Da auch der Autor ahnt, dass kein Leser den Sinn dieser Worte auf Anhieb entschlüsseln kann, hat er statt »sagt« eine kurze Übersetzung eingebaut: Mit diesen Worten möchte der Zitierte mitteilen, dass er kritisiert, dass Millionen in den Fusionsreaktor »Iter« anstatt in erneuerbare Energien gesteckt werden. Der vermeintliche Kniff, die Übersetzung in der Moderation zu verstecken, ist aber keine gute Lösung. In diesem Beispiel ist das zwar stilistisch unschön, aber das einzig verständliche in diesem Absatz.

Natürlich kann es sein, dass in einem knappen Telefoninterview unsinnige Sätze fallen oder dass Sätze unsinnig wirken, wenn sie aus dem Zusammenhang gerissen werden. Man muss sie aber nicht so wiedergeben (siehe Kap. 7). Darüber, was Autor und Zitierter hier eigentlich sagen wollten, können wir nur spekulieren. Natürlich ist eine Pyramide im Prinzip ein schönes Bild. Da aber komplett rätselhaft bleibt, was es hier bedeutet, sollte man es weglassen. Auch, was im Jahr 2050 stattfindet, wird nicht verraten, deshalb stört die Zahl. Was bleibt? Herr Turmes findet die europäische Energiepolitik unvernünftig.

Im gleichen Artikel kommen viele Menschen zu Wort. Die meisten werden mit Sätzen zitiert, die nicht gut verständlich und nicht aussagekräftig sind. Der Autor fühlt sich deshalb genötigt, die schlechten Zitate irgendwie abzupolstern. Die Formulierungen, mit denen das schöne, schlichte »sagt« umgangen wird, lauten in der Reihenfolge ihres Auftretens:

> Auch der CDU-Abgeordnete Peter Liese will den »schlafenden Riesen« in der EU aufwecken: …
>
> …, beklagt Turmes das Ungleichgewicht.
> …, plädiert Liese für einen Energiemix.
> …, umschreibt GSF-Generaldirektor Roland Schenkel den neuen Typ.

Diese Art, Zitate einzuführen, ist scheußlich. Wenn das Zitat so unverständlich ist, dass man dazuschreiben muss, was die Worte bedeuten (etwa: »Herr Liese plädiert für einen Energiemix«), dann taugt es nicht für einen journalistischen Text. Im Zweifel ist es dann besser, auf die wörtliche Rede zu verzichten und mit eigenen Worten zu erläutern, was die Experten meinen. Das ist schließlich die Aufgabe des Wissenschaftsjournalisten: Dass er versteht oder herausbekommt, was Fachleute meinen, und es verständlich aufschreibt.

Wenn Sie Menschen zitieren, dann führen Sie das Zitat ein mit Worten des Sagens: sagt, meint, verspricht, vermutet, jubelt … Das Zitat muss für sich selbst stehen können. Wer mühsam einem Experten hinterhertelefoniert hat, um ihm einen zitierbaren Satz abzuringen, der trennt sich schwer von seiner Beute. Sie können Ihren Gesprächspartner aber auch ohne wörtliche Rede Stellung beziehen lassen. Wenn man unbedingt merken soll, dass ein echtes Recherchegespräch stattgefunden hat, so kann man das ja auch ohne wörtliches Zitat unterbringen: In Gespräch zeigt sich XY kritisch.

Wenn Sie auf wörtlicher Rede bestehen, so nehmen Sie sich die Freiheit, aufzuschreiben, was der Zitierte meinte, aber nicht vernünftig formulieren konnte. Schließlich ist der Journalist der Wortwerker, nicht der Wissenschaftler. Ist Ihre Version des Zitats abenteuerlich weit vom tatsächlich Gesagten entfernt, sollten Sie es sicherheitshalber autorisieren lassen. In der Regel freuen sich schlecht formulierende Menschen, wenn ihnen jemand hilft, ihren Standpunkt knackig und brauchbar auszudrücken. Oft bemerkt der Zitierte gar nicht, wie wohlwollend Sie die Originalformulierung frisiert haben, weil am Ende genau das dasteht, was er sagen wollte.

Metaphern, Bilder und Vergleiche

Eine Metapher ist ein Begriff aus einem bestimmten Umfeld, der in einem neuen Kontext gebraucht wird. Gerade in den Wissenschaften geht es oft um Neues, noch nicht Gehörtes, um Unsichtbares und Abstraktes. Hier können Bilder und Vergleiche helfen, ein komplexes Thema anschaulich und greifbar zu machen – vorausgesetzt, das Bild stimmt.

Eine Metapher funktioniert nur dann, wenn dem Leser das Wort in seiner ursprünglichen Bedeutung bekannt ist. Niemand stutzt, wenn in der Finanzwelt Worte auftauchen, die das Verhalten von Wasser beschreiben: »Einnahmen sprudeln und versiegen, Geldströme werden gelenkt, sie versickern, Konten werden eingefroren.«

Solche Bilder sind anschaulich und verständlich, weil jeder weiß, was Geld ist und wie Wasser sprudelt und versiegt. Schwieriger wird der Gebrauch von Metaphern, wenn dem Leser die Ursprungswelt des Begriffes oder das neue Umfeld nicht geläufig ist.

Jedem Molekularbiologen ist völlig klar, welcher Aspekt des DNA-Moleküls mit den Eigenschaften eines Textes vergleichbar ist, aber versteht Lieschen Müller, was gemeint ist, wenn von »Buchstabenfolgen« gesprochen wird?

Für alles, was nur irgendwie mit dem Immunsystem zu tun hat, bedient man sich gern kriegerischer Bilder: Eindringlinge werden angegriffen, eliminiert, manche Erreger legen sich säurefeste Panzer an, Viren verwenden trojanische Pferde. Liest man Texte, die in den üblichen Militärmetaphern schwelgen, so entsteht der Eindruck, es herrsche permanent Krieg im Körper. Dabei spielen das Erkennen und Kommunizieren im Immunsystem eine mindestens ebenso große Rolle, die aber bisher nicht griffig formuliert wurde und dem Laien deshalb nicht annähernd so geläufig ist wie der ständige Kampf.

Eine treffende, eingängige Metapher für komplexes Geschehen zu finden, ist ein Glück. Doch Vorsicht: Bevor Sie Ihre neue Kreation in die Welt entlassen, sollten Sie sie testen: Lassen Sie unbedingt einen Laien die Passage lesen und die Metapher erklären. Achten Sie darauf, dass er nicht den Sachverhalt, sondern ganz konkret das Bild erläutern kann. Umfragen haben nämlich gezeigt, dass Patienten zwar die Erläuterungen ihres Arztes wiedergeben können, doch dabei im vorgegebenen Bild bleiben. Sie wiederholen brav: »Das Herz ist eine Pumpe.« Inwiefern die Vorstellung einer Schwengelpumpe, die sie möglicherweise im Kopf haben, die Tätigkeit eines stolpernden Organs verbildlichen soll, bleibt ihnen in Wirklichkeit rätselhaft.

Wenn Sie Ihre Metapher testen, fragen Sie also nicht: »Wie kann man DNA erklären?« Denn die Antwort bliebe im Bild: Als eine Art Text aus vier Buchstaben. Fragen Sie lieber: »Inwiefern kann man DNA wie einen Text betrachten?« Erst wer diese Frage beantworten kann, hat die Metapher verstanden.

Satzzeichen

Satzzeichen strukturieren den Text, sie helfen, Betonung und Atem richtig zu dosieren, schaffen Pausen und Rhythmus. Nach all dem Werben für kurze gerade Sätze folgt aber kein Werben für den Punkt als schönstes Satzzeichen. Im Gegenteil: Je mehr kurze Hauptsätze man aneinanderreiht, desto mehr andere Trennungszeichen sollten eingesetzt werden. Komma, Doppelpunkt und Gedankenstrich zeigen, dass der Gedanke noch nicht zu Ende ist, die Phrase noch weitergeht und die Pause zum Luftholen erst später kommt.

Interpunktion wird gern unterschätzt, ist aber ein einfaches Mittel, feine Nuancen in den Text zu bringen und den Leser durch die Buchstabensuppe zu führen.

Wer die Kommaregeln beherrscht, setzt meist automatisch Kommata und Punkte. Doch die Interpunktion kann mehr als notgedrungen die Regeln erfüllen. Sie führt den Leser. Wer sich vornimmt, Gedankenstriche und Doppelpunkte unterzubringen, wird automatisch seine Sätze anders formulieren – uns zwar meist besser, interessanter und differenzierter.

Es besteht ein großer Unterschied zwischen dem Folgenden:

> Ein Gespenst geht um im Europa – das Gespenst des Kommunismus.

Und:

> Ein Gespenst geht um in Europa. Das Gespenst des Kommunismus.

Nach allen Regeln des klaren, schnörkellosen Schreibens müsste man den Beginn des Kommunistischen Manifests so hinschreiben:

> In Europa geht das Gespenst des Kommunismus um.

Das ist ein blöder Satz verglichen mit dem eindrücklichen Original.

Satzzeichen machen Tempo und erfreuen das Auge, das ja auch mitliest. Es ist eine schöne Faustregel, auf jeder Manuskriptseite einen Doppelpunkt und einen Gedankenstrich unterzubringen. Auch ein Semikolon schmückt ungemein, weil es einen Zwischenton zwischen Punkt und Komma schafft: Es verbindet zwei Sätze stärker als ein Punkt, trennt aber mehr als ein Komma. »Der freiwillige Verzicht auf Satzperioden, in denen zwei Semikolons vorkommen, ist nicht nur ein Verzicht auf Zeichensetzung, sondern ein Verzicht auf Denkvorgänge«, schreibt Günter Grass in »Kopfgeburten«.

Die wenigsten Menschen machen sich Gedanken über Satzzeichen. Doch es lohnt sich. Experimentieren Sie mit ungewohnten Satzzeichen. Sie werden Gedankenstrich, Semikolon und Doppelpunkt lieben lernen. Ihre Leser tun es schon.

Einen Text überarbeiten und redigieren

Geschafft? Es ist ein wunderbares Gefühl, einen Text fertig zu haben, zumindest vorübergehend. Wissenschaftsjournalistische Texte fließen aber nicht einfach aus den begnadeten Autorenfingern, sie sind das Produkt harter Arbeit.

Deshalb ist die erste Version eines Artikels selten die letzte. Lassen Sie den Text liegen und lesen Sie ihn mit etwas Abstand neu. Was lesen Sie? Unklare Sätze, einen unlogischen Aufbau, Klischees, sperrige Formulierungen, Geschmäcklerisches, Überflüssiges, Zweideutiges. Das Ganze hat Längen und keinen Rhythmus.

Jetzt geht es ans Überarbeiten. Das heißt nicht, dass Sie von vorne anfangen und eine zweite verbesserte Version in ein leeres Dokument tippen. Schreiben ist ein Prozess, der viele Schritte erfordert. Der nächste ist: Lesen Sie Ihr Stück mit einem Stift in der Hand und versetzen Sie sich in die Lage des Lesers. Dann machen Sie Kringel, wo es unklar ist, streichen, was redundant ist, straffen, stellen um.

»Das Überarbeiten ist die Essenz guten Schreibens«, schreibt William Zinsser (»On writing Well«). Natürlich hängt man an seiner ersten Version. Die Formulierungen hat man sich mühsam abgerungen und endlich Wörter und eine Reihenfolge gefunden, um aus den vielen verschiedenen Informationen einen sinnvollen, zusammenhängenden Text zu machen. Doch die erste Fassung ist nie perfekt. So ein frisch geschlüpfter Satz ist bei näherem Hinsehen oft nicht eindeutig, geschwätzig, unlogisch, möglicherweise einfach langweilig oder er steckt voller überflüssiger Füllworte. Die erste Fassung ist immer eine Rohfassung, die noch einige Zuwendung braucht, bis sie zum endgültigen Text wird.

Überarbeiten heißt aber nicht, dass Sie hier und da an den Sätzen feilen und eine Version nach der anderen herstellen. Sie sollen nur sicherstellen, dass der Leser dem Text wirklich folgen kann. Ist der Schwerpunkt richtig gesetzt? Wenn sich der Blickwinkel, die Stimmung, der Akteur ändert, wird das deutlich? Bekommt der Leser erklärt, was er zum Verständnis des Artikels braucht? Wird nicht zu viel erklärt? Beispiel:

> Schon seit 15 Jahren feilt die Arbeitsgruppe an Methode A. Abgasreich und teuer wie sie ist, hat Methode B keine Zukunft.

Das ist sprachlich korrekt, aber im Lesefluss irreführend. Erst im Laufe des zweiten Satzes merkt der Leser, dass »abgasreich und teuer« sich gar nicht auf die eben erwähnte Methode beziehen. Um den Armen nicht zu verwirren, sollte man gleich am Anfang des Satzes klarstellen, wer hier gemeint ist.

Die einfachste Methode, eine unklare, schwierige Stelle zu verbessern ist, sie komplett zu streichen. Erst wenn Sie ganz sicher sind, dass nun etwas Wichtiges fehlt, müssen Sie sich an eine neue Version machen. Aber Vorsicht: Halten Sie sich nicht mehr als nötig mit Wortklaubereien in bestehenden Sätzen auf. Bevor Sie in zeitraubender Kleinarbeit hier etwas streichen, um es dort wieder einzufügen, sollten sie sich von der Rohfassung lösen und den Gedanken, den Sie vermitteln wollen, neu formulieren. Im Zweifel wird der ganze Absatz dadurch klarer, knackiger und eingängiger.

Redigieren

Das Überarbeiten fremder Texte heißt Redigieren. Redigieren gilt als eine undankbare Aufgabe, ist aber extrem wichtig. Wer redigiert, braucht sprachliche und stilistische Sicherheit, ein ausgeprägtes Misstrauen gegenüber Wortblasen und Scheininformationen und nicht zuletzt Fingerspitzengefühl im Umgang mit den Autoren.

Bei Manuskripten, die orthographische und grammatikalische Fehler enthalten, die unklar aufgebaut und holprig formuliert sind, sollten Sie schrittweise vorgehen.

Bevor Sie ans Umschreiben gehen, streichen Sie überflüssige Floskeln, Füllwörter, Jargon und unnötige Adjektive. Zerschlagen Sie Nominalkonstruktionen und entwirren Sie Schachtelsätze.

Wenn Sie massiv in einen Text eingreifen müssen oder wollen, so sollten Sie den Autor kontaktieren. Erklären Sie ihre Einwände und bieten Sie ihm an, dass er den Text selbst überarbeitet. Das schon nicht nur Ihre Nerven, sondern ist auch netter.

Die wichtigsten Regeln

- Lassen Sie Adjektive weg, wenn sie nicht zum Verständnis dringend nötig sind – etwa zur Unterscheidung oder Wertung.
- Meiden Sie Partizipien! Die auftretenden Beschwerden wären keine Beschwerden, wenn sie nicht aufträten.
- Verwenden Sie Verben, und zwar starke, aussagekräftige, keine Hilfsverben.
- Meiden Sie aufgeblähte Substantive. Sie sollen treffend, konkret, aussagekräftig und knapp sein.
- Meiden Sie Fremdwörter und Jargon. Erklären Sie nötige Fachbegriffe. Führen Sie wenn möglich ein knappes, anschauliches Wort ein, um einen sperrigen Terminus technicus zu ersetzen.
- Machen Sie kurze, klare Sätze. Hauptsachen gehören in Hauptsätze.
- Meiden Sie Schachtelsätze! Nebensätze sollten hinten am Hauptsatz dranhängen.
- Lassen Sie beide Teile eines Verbs (»sieht ... vor« oder »nimmt ... ein«) möglichst zusammen. Das ist nicht so elegant, aber leichter verständlich.
- Verwenden Sie Aktiv statt Passiv.
- Meiden Sie den Nominalstil.
- Nutzen Sie die Interpunktion; Semikolon, Bindestrich und Doppelpunkt erleichtern das Lesen.

> »Das Wichtige auch dann zu drucken,
> wenn es die wenigsten interessiert, ist oft vernünftig,
> wird aber in seriösen Zeitungen ebenso oft übertrieben.«
> (Wolf Schneider im »Neuen Handbuch des Journalismus«)

6 Chronistenpflicht

Medien haben eine so genannte Chronistenpflicht. Als Chronisten ihrer Zeit berichten sie also nicht nur über das, was sie gerade interessant finden, sondern dokumentieren aktuelle Ereignisse. Darum taugen Tageszeitungen oder Radioarchive zur Forschung; sie sind Zeitzeugnisse. Es gibt also Ereignisse, Veranstaltungen und Äußerungen, die der Vollständigkeit halber in den Medien auftauchen müssen.

Die Chronistenpflicht zwingt zum einen mitunter auch recht langweilige Nachrichten ins Blatt. Sie ist der Grund dafür, dass nichts so alt ist, wie die Abendnachrichten oder die Tageszeitung von gestern. Sie sind in der Regel von neuen Nachrichten überholt. Medien müssen aber berichten, was im Parlament besprochen wurde und was an der Börse los war. Wenn in einem Ehestreit ein Mensch ums Leben kommt oder ein schwerer Unfall eine Autobahn blockiert, gehört das genauso zu den Nachrichten wie Todesfälle öffentlicher Personen und Fußballergebnisse.

Zum anderen zwingt die Chronistenpflicht auch dann über Wissenschaft zu berichten, wenn es bis zur passenden Magazinsendung noch ein paar Tage hin sind oder an dem Wochentag die Wissenschaftsseiten nicht erscheinen. Wissenschaft taucht dann in den Nachrichten, der Politik, im Vermischten oder Lokalen auf.

Die Chronistenpflicht zwingt die Medien, über bestimmte Ereignisse zu berichten, sie gibt aber nicht vor, mit welcher Gewichtung. Wenn ein Redner stundenlang über Thema a spricht und zwei Sätze über Thema b, so kann der Journalist ausschließlich über Thema b schreiben – vorausgesetzt, es erfüllt die Kriterien einer Nachricht.

Die Nachricht

Eine Nachricht ist eine Information, die neu, wichtig und interessant ist. Diese Kriterien sind nur bedingt Geschmackssache. Meist ist schnell klar, ob ein Thema »eine Nachricht« ist. »Neu« ist das Ganze dann, wenn es einen aktuellen Anlass gibt, der die Meldung auf den Tisch bringt: eine Veröffentlichung, ein Unfall, eine relevante Äußerung, ein Naturereignis. »Wichtig« ist alles, was zum Handeln zwingt wie

Hochwasser oder Dioxin im Essen; sowie das, was jeden betrifft wie Entdeckungen in der Medizin und Gesetzesänderungen.

Was interessant ist, ist schwerer zu definieren. Boulevardzeitungen finden menschliche Schicksale interessant, weil sie voyeuristische Gelüste bedienen.

Der Nachrichtenwert setzt sich aus der Summe der drei Kriterien zusammen. Ein Grubenunglück in China ist bei uns nur dann eine Nachricht, wenn sich nicht nur ein Minenarbeiter den Arm gebrochen hat, sondern die Sache dramatisch ist. Dass die Minen in China unsicher sind, ist weder neu und noch folgt daraus etwas. Wenn allerdings 100 Menschen verschüttet werden, findet man die Sache auch bei uns interessant. Für die Lokalzeitung kann es dagegen eine Meldung wert sein, wenn in der ortsansässigen Zeche ein Mann verunglückt, aber mit einem gebrochenen Arm davonkommt.

Auch für Meldungen aus den Geisteswissenschaften spielt die Entfernung eine gewisse Rolle. Wenn in Indien eine groß angelegte Sozialstudie erscheint, so ist das für uns mäßig interessant. Für die Naturwissenschaften spielt die Entfernung dagegen keine Rolle.

Wenn in Australien ein Durchbruch in der Stammzelltechnologie gelingt, wenn in den USA neue Elementarteilchen entdeckt werden oder russische Forscher neue Lebewesen beschreiben, so erscheint die entsprechende Nachricht auf der ganzen Welt.

Eine weitere Eigenschaft haben Wissenschaftsmeldungen exklusiv. Sie können auf zwei Ebenen wichtig sein: Sie haben eine wissenschaftliche Bedeutung und eine öffentliche Relevanz. Wenn eine neue, elegantere und effizientere Methode gefunden wird, Moleküle in bestimmte Zellen einzuschleusen, oder ein raffinierter Marker für bestimmte Ionenkanäle entdeckt wird, so ist das für die Scientific Community wichtig und bedeutend. Für die Öffentlichkeit sind solche Nachrichten uninteressant. Andererseits kann eine Untersuchung, die mit althergebrachten Methoden ein von Fachleuten erwartetes Ergebnis bringt, für die Öffentlichkeit eine spannende Nachricht sein. Wenn der Normalverbraucher von dieser neuen Anwendung profitieren kann, so ist das für ihn wichtig.

Es nützt dem Leser wenig zu erfahren, dass eine Meldung von Fachleuten sensationell gefunden werde. Manche Fachjournalisten geraten in die Versuchung, mit ihrem Detailwissen anzugeben. Interessant, neu und wichtig muss die Nachricht aber für die Zielgruppe des Mediums sein. Wissenschaftliche Bedeutung wiegt beim Fachpublikum mehr, öffentliche Relevanz bei Massenmedien.

Nachrichtenstil

Die klassische Nachricht hat eine festgelegte Form: Sie ist schnörkellos und wertungsfrei. Das wichtigste kommt zuerst. Sie beantwortet die berühmten W-Fragen: Wer, was, wo, wann und eventuell auch wie und warum.

Die Nachricht taucht nicht nur zur vollen Stunde im Radio und abends im Fernsehen auf. Sie kommt als »News« über den »Newsticker« im Internet oder läuft als Buchstabenband unten durchs Fernsehbild. In Zeitungen und Zeitschriften heißen Nachrichten meist »Meldung.«

Nachrichten brauchen keinen eleganten Einstieg, sondern kommen gleich auf den Punkt, aufs Wesentliche.

Der Küchenzuruf

Stern-Gründer Henri Nannen prägte den Begriff des Küchenzurufs, der mittlerweile fast als journalistischer Terminus durchgeht. Ein Mann kommt von der Arbeit nach Hause, zieht im Flur den Mantel aus und ruft zu seiner Frau, die in der Küche die Bratkartoffeln für den Gatten brät: »Schatz, stell Dir vor, was passiert ist: ...«

Was nach dem Doppelpunkt folgt, ist der Küchenzuruf. Er ist kurz und klar formuliert. Denn wer etwas ruft, will das Wichtigste, das Interessanteste schnell und verständlich mitteilen. Auch wenn das Thema noch so komplex ist, lässt sich das Wesentliche griffig zusammenfassen. Und genau diese Zusammenfassung, den Küchenzuruf, braucht man, um eine Nachricht oder Meldung zu schreiben.

Eine Nachricht folgt einem bestimmten Aufbau. Der erste Satz enthält den Küchenzuruf, er beantwortet also die wichtigsten W-Fragen (wer, was, wann, wo?). Die Nachricht ist damit nicht chronologisch aufgebaut, sondern hierarchisch. Wenn das Wichtigste eine erwähnenswerte Vorgeschichte hat, so kann sie im weiteren Verlauf der Nachricht unterkommen. Etwa mit » ... zuvor hatten die Forscher bereits mehrfach erfolglos versucht ...« Das Wichtigste kommt in den ersten Satz, das Zweitwichtigste in den zweiten usw.

Der erste Satz steht immer im Präsens oder Perfekt. Es heißt also: »Wissenschaftler in Korea haben erstmals einen Menschen geklont« und nicht »klonten einen Menschen«.

Der Ton der gesamten Nachricht ist schlicht und klar. Vermeiden Sie Füllworte und Adjektive. Sie verlängern den Text nicht nur unnötig, sondern transportieren eine Wertung, die nicht in die Nachricht gehört. Eine Zeit lang galt die Regel, dass alle wichtigen W-Fragen im ersten Satz beantwortet werden müssen. Alte Nachrichten sind deshalb oft ungeheuer sperrig und schwer zu verstehen. Zum Glück hat sich die Erkenntnis durchgesetzt, dass mehrere kurze Sätze leichter aufzunehmen sind. Die Quelle (woher und wo) wird gern in den zweiten Satz gesteckt: »Das berichtet die Universitätsklinik von XY.«

Stress hemmt Chemotherapie

Krebspatientinnen, die kurz vor Beginn ihrer Chemo- oder Strahlentherapie seelisch besonders unter Druck stehen oder ihren Körper – etwa durch zuviel Sport – unter Stress setzen, gefährden dadurch möglicherweise den Therapieerfolg […] (SPIEGEL, 27.9.2010)

Die Bezeichnung »Nachrichtenmagazin« ist kein Garant für gut gemachte Nachrichten. Selbst wenn in der Küche eine hochintelligente Medizinerin die Bratkartoffeln briet – einen solchen Satz würde kein Mensch ihr als Neuigkeit zurufen. Der Satz ist nicht falsch, aber sperrig und ungeschickt formuliert. Hier wird nicht nur gegen die Regeln des guten Deutsch verstoßen (keine Schachtelsätze), der Satz enthält neben dem tatsächlichen Küchenzuruf jede Menge Zweit- und Drittrangiges.

Die Nachricht sollte lauten: »Körperlicher und seelischer Stress können Krebstherapien hemmen.« Dass zu viel Sport körperlichen Stress bewirkt, ist eine Binse mit geringem Nachrichtenwert, die gewiss keinen sprachlich unschönen Einschub rechtfertigt. Mit »Krebspatientinnen« suggeriert die Meldung, dass dies ein Phänomen ist, das bei Frauen auftritt. Tatsächlich ist die Studie, die der Meldung zugrunde liegt, an Zellkulturen gemacht worden. Die Vorarbeiten wurden an Herzzellen durchgeführt, die zitierte Studie verwendete Brustkrebszellen. »Kurz vor Beginn« kann man ohne Sinnverlust streichen. Die drei Worte sind eine unnötige ungenaue Angabe für einen sowieso einigermaßen hypothetischen Ablauf. (Die Studie zeigte, dass Zellen, die unter Hitzestress gesetzt wurden, schützende Eiweiße bilden. Der Gipfel der Schutzeiweißproduktion ist 48 Stunden nach dem Erhitzen.) Zu viel Sport (für Krebspatienten sowieso nicht sehr nahe liegend) ist also nicht nur »kurz vor« der Chemotherapie ungünstig, sondern auch schon zwei Tage vorher und sowieso während der Therapie.

Der FOCUS formuliert seine Meldung zur gleichen Studie deutlich knackiger:

Stress
Hartes Training kann Krebstherapie sabotieren

Seelischer und körperlicher Stress kann eine Tumorbehandlung hemmen. Das gilt auch für solchen, den intensives Training auslöst.
Stress im Körper – und dazu gehört auch physischer Stress, den intensives Training auslösen kann – aktiviert ein spezielles Protein. Dieses kann eine Serie von Prozessen anstoßen, die Krebszellen ermöglichen, Behandlungen wie Chemotherapie und Bestrahlungen zu überleben.
(FOCUS ONLINE, 22.9.2010)

Dass auch der FOCUS nicht auf einen unschönen Einschub verzichten mag, könnte an der Vorlage liegen. Die verwendet hartnäckig Einschübe – und die Magazinjournalisten schaffen es nicht, sich stilistisch davon zu lösen. (Das ist eine gute Nachricht für Öffentlichkeitsarbeiter: Die ach so kritischen Journalisten schreiben oft wahnsinnig gerne ab.) Die Pressemitteilung der Ohio State University, an der die Studie durchgeführt wurde, lautet:

Stress before cancer therapy could help deadly cells survive treatment, lead to disease recurrence

COLUMBUS, Ohio – Patients who experience physical or psychological stress – including rigorous exercise – one or two days before a cancer treatment might be unknowingly sabotaging their therapy, new research suggests.
Stress in the body – even physical stress caused by intense exercise – activates a stress-sensitive protein that can spark a series of events that allow cancer cells to survive such treatments as chemotherapy and radiation, according to the research.
Though the study involved a series of experiments in breast cancer cell cultures, the researchers say the findings are a clear indication that cancer cells have found a way to adapt and resist treatment with the help of this stress-inducible protein.

Viele Magazine und zunehmend auch Tageszeitungen veröffentlichen auch unkonventionelle Meldungen. Sie halten sich nicht strikt an karge, nüchterne Form, sondern erlauben einen launigen Einleitungssatz, eine Frage oder sprachliche Schnörkel, die die Nachricht schmücken. Gerade auf vermischten Seiten wird gern alliteriert, die Überschriften der anderen Artikel werden aufeinander abgestimmt oder gezielt Pointen gesetzt. Solange die Nachricht korrekt und wertungsfrei bleibt, ist all das eine Frage des Geschmacks oder der Gepflogenheiten des jeweiligen Mediums.

Quellen

Wer je eine Magazinsendung oder eine Meldungsseite bestücken musste, kennt das Problem: Woher nimmt man gute Nachrichten? Die konventionellste Quelle sind Nachrichtenagenturen, die auch einen Wissenschaftsdienst haben. Sie liefern vorgefertigte Meldungen, die Abonnenten so abdrucken dürfen oder als Informationsquelle für eigene Artikel nutzen können. Der Informationsdienst Wissenschaft (unter www.idw-online) liefert tagesfrische Pressemitteilungen von rund 700 Forschungseinrichtungen.

Die Verlage der Wissenschaftsmagazine verschicken an die Medien vorab Inhaltsangaben und auf Wunsch ganze Artikel. Irgendetwas Berichtenswertes findet sich in diesen Quellen immer. Allerdings finden in der Regel viele Medien die gleichen Neuigkeiten berichtenswert. Es ist normal und gut, dass in verschiedenen Tageszeitungen die gleichen Nachrichten vorkommen – schließlich unterliegen sie alle der Chronistenpflicht. Schöner ist es allerdings, wenn es gelingt, eine interessante Meldung exklusiv zu haben. Für Tageszeitungsredakteure sind das kleine Triumphe; für Journalisten in Wochen- oder gar Monatspublikationen ist es essenziell. Ihre Artikel müssen mehrere Tage interessant bleiben. Wenn die Tageszeitung und die Nachrichten eine Meldung bringen, ist sie am Folgetag veraltet. Die täglich erscheinenden Medien haben dann längst einen weiteren Dreh zur der Geschichte gefunden und lassen das Magazin mit der Version von vor drei Tagen unangenehm alt aussehen.

Beispiel: Eine Meldung und ihre Quelle

Der britische Biologe Aric Sigman, immerhin Fellow der britischen Royal Society of Medicine, schrieb einen Artikel in der Zeitschrift »Biologist.« Unter dem Titel »Well connected? – the biological implications of ›social networking‹« erörterte er die Auswirkungen von Bildschirmbeziehungen. Da soziale Netze in der digitalen Welt die Menschen isolierten, könne dies auch Auswirkungen auf die Gesundheit haben.

BBC News entdeckten den Artikel und veröffentlichten folgende Nachricht:

> **Online networking »harms health«**
> People's health could be harmend by social networking sites because they reduce levels of face-to-face contact, an expert claims.
>
> Dr. Aric Sigman says websites such as Facebook set out to enrich social lives, but end up keeping people apart. Dr. Sigman makes his warning in Biologist, the journal of the Institute of Biology. A lack of »real« social networking, involving personal interaction, may have biological effects, he suggests. He also says that evidence suggests that a lack of face-to-face networking could alter the way genes work, upset immune responses, hormone levels, the function of arteries, and influence mental performance […]

Das liest man am gleichen Tag beim Schweizer Tagesanzeiger und fabriziert daraus folgende Meldung:

> **Krebs, Demenz, Schlaganfälle: So gefährlich ist Facebook**
> Soziale Netzwerke, die eigentlich Menschen verbinden sollten, könnten in Wirklichkeit die Isolation fördern, behauptet eine Studie im Fachmagazin »Biologist«. Wenn das Internet dazu führe, dass Kontakte im realen Leben wegfallen, habe das negative Folgen für den Menschen, denn persönliche Interaktion erfülle auch wichtige biologische Zwecke, so die Untersuchung.
>
> Schlimmer noch: Studienautor Aric Sigman vom Londoner Institute of Biology glaubt, dass der Verlust des reellen Networking zu gesundheitlichen Problemen bis hin zu Krebs, Schlaganfällen, Herzerkrankungen und Demenz führen könne …

Der schreibende Wissenschaftler ist zum »Studienautor« avanciert und der Artikel gerät fälschlich zur Studie. Dabei hat Herr Sigmann nur einen Artikel für die Hauspostille seines Instituts verfasst, der einige steile Thesen enthält. Hätte eine Studie belegt, dass Facebook die Gesundheit schädigt, so wäre das sicher eine Nachricht. Die Tatsache, dass Soziale Netze im Internet bei einer wachsenden Zahl von Menschen echte Sozialkontakte verdrängen und dass Vereinsamung ungesund ist, gehört in die gleiche Neuigkeitenschublade wie: Jetzt herausgefunden: Schlaf hilft gegen Müdigkeit!

Aktualität

Nachrichten (und nicht nur die) sollen aktuell sein. Doch was genau heißt das? Sie sollten einen Bezug zur Gegenwart haben, der möglichst so stark ist, dass er als guter Grund herhalten kann, die Nachricht jetzt zu bringen. Dieser Bezug kann verschiedene Ausprägungen haben.

Tagesaktualität: Im einfachsten Fall ist ein Ereignis heute oder bestensfalls gestern passiert oder bekannt geworden.

latente Aktualität: Vorgänge wie die Klimaerwärmung, die Atomausstiegsdiskussion oder das Abnehmen der Spermienqualität sind Themen, über die man eigentlich dauernd berichten könnte – oder eben nicht, weil heute ja schließlich nichts wirklich anders ist als vorgestern. Man kann daraus einen Hintergrundbericht machen oder eine frische Zahl, ein neues Zitat aus dem Hut zaubern und das Thema mit diesem Aufhänger für aktuell erklären.

Kalenderaktualität: Runde Jubiläen von Erfindungen, Entdeckungen oder Gründungen, Todestagen und Geburtstagen werden gern als Anlass für Veröffentlichungen genommen. Das ist zwar manchmal ziemlich konstruiert, aber nicht illegitim.

selbst geschaffene Aktualität: Wenn jemand am Rande eines Kongresses in einem Gespräch eine spannende Aussage eines bedeutenden Wissenschaftlers aufnimmt, so ist die aktuell. Hätte jemand anders zu einem anderen Zeitpunkt gefragt, hätte er möglicherweise die gleiche Äußerung diktiert bekommen – hat er aber nicht. Selbst recherchierte, exklusive Meldungen sind selten und besonders schön. Vor allem nicht täglich erscheinende Medien schmücken solche Nachrichten, weil sie nicht von Tageszeitungen überholt werden. Im besten Falle wird man von denen zitiert (»gegenüber dem Magazin soundso sagte der Forscher: ...«)

saisonale Aktualität: Jeden Dezember werden die heilsame Wirkung von Zimt und die möglichen Gefahren von Acrylamid in Spekulatius erörtert, dazu die psychologische Dimension der Harmoniesucht untersucht. Ostern wird Cholesterin in Eiern thematisiert und im Sommer werden alle Meldungen, die mit Fernreisen, fremden Kulturen und Tropenkrankheiten zu tun haben, schlagartig aktuell. Saisonal aktuelles ist für manche Wissenschaftler der einfachste Weg, zitiert zu werden. Wissenschaftlich sind solche Beiträge meist wenig relevant. Manche Redakteure fordern saisonal Aktuelle Informationen ein, andere sind naiv genug, auf dies offensichtliche Verkaufsargument von Forschern hereinzufallen und mittelmäßiger Forschung ein Podium zu bereiten, weil's grad so gut in die Zeit passt.

Scheinaktualität: Immer mehr Geschichtsstudenten leiden unter Zukunftsangst. Immer mehr Mütter essen ihren Kindern das Ritalin weg. Mit »immer mehr« werden Trends erfunden, die schwer mit Zahlen belegbar sind. Ein geschickter Journalist kann aus jedem selbst erfundenen Thema einen aktuellen Trend zaubern. Deshalb Vorsicht vor »Immer mehr« – Geschichten!

Es ist nicht illegitim Aktualität zu bemühen, um ein Thema ins Blatt zu bekommen. Die wenigsten Medien leisten sich den unschätzbaren Luxus, Themen aufzugreifen, die sie einfach gerade interessant finden. »Zeitlose« Themen, die als an kein Datum gebunden sind, laufen Gefahr so lange geschoben zu werden, bis sie der Redaktion alt vorkommen und deshalb verworfen werden.

Beispiel: Saisonale Aktualität

Auf der gleichen Wissenschaftsseite wie die Krebsmeldung des SPIEGELS steht ein Interview mit einem Physiker am Institut für Rechtsmedizin der Uni München, das als Paradebeispiel für saisonale Aktualität dienen kann. In unmittelbarer Nähe zur Wiesn, dem Ort des Münchner Oktoberfestes, erforschen die Gerichtsmediziner, was genau passiert, wenn Maßkrüge auf Schädel krachen. Die Forschung wurde schon vor einigen Jahren begonnen, ein Poster dokumentierte die Arbeiten auf der Jahrestagung der Deutschen Gesellschaft für Rechtsmedizin.

Zum Oktoberfest kann auch die Wissenschaft mal mit einem launigen aktuellen Thema aufmachen: Der SPIEGEL bringt ein kurzes Interview zum Thema Maßkrüge auf Schädel:

> SPIEGEL: Wie gefährlich ist das?
> SCHULLER: Wir haben das jetzt erstmals im Labor untersucht, indem wir fabrikneue Maßkrüge auf Menschenschädel schlugen: Die Knochen brachen oft, die Krüge haben wir nie kaputtgekriegt. Beim heftigen Schlag mit dem Krug entsteht eine Kraft von mehr als 8.500 Newton – der menschliche Kopf bricht im Scheitelbereich aber schon bei etwa 4.000 Newton.
> SPIEGEL: Im Fall des 29-Jährigen war es umgekehrt. Er überstand die Attacke mit Gehirnerschütterung – während der Krug zersplitterte.
> SCHULLER: Erstaunlicherweise gab es in den vergangenen Jahren acht Fälle auf der Wiesn, in denen jeweils der Krug nachgab. Vermutlich waren diese Krüge gebraucht und hatten dadurch eine deutlich verringerte Festigkeit. Allerdings kann ein Täter das vorher nicht beurteilen, und jeder Schlag ist potenziell lebensgefährlich. Wir haben in unserem Institut bereits einmal einen Toten obduziert, der einen Maßkrug auf den Kopf bekommen hatte.

> Die Erkenntnis, dass ein Krug mal bricht und mal nicht und dass feste Schläge mit harten Gegenständen den Schädel beschädigen können, ist geradezu komisch banal. Aber es passt so schön zum Oktoberfest! Saisonale Aktualität ist also da, der Rest wird dazugedichtet: Man schiebt ein »jetzt erstmals« ein, was suggeriert, dass es hier um neue und aktuelle Forschung geht. Fertig ist ein irgendwie in mancher Hinsicht aktuelles Thema für die Wissenschaftsseite.

Sperrfrist

Verlage schicken Journalisten gern die Druckfahnen eines Buches, damit sie es lesen können und rechtzeitig zum Erscheinen des Werkes eine Rezension fertig haben. Eine Buchbesprechung darf in der Regel auch vor dem exakten Erscheinungstag veröffentlicht werden. Bei Veröffentlichungen in wissenschaftlichen Fachblättern ist das anders. Zwar geben die Verlage Journalisten auch hier gern vorab Material heraus, doch unterliegt es einer so genannten Sperrfrist. Die Sperrfrist ist eine Zeitangabe, ab der die Informationen zur Veröffentlichung frei sind.

Sinnvoll sind Sperrfristen bei Pressemitteilungen, die sich auf noch ungelegte Eier beziehen: Die bevorstehende Institutseröffnung, die Inbetriebnahme einer Großforschungsanlage, das Öffnen eines Archivs oder Personalentscheidungen. Man sollte nicht über solche Ereignisse schreiben, bevor klar ist, dass sie tatsächlich stattfinden. Besonders wichtig ist das bei Redemanuskripten, die vorab verteilt werden. »Es gilt das gesprochene Wort« ist ein wichtiger Zusatz. Um die Rede zu zitieren, sollte man abwarten, dass und wie sie gehalten wird.

Für Publikumszeitschriften ist die Sperrfrist ökonomisch wichtig. Wer als erster bisher unbekannte Informationen über den Staatshaushalt exklusiv berichten kann, verkauft mit der Ausgabe mehr Exemplare. Das Recht auf Erstveröffentlichung ist bares Geld.

In der Wissenschaft hat die Sperrfrist, für die sich der englische Begriff Embargo eingebürgert hat, eine andere Rolle. SCIENCE, NATURE und LANCET verkaufen nicht ein Heft mehr oder weniger, wenn das Embargo gebrochen wird und jemand eine Studie vor ihrem Erscheinen zitiert. Hier steht das Ende der Sperrfrist für das Ende der wissenschaftlichen Prüfung, durch die eine Studie erst zum wissenschaftlichen Befund geweiht wird.

Fachzeitschriften sichten eine Flut wissenschaftlicher Arbeiten und selektieren diejenigen, die am ehesten beachtenswert sind. Dies und der mühsame Peer-Review-Prozess sind die Mühen, die das Renommee der Zeitschriften begründen. Dafür fordert die Redaktion von den Autoren, den Wissenschaftlern das Recht auf Erstveröffentlichung. Die Sperrfrist erhöht den Marktwert einer Nachricht. Erst in zweiter

Linie richtet sich das Embargo an Journalisten. Zeitschriften wie NATURE machen damit ihre besondere Rolle in der Wissenschaftskommunikation geltend: Sie stehen vor den Massenmedien.

Muss man sich an Sperrfristen halten?

Nein. Sperrfristen zu achten, ist eine schöne Sitte. Verlage verfahren erstaunlich rigoros mit Medien, die ein Embargo ignorieren. So hat die Zeitschrift NATURE sämtliche ARD-Mitarbeiter vom Vorabservice ausgeschlossen. Grund dafür war die Präsentation der »Venus von der Schwäbischen Alb«, der ältesten bekannten Menschenfigur, die ein Tübinger Forscher 2008 gefunden hatte. Die Universität lud zur Pressekonferenz, ein beachtlicher Teil der Pressemitteilung darüber befasste sich dabei mit der Sperrfrist, die erst um 19:00 Uhr des Folgetages mit dem NATURE-Embargo abliefe. In den regionalen Radiomeldungen auf SWR4 lief aber vorher ein 60 Sekunden langes Stückchen zu dem Thema. In der Folge wurde die gesamte ARD von NATURE mit Vorabnachrichtensperre bestraft.

Das klingt unverhältnismäßig und ist es auch. Zumal zwei regionale Zeitungen schon eine Woche vorher über den Fund berichtet hatten – allerdings ohne Foto, das Teil der »embargoed news« war. Diese Meldungen liefen auch über die Nachrichtenticker der DPA, weshalb sich eine gewisse (und sicher erwünschte) Spannung aufbaute.

Muss man die Spannung aushalten und den Ablauf der Sperrfrist abwarten? Nein. Rechtlich betrachtet sind Sperrfristen egal. Es stehen keine Strafen auf vorschnellem Berichten. Andererseits ist NATURE nicht verpflichtet, eigenwillige Redakteure mit Vorabinformationen zu versorgen.

Im Pressekodex von 2006 heißt es noch: »Sperrfristen, bis zu deren Ablauf die Veröffentlichung bestimmter Nachrichten aufgeschoben werden soll, sind nur dann vertretbar, wenn sie einer sachgemäßen und sorgfältigen Berichterstattung dienen. Sie unterliegen grundsätzlich der freien Vereinbarung zwischen Informanten und Medien. Sperrfristen sind nur dann einzuhalten, wenn es dafür einen sachlich gerechtfertigten Grund gibt, wie zum Beispiel beim Text einer noch nicht gehaltenen Rede, beim vorzeitig ausgegebenen Geschäftsbericht einer Firma oder bei Informationen über ein noch nicht eingetretenes Ereignis (Versammlungen, Beschlüsse, Ehrungen u.a.). Werbezwecke sind kein sachlicher Grund für Sperrfristen.«

Dieser Passus ist in der neuen Fassung des Kodexes gestrichen. Der Presserat überlässt damit den Redaktionen die Entscheidung, ob sie sich an die Frist halten möchten.

Chronistenpflicht

Der wohl prominenteste Bruch einer Sperrfrist ging wieder zulasten von NATURE: Am 23. Februar 1997 berichtete der Reporter Robin McKie im britischen OBSERVER vom Klonschaf Dolly. Der Artikel erschien am Wochenende vor Erscheinen des NATURE-Heftes (immer donnerstags) und setzte eine Lawine in Gang. Wenn das Embargo erst einmal gebrochen ist, gilt es als hinfällig. Eilig und aufgeregt zogen deshalb alle Sender, Zeitungen und Zeitschriften nach. Als NATURE Dolly präsentierte, war das Thema längst weltweit in allen Medien gelaufen.

Zu dem Zeitpunkt war das Schaf Dolly bereits 7 Monate alt. Es hatte sein Schafsleben im Roslin Institute im schottischen Edinburgh ohne besondere Medienaufmerksamkeit gefristet, bis der Nachrichtensturm losbrach. Dolly war zwar das erste aus einer erwachsenen Zelle geklonte Schaf, aber beileibe nicht das erste Klonschaf.

Bereits ein Jahr zuvor hatte man am Roslin Institut erfolgreich Lämmer aus differenzierten Zellen geklont. Sie stammten aus einer Zellkultur. Fünf Klonlämmer wurden geboren, zwei davon, Megan und Morag, erreichten das Erwachsenenalter. Die Erfolgsgeschichte der Klonschafe Megan und Morag beschäftigte zwar die Presse in Großbritannien, doch war das Echo moderat. International schlugen die Klonlämmchen keine Wellen.

Als der Observer ein Jahr später vor NATURE, und damit bevor die Redaktionen darauf vorbereitet waren, Klonschaf Dolly öffentlich machte, ging die Nachricht um die Welt. Dolly unterschied sich von ihren Vorgängerinnen, weil sie als erstes Tier aus einer erwachsenen Zelle entstanden war. »Hinzukam, dass die Ankündigung vor Ablauf des Presse-Embargos veröffentlicht wurde, und das hat eine viel größere Medienaufmerksamkeit gebracht«, sagt Richard Holliman, der an der britischen Open University Wissenschaftskommunikation lehrt. Sperrfristen machen Veröffentlichungen wichtig; gebrochene Sperrfristen dagegen schaffen Sensationen.

Der Bericht

Eine Nachricht ist eine Nachricht – unabhängig von ihrer Länge. »Kennedy ermordet« ist ebenso eine Nachricht wie die Langfassung einer Bundestagsdebatte. Längere nachrichtliche Texte heißen Bericht. »Der Bericht ist der anspruchsvollere Zwillingsbruder der Nachricht«, schreibt LaRoche. Genau genommen ist er die Langversion der Meldung. Im Bericht ist Platz für Details, für mehr Hintergrund und Deutung. Hier kommen möglicherweise Protagonisten zu Wort sowie Experten, die das Thema erläutern.

Auch wenn ein Bericht mehrere Spalten einer Zeitungsseite füllt, bleibt er doch faktenorientiert, nüchtern und sachlich. Der Aufbau orientiert sich an der Nachricht: keine Schlenker und raffinierten Einstiege, sondern das Wichtigste zuerst. Die Gliederung bleibt hierarchisch, nicht chronologisch.

Nachrichtenagenturen liefern nicht nur nackte Nachrichten, sondern auch Analysen und Stimmen zum Thema. Diese werden in den Redaktionen gern zu einem Bericht zusammengefasst. Vor dem Artikel stehen dann die Kürzel der verwendeten Agenturen (etwa DPA/AP/AFP). Damit solche Fusionen gelingen, müssen die Texte gleich sprachlich neutral sein.

In manchen Zeitungen beginnen die Berichte auf der ersten Seite, werden aber weiter hinten im Blatt fortgesetzt. Nur wer es genauer wissen möchte, braucht dort weiterzulesen, denn das Wichtigste steht ja immer am Anfang. Wer einen Bericht von hinten kürzt, braucht sich nie zu sorgen, dass er nun ausgerechnet den raffinierten Schluss oder die entscheidende Wendung vernichtet. Der Bericht bleibt trocken, und was hinten steht, ist entbehrlicher als das, was eine Spalte davor steht.

Sobald mehr Leben oder gar Wertung in den Bericht einfließt, heißt er Report (siehe Kap. 8).

»Bringen Sie Menschen zum Reden.
Lernen Sie, Fragen zu stellen,
die Ihnen Antworten darüber entlocken,
was in ihrem Leben am interessantesten und lebendigsten ist.«
(William Zinsser in »On writing well«)

7 Mit Wissenschaftlern reden

Fachlektüre hin, Internetrecherche her – nichts ersetzt das persönliche Gespräch mit einem Fachmann. Hinter jeder Anlage, jeder Veröffentlichung, jeder neuen These steht mindestens ein Mensch, und der kann mehr über das Thema sagen als gedruckte und digitale Quellen hergeben. Im Interview wird es anschaulicher und detailreicher, vor allem liefert ein kluger Gesprächspartner eine Einschätzung und Wertung, erwähnt neue Aspekte und bereichert trockene Materie um lebendige Eindrücke, sei es mit launigen Anekdoten oder mit einer Schilderung seiner Verzweiflung, bis das gefeierte Experiment glückte. »Das Interview ist die journalistische Chance, über eine Sache oder eine Person mehr zu erfahren, als jemand freiwillig sagen würde«, heißt es in einem Lehrbuch.

Ein wörtliches Zitat wertet auch kurze nachrichtliche Artikel auf – formal, weil es zeigt, dass der Autor nicht nur aus dem Internet abgeschrieben, sondern offenbar selbst recherchiert hat, und inhaltlich, weil das klug gewählte Zitat eine besondere Note jenseits der nackten Nachricht liefert. Recherchegespräche schlagen sich nicht nur in einem oder zwei Zitaten im Artikel nieder, sondern helfen, ein Thema besser einzuordnen und zu verstehen. Oft sind sie für den Journalisten wichtiger als für den Leser, weil er Hintergrundinformationen bekommt, die für den weiteren Umgang mit der Materie wertvoll sind; weil er vertrauliche Hinweise erhält, die er noch nicht drucken darf, aber im Kalender notiert; weil er Anregung für Lektüre oder andere Gesprächspartner empfohlen bekommt.

Wen fragen?

Meist ist vollkommen klar, wer sich zu einem bestimmten Thema äußern sollte: der Hauptautor der Veröffentlichung, der führende Forscher, der Institutschef – kurz der offensichtlich zuständige Fachmann. Aber wenn die Veröffentlichung, um die es geht, aus Korea stammt, wo es zu allem Überfluss Nacht ist, kann es sinnvoller

sein, einen einheimischen Fachmann um eine Stellungnahme zu bitten. Wer befragt wird, hängt von drei Kriterien ab: Relevanz, Erreichbarkeit und Sichtbarkeit.
- Relevanz: Wenn Sie die Wahl haben zwischen einem Stationsarzt in der Uniklinik und dem Chefarzt, wird der Chef befragt. Er ist wichtiger, nicht nur, weil er ranghöher ist, sondern weil er mehr Erfahrung hat und mehr gesehen und gelesen hat. Was er sagt, hat in jeder Hinsicht mehr Gewicht.
- Erreichbarkeit: Natürlich wäre es schön, den passenden Nobelpreisträger zum Thema zitieren zu können. Chefredakteure stellen sich das gern so vor: Und dann machen Sie schnell noch ein kleines Interview mit Steven Hawking, Abgabe in zwei Stunden. Allerdings ist der führende Kopf nicht immer erreichbar, er redet auch nicht mit jedem. Dann muss man sich mit jemandem zufriedengeben, der zwar weniger prominent, aber dafür zu sprechen ist.
- Sichtbarkeit: Zu vielen Themen finden sich in allen Medien die immer gleichen Menschen, die stets nach ihrer Meinung gefragt werden. Das kann daran liegen, dass viele Journalisten faul sind. Sie rufen genau den Mann an, den die Konkurrenz auch zitiert, denn da ist sicher, dass er mit Journalisten redet und etwas zum Thema beitragen kann (und man weiß auch schon was, das erleichtert die Planung). Möglicherweise war der gute Mann in einer Talkshow zu sehen. Selbst wenn er nur ein Verlegenheitsgast war, weil der gewünschte Experte kurzfristig abgesagt hatte, avanciert er so zum gern zitierten Fachmann.

Wenn jemand gerade ein Buch zum Thema geschrieben hat, gilt auch das als »aktuell.« Er wird dann gern zitiert, auch wenn das Buch noch so dünn wie flach ist. Gelesen hat es sowieso keiner, aber man kann einblenden oder anfügen: Sein Fachbuch erscheint kommende Woche.

Wenn gute Gründe für den Gesprächspartner sprechen, ist es in Ordnung, den gleichen Menschen zu zitieren, den alle anderen auch schon befragt haben. Besonders originell ist es aber nicht. In der Regel finden sich auch gute Gründe für Menschen, die nicht omnipräsent sind und mindestens ebensoviel zum Thema beitragen können – meist sogar ein wenig anders.

Beispiel: ADHS

Ein schönes Beispiel ist die Berichterstattung über die Aufmerksamkeitsstörung ADHS. Sie tritt meist bei Kindern auf und wird – mit dramatisch ansteigenden Zahlen – mit Psychopharmaka erfolgreich behandelt. Medizinisch ist das Krankheitsbild gut beschrieben, seit mehr als 50 Jahren wird das gängige Medikament eingesetzt und zahllose Studien mit abertausenden von Patienten belegen die Wirksamkeit. Weil aber der Einsatz von Psychopharmaka bei Kindern ein ethisch schwieriges Feld ist, gerät das Thema immer wieder in die Diskussion: Darf man Kindern Psychopillen geben? Werden die Kinder falsch erzogen? Sind die Ärzte zu faul, die richtige Diagnose zu stellen oder andere Therapien auszuprobieren?

Zu all diesen Fragen haben sich elektronische und Printmedien angewöhnt, den Göttinger Professor Gerald Hüther zu befragen, der nie um eine Antwort verlegen ist, seine Handynummer von der Universitätspressestelle verteilen lässt und allzeit eine streitbare These zur Hand hat, warum die gängige Behandlungspraxis von ADHS falsch sei. Die Erkrankung sei auf Erziehungsfehler der Eltern zurückzuführen.

Interviews mit ihm finden sich in zahllosen auch für gute Wissenschaftsberichterstattung bekannten Blättern. Und weil die Großen ihn schon zitiert haben, tun es die Kleinen auch. Außerdem hat Hüther Bücher über ADHS geschrieben. Interessant ist, dass Hüther kein Arzt ist, nicht mit Patienten arbeitet, keine Diagnosen stellt und keine Rezepte schreibt. Als Vater zweier Töchter hat er eine starke Meinung zum Thema und als Neurobiologe hat er einen Versuch mit Ratten gemacht, der ihn in die Schlagzeilen katapultierte: Er verabreichte Rattenjungen das ADHS-Medikament Methylphenidat und stellte bei fünf Ratten, die er erwachsen werden ließ, Veränderungen im Gehirn fest. Da sie in den Regionen auftraten, die auch für die Entstehung der Parkinsonschen Krankheit eine Rolle spielen, mutmaßte er einen Zusammenhang zwischen Methylphenidat und Parkinson. »Falsch verordnete Medikamente für hyperaktive Kinder könnten das Risiko für die Parkinson-Krankheit erhöhen« schrieb die SÜDDEUTSCHE ZEITUNG daraufhin (»Das späte Zittern des Zappelphilipps«, 11.12.2001), obwohl es in der Flut der Studien keine einzige gibt, die diesen Zusammenhang bei Menschen je zeigen konnte oder auch nur nahelegt. Die FRANKFURTER ALLGEMEINE ZEITUNG zitiert Hüther am 17.12.2001 (»Aufgeweckt, neugierig – zappelig«) »eine gezielte Prävention könne die Ausbildung der Verhaltensstörung verhindern.« Es folgten Artikel mit Hüther-Zitaten und Interviews im SPIEGEL, PSYCHOLOGIE

> HEUTE, ZEIT, STERN, FOCUS und BILD DER WISSENSCHAFT. Allen ist gemeinsam, dass Hüther sich als Experte zu der medizinischen Frage äußert, wie eine Störung bei Kindern zu behandeln sei und das unkommentiert stehen bleibt. Zu dieser Frage kann ein interessierter Neurobiologe, der mit Ratten arbeitet, tatsächlich eine lesenswerte Meinung haben. Die größere Expertise im Umgang mit Kindern sollte man allerdings beim Kinderarzt, einem Kinderneurologen oder -psychiater suchen. Ein gewissenhafter Redakteur sollte deshalb nicht nur den allgegenwärtigen, sondern einen nachweislich kompetenten Gesprächspartner suchen.

Die Vorbereitung

Selbstverständlich ist die Vorbereitung das A und O eines guten Interviews. Eilige und oberflächliche Journalisten sind versucht, erst einen Fachmann anzurufen, um sich etwas erzählen zu lassen und so die Recherchemühen zu umgehen. Das ist allerdings eine Frechheit. Der Experte ist nicht dafür da, Journalisten Nachhilfe zum Thema zu geben und Lehrbuchwissen zu erläutern. Bringen Sie sich also auf den neuesten Stand und lesen Sie sich in das Thema ein. Überlegen Sie sinnvolle Fragen, die Sie an den Wissenschaftler haben.

Für Wissenschaftler gilt: Wenn Sie einem Journalisten Ihre Zeit zur Verfügung stellen, sollten Sie die gut nutzen. Es ist freundlich, aber nicht notwendig, dass Sie einem Laien die Grundlagen Ihres Faches vermitteln. Sie können ihm ein Vortragsmanuskript, eine Broschüre oder eine Website geben. Wenn die Zeit knapp ist, sollten Sie sich aber auf die Informationen beschränken, die noch nicht überall zu lesen und allgemein bekannt sind.

Hintergrundwissen bewahrt Journalisten nicht nur vor peinlichen Blößen. Wer eine Antwort parieren will, muss einschätzen können, ob der Befragte gerade etwas schönredet, erfindet, verdreht oder auslässt. Wenn Meinungs- und Einschätzungsfragen eine Rolle spielen, sollte der Journalist mehr wissen als der Interviewpartner, dem sicher auch mal frühere Äußerungen entfallen sind. Diese sollte er, wenn es wichtig ist, aus einem Buch, einem Redemanuskript zitieren können. »Auf der Tagung da und da haben Sie aber das Gegenteil behauptet.« Der Leser (Hörer usw.) merkt, wenn der Frager nicht gut vorbereitet ist!

Gute Fragen – schlechte Fragen

Auch einzelne Fragen sollten vorbereitet sein – sie gehören auf einen Spickzettel für den eigenen Gebrauch während des Interviews. Sie dienen als Sicherheitsnetz, damit nichts Wichtiges vergessen wird, müssen aber nicht unbedingt so aufeinander folgen, wie sie da stehen. Wer die Fragen auf dem Zettel hat, kann sich besser auf die Antworten konzentrieren und gegebenenfalls einhaken und nachfragen.

Nur in Ausnahmefällen sollte der Interviewpartner die Fragen vorher kennen. Es gehört aber zum guten Ton, vorher zu sagen, was Schwerpunkt und Anlass des Interviews ist, damit sich auch der Befragte vorbereiten kann. Das hebt die Qualität des Interviews.

Gute Fragen

- sind offen (nicht mit ja oder nein zu beantworten);
- sind präzise: Sie brauchen keine ausschweifenden Erklärungen, wie das jetzt gemeint ist;
- sind die, von denen anzunehmen ist, dass der Interviewpartner sie aufgrund seiner Kompetenz auch beantworten kann;
- kommen einzeln: Stellen Sie nur eine Frage auf einmal, sonst sucht sich der Interviewte die angenehmste Frage aus und ignoriert die anderen.

Manche Fragen muss man mehrfach stellen, weil der Interviewte nicht darauf eingeht, weil er abschweift oder die Frage bewusst offen lässt.

Für den Anfang können ein paar »Eisbrecherfragen« gut sein, freundliche Eröffnungsfragen, die das Gespräch in Schwung bringen und zur Sache hinführen. Freundliches Geplänkel muss aber nicht sein. Wer gleich zum Kern der Sache kommt, spart nicht nur Zeit, sondern gibt dem ganzen Gespräch mehr Tempo und Zug.

Wenn ein Wissenschaftler sich mit seinen Ausführungen immer mehr ins Fachchinesisch verliert oder sich an einem Aspekt festbeißt, der Ihnen nicht so wichtig ist, sollten Sie Fragen in Reserve haben, mit denen Sie die Ebene wechseln können. Statt weiter nach wissenschaftlichen Details zu fragen, können Sie:
- Auf Abläufe kommen: Wie sieht ein Arbeitstag bei Ihnen aus? Was machen Sie als Erstes, wenn Sie ins Labor kommen?
- Auf Emotionen kommen: Hätten Sie sich das träumen lassen? Was war der größte Frust, das größte Glück? Was tun Sie gegen die Ungeduld, die Langeweile, den Ärger mit der Konkurrenz
- Auf Visionen kommen: Was würden Sie tun, wenn Sie 5 Millionen an Forschungsmitteln zur Verfügung hätten? Wie wünschen Sie sich den Stand Ihres

Faches in 10 Jahren? Was wäre Ihre Lieblingsposition, wo möchten Sie am liebsten forschen und warum?

Mit solchen Fragen können Sie den Lauf des Interviews korrigieren. Sie eignen sich auch, um immer wieder darauf zurückzukommen.

Brenzlige, strittige und unangenehme Fragen bergen das Risiko, dass die Gesprächsatmosphäre danach frostig oder das Interview sehr schnell beendet wird. Deshalb sollten Sie alle unverfänglichen Fragen losgeworden sein, bevor Sie ans Eingemachte gehen.

Handwerkszeug

Werkzeuge sind Papier und Stift – nicht nur für Printjournalisten. Aber ein dickes, hungriges Notizbuch kann einschüchternd wirken. Wenn Sie sofort emsig mitkritzeln, vermitteln Sie das Gefühl, jedes Wort würde registriert und somit auch gedruckt. Das verleitet manche Wissenschaftler zum Dozieren oder Diktieren. Geben Sie Ihrem Interviewpartner Zeit zu entspannen. Unterhalten Sie sich erst – so können Sie das Vertrauen gewinnen und einschätzen, mit was für einem Typ Sie es zu tun haben.

Und das Aufnahmegerät? Das ist eine feine Sache. Es bewährt sich als Sicherheit. Die Aufnahme kann als Beleg herhalten, wenn Ihre Informationen angezweifelt werden. Wenn Sie beim Mitschreiben abgehängt werden und Ihnen etwas Wichtiges entgangen sein sollte, können sie es auf dem Band (bzw. in der Datei) hoffentlich noch finden.

Als Werkzeug für einen journalistischen Text taugt es aber nicht. Das hat mehrere Gründe:

- Wer nicht mitschreibt, hört weniger aufmerksam zu, bemerkt Unklarheiten oder Unstimmigkeiten nicht sofort. Wer dagegen schreibt, sieht sofort schwarz auf weiß, wo noch eine Erläuterung fehlt oder ein Widerspruch auftaucht.
- Man sollte sein Material *sichten* können. Das ist mit einem Abspielgerät unendlich mühsam. Sie müssen oft endlose Aufzeichnungen abspielen, vor- und zurückspulen, um die entscheidende Stelle zu finden.
- Wenn Sie Ihr Band abtippen, werden Sie möglicherweise feststellen, dass Ihr eloquenter und kluger Gesprächspartner keinen Satz richtig zu Ende gebracht hat, dass er grammatische Fehler macht und die Übergänge unlogisch sind. Was sie auf dem Band nicht hören, sind die Handbewegungen, seine Mimik und das, worauf er zeigte, während er sprach. So waren seine Äußerungen im Gespräch für Sie vollkommen plausibel und richtig. In der Abschrift zeigt sich der manchmal dramatische Unterschied zwischen dem gesprochenem Wort und der Schrift-

sprache. Für ein gedrucktes Interview taugt der Originalton selten. Wenn Sie mitschreiben, beschränken Sie sich aufs Wesentliche und rücken Sie die Sätze meist automatisch richtig.

Mitschreiben ist allerdings nicht so einfach: Die meisten Menschen sprechen schneller als Sie schreiben können. Oft genug schreiben Sie eifrig am ersten Satz, während der Interviewte schon einen zweiten guten anfängt. Sie lassen also Satz eins unfertig, fangen schnell Satz zwei an und hoffen, dass der nächste banal wird, damit sie aufholen können. Leider klappt das nicht immer. Ihr Gegenüber redet sich gerade warm und sprudelt auf einmal all das heraus, was Sie seit einer halben Stunde aus ihm herauszulocken versuchen. Was tun?

Es ist völlig in Ordnung, um eine Pause zu bitten. Sagen Sie also ruhig:»Einen Moment bitte!« Oder:»Könnten Sie kurz warten, ich muss das noch notieren.« Auch Nachfragen ist erlaubt, schließlich möchte niemand falsch zitiert werden. »Vorhin sprachen Sie über XY, habe ich Sie richtig verstanden, dass ...?«

Beispiel: Interview

Wie ein ausführliches Interview mit einem Wissenschaftler aussehen kann, zeigt dieses von Bernhard Epping, das am 1.7.2010 in SPEKTRUM DER WISSENSCHAFT erschien unter der Überschrift:

Stammzellhype: Mehr Kontrolle bitte!

Der Entwicklungsbiologe Hans Schöler erklärt, wieso Stammzellforscher wieder mehr Biologie studieren sollten, warum Patienten auf neue Therapien noch warten müssen und warum manch ethisches Verbot gerade ethisch recht fragwürdig ist.
Im Jahr 2004 kehrte der Deutsch-Kanadier Hans R. Schöler aus den USA zurück und wurde Direktor am Max-Planck-Institut für molekulare Biomedizin in Münster. Einer der international besonders prominenten Stammzellforscher avancierte damit auch zum gern genutzten Aushängeschild für hiesige Exzellenzforschung.
Ganz ohne Kratzer ist Schölers Verhältnis zum Standort Deutschland bis heute allerdings nicht geblieben. Es mindere unsere internationalen Kooperationsmöglichkeiten, so der Zellbiologe im Gespräch [...]

Hier wird schon im Prolog erzählt, dass der Interviewte etwas gesagt hat, was nicht im Interview vorkommt. Warum, bleibt rätselhaft. Wenn es eine brisante Aussage ist, die Schöler nicht autorisieren wollte, so muss man das dazusagen. Wenn es wichtig ist, gehört es ins Interview, und wenn es dort keinen Platz fand, raus.

SPEKTRUM DER WISSENSCHAFT: *Herr Schöler – dürfen wir das Aufnahmegerät anstellen?*

SCHÖLER: Bitte – wieso nicht?

Sie haben auf dem Weltkongress für Genetik im Juli 2008 einen Vortrag abgebrochen, nur weil sich Journalisten im Raum befanden.

Das ist sehr verkürzt und hat einen anderen, ernsten Hintergrund: Ich will nicht, dass vorläufige, unpublizierte Daten in die Öffentlichkeit gelangen. Auf einer Tagung zuvor hatte ich über Hinweise auf eine mögliche neue Stammzelle berichtet, die dann als »Mutter aller Stammzellen« in einer großen Tageszeitung Furore machte. Das will ich nicht mehr haben.

Dann erzählen Sie doch einfach nichts Ungesichertes mehr ...

Wir Wissenschaftler brauchen Tagungen, auf denen wir auch unveröffentlichte Dinge berichten. Es geht doch darum, sich kontroverse Dinge um die Ohren zu hauen, um Konzepte und Hypothesen zu prüfen. Und das ist nichts, was in der Öffentlichkeit ausgeschlachtet werden sollte. Dennoch bin ich dafür, dass Journalisten teilnehmen, um sich ein Gesamtbild zu machen, sie sollten dann aber vorher eine Vertraulichkeitsvereinbarung unterzeichnen. In den USA ist das übrigens gängige Praxis.

Andererseits ist Hype keine Domäne allein von Journalisten. Gerade auf dem Gebiet der Stammzellen weckt auch die Forschergemeinde immer wieder hohe Erwartungen. In den USA kündigen etwa die Firmen Geron und Advanced Cell Technology klinische Studien mit embryonalen Stammzellen an. Motto: Hoffnung bei Querschnittlähmung und Blindheit.

Das sind Versprechen, die ich nicht will. Ich sehe derzeit gar keinen Anlass für eine klinische Erprobung. Diese Konzepte müssen erst noch besser getestet werden, wahrscheinlich auch im Primatenmodell, zum Beispiel an Rhesusaffen. Daten vom Mausmodell reichen meiner Ansicht nicht; die Maus ist nicht immer ein gutes Modell für den Menschen. Deswegen kann ich auch jene Forscher verstehen, die sagen, wir müssen Grundlagenforschung von vornherein mit menschlichen ES-Zellen machen, anstatt uns lange mit ES-Zellen der Maus zu beschäftigen.

> *Bevor wir in das nächste Reizthema abtauchen, ein Blick auf Ihren Lebensweg. Sie sind Westfale und doch in Toronto geboren – 1953. Wie kam das?*

Hier wechselt der Interviewer von der Sachebene zum Persönlichen – anscheinend ohne Not. Falls das Gespräch hier stockte oder in die falsche Richtung lief, ist das in der gedruckten Version nicht mehr zu merken. Die Biografie stört hier eher als dass sie nützt.

> *Wie kamen Sie zur Biologie?*
>
> Ich hatte schon immer eine große Leidenschaft für Insekten. Meine Mutter erzählt noch heute, ihr wären die Augen rausgefallen, wenn ich mal wieder die Hand aus der Hosentasche holte und irgendwelche Hummeln drin hatte – lebendige wohlgemerkt. Fasziniert war ich auch von Karl von Frisch. Kennen Sie sein Buch »Zehn kleine Hausgenossen?«
>
> *Wir müssen passen.*
>
> Ein ganz wunderbares kleines Buch über den Floh, die Laus, die Stubenfliege und so weiter. Auch sein »Aus dem Leben der Bienen« habe ich verschlungen. Mir war früh klar, dass ich Biologie studieren wollte.
>
> *Stichwort »Jahr der Biodiversität«: Ist der Verlust an biologischer Vielfalt für Sie ein Thema?*
>
> Ich weiß um die Problematik. Aber das ist kein Bereich, in dem ich mich engagiere. Wie Sie wissen, mache ich das auf anderen Gebieten.
>
> *Wann wollten Sie Stammzellforscher werden?*

Wieder ein unvermittelter Gedankensprung. Die Biodiversität hat sich der Journalist möglicherweise als Verlegenheitsfrage auf den Zettel geschrieben. Natürlich kann man, wenn man gerade nichts Passenderes weiß, so etwas fragen. Wenn die Antwort aber so erwartbar und banal ausfällt, muss man das nicht drucken. Es geht schließlich um Stammzellen, die ebenso übergangslos wieder auftauchen.

> *Sind Sie heute kritischer wegen des Skandals um den Koreaner Woo-suk Hwang, bei dem Ende 2005 aufflog, dass die Daten zu seinen ES-Zellen aus vermeintlich geklonten menschlichen Embryonen gefälscht waren?*
>
> Da wurde ich genauso geblendet wie viele andere. Ich hielt seine Daten für korrekt. Es bleibt aber furchtbar schwer, solche Dinge im Vorfeld zu erkennen. Insbesondere dann, wenn man die Versuche nicht

wiederholen kann. Er hatte ja zuvor gezeigt, dass er Tiere klonen kann, und da habe ich gedacht, dass ihm das mit den vielen hundert Eizellen von Frauen auch gelungen ist.

Bis heute ist der somatische Kerntransfer beim Menschen nicht endgültig gelungen. Würden Sie es versuchen, wenn es hierzulande erlaubt wäre?

Nein! Vor allem fände ich es ethisch höchst problematisch, die nötige Zahl an Eizellen von Frauen zu gewinnen. Aber man könnte Techniken bei anderen Primaten weiterentwickeln, die zwar Eizellen verwenden, aber keinen Embryo im engeren Sinn erzeugen. Wir arbeiten dafür mit US-Kollegen aus Oregon an einem Projekt, das von den National Institutes of Health gefördert wird. Dieses Projekt wurde übrigens selbst von dem sehr kritischen Bioethikbeirat des ehemaligen US-Präsidenten Bush begrüßt. Vielleicht können wir eines Tages menschliche Eizellen aus der Kulturschale dafür einsetzen.

Im Jahr 1986, nach Ihrer Dissertation, sind Sie zunächst in die Industrie gegangen – zu damals Boehringer Mannheim, heute Roche in Penzberg. Zwei Jahre später waren Sie schon wieder weg. Warum?

Mir fehlte schlicht die Wissenschaft. Wieder war es Peter Gruss, der mir den Weg in die Forschung ermöglichte. Einmal, auf dem Weg nach Dänemark, habe ich ihn in Göttingen besucht, wo er bereits Max-Planck-Direktor war. Er bot an, mich bei ihm mit den Hox-Genen zu beschäftigen. Das hörte sich interessant an.

Das ist eine Familie von Genen, die während der frühen Embryonalentwicklung steuert, wie der Körper sich in Segmenten aufbaut.

Genau. Um das zu erklären, muss ich jetzt leider etwas fachlich werden. Just vor einem dieser Hox-Gene fiel mir eine bereits bekannte Sequenz auf, das so genannte Octamer-Motiv. Damals kannte man zwei Oct-Proteine, die an diesen DNA-Abschnitt binden können, Oct1 und Oct2. 1988 hatten dann US-Forscher beschrieben, dass Oct2 eine bekannte DNA-Bindedomäne besitzt, die so genannte Homeodomäne. Das war eine ganz spannende Nachricht für mich, denn diese Domäne wiederum findet man in jedem Mitglied der großen Hox-Genfamilie.

Ja und?

Muss der Forscher fachlich werden? Wie erklärt er seinen Söhnen, was er macht? Er erklärt wacker, aber trotzdem ist es schwer verdaulich und so nur bedingt für ein Interview geeignet. Besser wäre ein Kasten, in dem die Gene erklärt werden. Wer das nicht wirklich wissen will, stellt hier die Lektüre ein. Die komplett ratlose Frage des Journalisten »ja und?« ist wirklich kein Ruhmesblatt. Wenn einem nichts einfällt, muss man das nicht drucken.

Was indirekt letztes Jahr auch Ihrer Gruppe ermöglichte, aus den Hoden von Mäusemännchen eine weitere Variante pluripotenter Stammzellen im Labor zu entwickeln – die reprogrammierten Keimbahn-Stammzellen. Ist das die »Mutter aller Stammzellen«, die Sie eingangs erwähnten?

Ja, aber das ist ganz und gar nicht meine Formulierung. Ich nenne sie lieber Stammzellen der Keimbahn oder Keimbahn-Stammzellen. Von »Mutter aller Stammzellen« bei männlichen Stammzellen zu sprechen, passt ja schon semantisch gar nicht.

1994 haben Sie sich an der Universität Heidelberg habilitiert.

Oh ja, das war eine etwas unrühmliche Geschichte. Die biologische Fakultät hatte damals Externe wie mich – ich war damals Gruppenleiter am European Molecular Biology Laborarory (EMBL) – bei der Zulassung zum Habilitationsverfahren gleich reihenweise durchfallen lassen. Und mich dann eben auch [...] Wissen Sie, ich besaß zudem die Frechheit, auf meine Vortragsfolien unten klein zu schreiben: »Habilitation Schöler«. Das führte wohl zu Irritationen: »Woher weiß der das denn, das ist doch hier erst das Verfahren [...]«, bekam ich zu hören. Beim zweiten Anlauf erkannte man mir dann die Habilitation an. Aber das ist wirklich Schnee von gestern, und das heutige Verhältnis zwischen EMBL und Universität ist, nach allem, was ich höre und selbst denke, exzellent.

War das mit ein Grund dafür, dass Sie 1999 Deutschland den Rücken kehrten?

Nein, bestimmt nicht! Der Kontakt in die USA war purer Zufall. Ich sollte zu einem Kandidaten für eine Professur an einer amerikanischen Universität meine Meinung sagen. In dem Gespräch stellte ich fest, dass der Kandidat sicherlich großes Interesse haben müsste. Das war auch eine tolle Stelle, die sie zu besetzen hatten. Die würde ich selbst auch nehmen, hatte ich ihnen gesagt. Das machte dort offenbar die Runde. Und stellen Sie sich vor, auf einmal bekam ich gleich mehrere Angebote, wurde mir quasi der rote Teppich ausgerollt. In Philadelphia wollten mich zugleich die medizinische als auch die tierärztliche Fakultät für sich gewinnen. Schon bei den Vorstellungsgesprächen dort kannte jeder alle Details meiner Arbeit; sie hatten sich wirklich vorbereitet und waren interessiert. Das war zweifellos eine ganz andere Erfahrung, als ich sie in Deutschland gemacht hatte. Diese positive Grundeinstellung in den USA, die verleiht einem Flügel.

Drüben ist alles besser?

Nein, nicht alles. Aber für Wissenschaftler gilt das vielfach schon ...

Immer wieder stellt der Journalist geschlossene Fragen. Warum nicht: »Warum kehrten Sie Deutschland den Rücken?« Natürlich kann nirgendwo ALLES besser sein. Schöner wäre gewesen: »Was ist drüben besser?« – und im Anschluss: »Wie bewerten Sie es hier?«, statt:

Sind Sie denn heute mit den Forschungsmöglichkeiten hier zu Lande zufrieden?

Nicht ganz, ich halte die gesetzlichen Rahmenbedingungen, die wir hier mit dem Stammzellgesetz geschaffen haben, eher für zu eng.

Es ermöglicht doch den Import von ES-Zelllinien aus dem Ausland ...

Ja, aber diese Regelung ist problematisch. Die pragmatische Sicht ist, dass wir mit den Zelllinien gut forschen können, somit sind wir in dieser Hinsicht eigentlich nicht mehr im Nachteil gegenüber unseren Kollegen im Ausland. Was mir dennoch zu schaffen macht: Viele Forscher im Ausland halten uns Deutsche für heuchlerisch. Denn wir lassen auf diese Weise andere für uns, so ihre Sichtweise, die Drecksarbeit machen.

Ist es ein Wunder, dass gerade Deutschland ein halbes Jahrhundert nach den Nazis besondere Skrupel im Umgang mit dem Leben hat?

Was soll man darauf antworten? Ein Wunder, ein Wunder!!? Und dann auch noch als geschlossene Frage.

Nein, überraschend ist das nicht. Andererseits hat mir etwa der israelische Ethiker Asa Kasher zu diesem Thema erklärt: Was immer ihr entscheidet zu tun oder nicht zu tun, benutzt bloß nicht uns Juden als Entschuldigung dafür. Ich bleibe dabei – es wäre gut, wenn Forscher in Deutschland menschliche ES-Zellen gewinnen dürften. Einige wenige, und dies natürlich unter strikten Auflagen.

Ist diese Forschung überhaupt noch nötig? Dem Japaner Shinya Yamanaka ist es ja 2006 gelungen, differenzierte Körperzellen direkt in pluripotente Stammzellen zu verwandeln: die berühmten iPS-Zellen (induzierte pluripotente Stammzellen).

Richtig, aber die Forschung an ES- Zellen ersetzen können iPS bisher nicht. Der momentane wissenschaftliche Stand ist, dass iPS schlechter für Therapien geeignet sind als ES-Zellen. Die wichtigste Frage ist, ob sie sich dennoch eignen würden oder ob man sie noch besser machen kann. Wir brauchen eben beide Zelltypen, um zu wissen, wann die reprogrammierten Zellen für Untersuchungen in der Kulturschale und wann für die Transplantation gut genug sind.

Welches Verhältnis haben Sie zu Yamanaka?

Wir sind gute Kollegen.

Warum haben Sie seinen Ansatz nicht auch versucht? Schließlich war vor allem auch Oct4 der Schlüssel zum Erfolg von Yamanakas Rezeptur.

Auch wir hatten dazu einige Experimente gemacht. Aber es ist zu großen Teilen sein Verdienst, den richtigen Cocktail gefunden zu haben, um Fibroblasten zu reprogrammieren.

Sie gehören jedoch zu einer Gruppe, der wenig später als erster eine wesentlich verbesserte Methode gelang.

Yamanakas Arbeit fußte zunächst auf Gentechnik, er schleuste die Gene für die Transkriptionsfaktoren mit viralen Vektoren in die Zellen. Heute können wir durch Zugabe der Proteine in der Kulturschale die Reprogrammierung anstoßen. Mittlerweile tüfteln viele Gruppen schon daran, allein mit Chemikalien den Prozess in Gang zu setzen. Der Effekt ist am Ende immer der gleiche: Es reicht, Oct4 und zwei, drei weitere Faktoren in den Zellen zu aktivieren. Der Rest läuft selbstständig ab.

Klingt wie ein schlichtes Kochrezept.

Ja, es ist auch relativ simpel. Wenn Sie etwa adulte Stammzellen des Gehirns als Vorläufer von Nervenzellen nehmen, reicht sogar Oct4 allein, um iPS-Zellen zu gewinnen.

Wir hoffen, Sie haben ein Patent auf Oct4.

Ich hätte es haben können, aber ich habe es nicht. Erst in den USA begann ich, Patente anzumelden. Da ist das ganz selbstverständlich.

Die Biologie kann heute mit wenigen Faktoren das gesamte Programm der körperlichen Entwicklung zurückdrehen. Vor 50 Jahren war das völlig undenkbar.

Auch vor zehn Jahren noch.

Ihre Gruppe hat gleich noch eine Mauer eingerissen, die als unüberwindlich galt. Der Schöler-Gruppe in Philadelphia gelang es 2003, aus ES-Zellen Eizellen herzustellen. Bis dahin ebenfalls ein Ding der Unmöglichkeit.

Auch männliche Keimzellen lassen sich so – bei Mäusen – in der

Laborschale gewinnen. Sie können alternativ heute genauso eine Hautzelle zur iPS-Zelle umwandeln und aus ihr Gameten (Keimzellen) gewinnen.

Hier folgt eine sehr lange Passage aus vielen Fragen und Antworten, die dem Leser keine Hürde erspart – von iPS-Zellen, Transdifferenzierung zum epigenetischem Gedächtnis.

Im Jahr 2004 kamen Sie zurück nach Deutschland, nach Münster. Warum eigentlich?

Das Angebot der MPG war einfach zu verlockend. Auch für meine Frau hat sich dadurch die Situation verbessert. Bevor wir in die USA gingen, war sie als Juristin tätig. In den USA konnte sie zwar studieren, aber trotz ihres sehr guten Abschlusses nach dem 11. September 2001 keinen Job in den USA bekommen. Während der Zeit wurden Leute eher entlassen als neu eingestellt. Sie wollte weg – zumal wir auf dem platten Land wohnten.

Platt ist es um Münster herum doch auch.

Ja, aber Münster ist eine lebendige und spannende Stadt, und platt bedeutet hier, dass wir prima Fahrrad fahren können. Wir leben sehr gerne in Münster.

Zur Person
Der 1953 im kanadischen Toronto geborene Hans R. Schöler gilt als einer der international profiliertesten Stammzellexperten. Schöler studierte Biologie an der Universität Heidelberg, forschte dort ab 1982 unter Peter Gruss während seiner Dissertation zur Regulation von Genen, um nach einem zweijährigen Intermezzo in der Industrie erneut bei Gruss in Göttingen am MPI für biophysikalische Chemie sein eigentliches Thema zu finden: die Regulation der Embryonal- und Zellentwicklung bei Säugetieren. 1989 gelang Schöler die Erstbeschreibung von Oct4, einer Schlüsselsubstanz, um etwa aus Körperzellen pluripotente Stammzellen zu machen. Ab 1991 leitete Schöler eine Arbeitsgruppe am EMBL, bevor er 1999 an die University of Pennsylvania wechselte. 2004 kehrte er als Direktor des Münsteraner MPI für molekulare Biomedizin nach Deutschland zurück.
Als Berater von Politik und Öffentlichkeit stellt Schöler sich seit Jahren auch dem kritischen Diskurs über die ethischen und gesellschaftlichen Fragen von Stammzellforschung. Er ist Mitglied der Zentralen Ethik- Kommission für Stammzellforschung (ZES). Der Protestant Schöler ist verheiratet und hat zwei Söhne.

Da ist sie, die Vita. Es war also gar nicht nötig, die biografischen Fragen in das Fachinterview einzuschieben. Die Variante, einen kleinen Lauftext oder Kasten mit dem Lebenslauf des Wissenschaftlers zu schreiben, ist eleganter. Biografische Fragen sind nur dann sinnvoll, wenn dabei mehr herauskommt als Angaben zu Zeit und Ort.

Am Ende des Interviews wird der Forscher Mensch und steigt aufs Fahrrad. Hier hätten sich persönliche Fragen angeboten nach Forscherglück und Frust, nach Ruhm, Neugierde, Arbeitszeiten, Heimweh und allem, was den Menschen jenseits seines Fachwissens vorstellbar und lebendig gemacht hätte.

Für einen Journalisten ist es grandios, so viel Zeit und so viel Platz für ein Interview zu haben. Er glänzt mit seinem Fachwissen, aber ob er an den Leser dachte? Der hat vermutlich weder einen lebendigen Eindruck von der Forscherpersönlichkeit Schöler, noch einen wirklichen Überblick darüber, was nun von Stammzellen zu halten, was machbar und zu erwarten ist. Wie gern hätte man statt all der detailreichen Fakten eine große Bewertung, eine Zukunftsaussicht gelesen und ein Fünkchen von der interviewten Person verstanden. Ist Herr Schöler lustig, humorvoll, zurückhaltend? Eine Sportskanone, ein Familienmensch oder ein Tüftler? Ist er ehrgeizig, träumt er vom Nobelpreis? Glaubt er, dass Stammzellen einmal Parkinson heilen werden? Und wann? Selbst wenn der Autor glaubt, dass sein Interview nur von Biologielehrern gelesen wird, Biologielehrer sind auch Menschen!

Das Gegenüber

Holger Wormer versucht im Buch »Wissenswelten« eine Typisierung der Wissenschaftler im Interview (Wormer 2008). Natürlich lassen sich die Persönlichkeiten nicht in Schubladen quetschen. Es hilft aber, wenn man einige typische Verhaltens- und Redeweisen kennt, und weiß, wie man gut mit ihnen umgeht.

Der Fachchinese

Er begreift das Interview als Vortrag und möchte mit Fachkompetenz beeindrucken. Er bedient sich einer abgehobenen Sprache voller Fremdwörter, Fachbegriffe und kryptischer Anspielungen auf Interna. Er bezieht sich auf Forschungsergebnisse, indem er nur den Namen eines Labors nennt, oder auf Diskurse, indem er nur einen Tagungsort fallen lässt. Der Kenner mag wissen, was und wie es gemeint ist, für den interessierten Laien ist das Fachchinesisch schwer verdaulich.

Was tun? Zur guten Vorbereitung gehört natürlich, dass der Journalist die wichtigsten Fachbegriffe und Forschungsergebnisse kennt und einordnen kann. Wenn Sie vollkommen ahnungslos vor einem Fachchinesen sitzen, sind Sie verloren. Da Sie aber hoffentlich einigermaßen verstehen, worum es geht, sollten Sie sich sehr auf das Wesentliche konzentrieren. Lassen Sie Ihr Gegenüber also nicht ungebremst in immer feinere Details eintauchen, wenn diese nicht wichtig sind. Bleiben Sie bei Ihrer Kernfrage!

Wenn die Antwort unverständlich ist, fragen Sie nach. Das gilt übrigens auch, wenn Sie es dank Ihrer grandiosen Vorbildung zwar verstanden haben, aber klar ist, dass Sie einem Leser diese Antwort nicht zumuten können. Möglicherweise müssen Sie den Wissenschaftler auf einfache Formulierungen stupsen:

> Kann man es vergleichen mit …
> Das ist für den Laien schwer verständlich. Können Sie das mit einfachen Worten beschreiben?
> Kann ich für meine Leser schreiben, dass …?

Oft ist es sinnvoll, den Wissenschaftler auf eine andere Gesprächsebene zu komplimentieren:

> Wie erklären Sie Ihrem Kind/ Ihrer Mutter, was Sie tun?

Das hat den Vorteil, dass Sie den Interviewten einfach auf diese Ebene zurückholen können, falls er wieder ins Fachchinesisch rutscht: »Das hätte Ihre Mutter jetzt aber nicht verstanden.«

Der verschlossene Medienkritiker

Manche Wissenschaftler machen deutlich, wie wenig sie von Journalisten halten, die ihnen kostbare Zeit stehlen, um dumme Fragen zu stellen und am Ende doch alles verdrehen. Möglicherweise hat der Medienkritiker Grund zur Skepsis, weil er schon schlechte Erfahrungen gemacht hat. Bei einem solchen Interviewpartner kommt es darauf an, sein Vertrauen in guten Journalismus zurückzugewinnen. Es hilft, wenn Sie Kompetenz zeigen – etwa indem Sie sagen, dass Sie das Gleiche studiert haben, die einschlägigen Studien kennen, auf der gleichen Tagung waren oder bereits mit einem Fachkollegen des Interviewten gesprochen haben. (Es ist nicht immer klug, mit der eigenen Kompetenz herauszurücken. Manche Information bekommt man eher, wenn man sich naiv gibt.)

Wenn das nicht der Fall ist, sollten Sie wenigstens das Medienmisstrauen zerstreuen, indem Sie nachfragen, welche schlechten Erfahrungen er vorher gemacht hat und darlegen, dass und wie Sie es anders machen werden.

Wenn es gar nicht anders geht, können Sie dem Skeptiker anbieten, dass er seine Zitate autorisieren darf. Dieser Schritt sollte aber überlegt sein, den möglicherweise nutzt der Interviewte ihn, um ausgerechnet die wichtigsten Äußerungen umzudrehen, zu verwässern oder zurückzuziehen.

Der zerstreute Geschwätzige

Ein redseliger Interviewpartner ist zunächst ein Glück. Hier muss man die Sätze nicht einzeln herauskitzeln, sondern den Redefluss in die richtigen Bahnen lenken. Das geht dann am besten, wenn Sie den mitteilsamen Mann erst einmal eine Weile reden lassen. Das vermindert den Druck. Das Gespräch sollte Ihnen aber nicht entgleiten. Es ist oft gar nicht einfach, bei einem Redeschwall konzentriert zu bleiben und wichtige Informationen aufzupicken. Es erfordert besondere Aufmerksamkeit, Pausen zu erwischen, um mit einer Frage dazwischen zu gehen.

Besonders unter Zeitdruck kann ein ausschweifender Redner sehr lästig sein. Scheuen Sie sich nicht, deutlich auf Ihren Zeitplan hinzuweisen – etwa auf Redaktionsschluss oder Anschlusstermine. Erinnern Sie den Wissenschaftler daran, dass er sich disziplinieren muss, denn schließlich können Sie unmöglich all das schreiben, was er sagt. Oft hilft es, dem möglicherweise zerstreuten Professor eine klare Struktur vorzugeben – schließlich ist es auch in seinem Interesse, dass die wichtigen Kerninformationen richtig vermittelt und nicht von unwesentlichem, abseitigen verwässert oder verdrängt werden.

Geschlossene Fragen und notfalls das Beharren auf geschlossenen Fragen, bremsen das Tempo und zwingen den Gesprächspartner, auf den Punkt zu kommen.

Der arrogante Eilige

So nennt Holger Wormer den Wissenschaftler, der schwer zu kriegen ist. Meist hat seine Eile aber weniger mit Arroganz als mit tatsächlicher Zeitnot zu tun und der Mann ist einfach sehr beschäftigt. Manches Mal mag der Eindruck auch dadurch entstehen, dass der Journalist selbst eilig ist und erwartet, dass der Institutschef sofort zur Verfügung steht. Wer also unbedingt einen viel beschäftigten, eiligen Wissenschaftler sprechen möchte, sollte deutlich machen, warum gerade dieser Forscher mit seiner Kompetenz für Ihre Berichterstattung so unentbehrlich ist. Das schmeichelt ja auch. Auch, dass es womöglich im eigenen Interesse des Wissenschaftlers ist, wenn er und nicht der Konkurrent zu Wort kommt, darf man ruhig sagen.

Pochen Sie nicht auf ein ausgiebiges Interview. Wenn Ihnen wirklich an diesem Gesprächspartner liegt, dann sagen Sie auch zu einem Termin nicht nein, an dem Sie ihn auf dem Handy anrufen dürfen, während der Wissenschaftler im Taxi zum Flughafen fährt. Möglicherweise bekommen Sie in der knappen Zeit genau die Informationen, die Sie brauchen. Vielleicht beginnen Sie ein gutes Gespräch, das Sie später fortsetzen können.

Auf keinen Fall sollten Sie die kostbare Zeit des Eiligen mit banalen Fragen verschwenden, schlecht vorbereitet sein und Erklärungen erbitten, die in jedem Lehrbuch stehen. Konzentrieren Sie sich auf Fragen, die nur dieser Gesprächspartner aufschlussreich beantworten kann.

Der Verkäufer

Da Wissenschaftler auf öffentliche Darstellung angewiesen sind, nutzen manche gern die Chance, einem Journalisten Forschungsprojekte anzupreisen, um die es Ihnen gar nicht geht. »Das wäre doch auch mal ein tolles Thema für Ihre Zeitung« bekommt man dann zu hören. Lassen Sie ihn ruhig anpreisen und begründen Sie dann, warum das Thema für den Journalisten gerade nicht relevant ist (das hatten wir gerade letzte Woche).

Schwieriger wird es, wenn der Wissenschaftler das relevante Thema überverkauft. Auch wenn er dick aufträgt, sollten Sie erst einmal zuhören, ruhig auch mitgehen (das war bestimmt schwierig!). Platzen Sie nicht sofort damit heraus, dass Sie wissen, dass er maßlos übertreibt. Kritik sollten Sie vorsichtig anbringen und am besten über Bande: Die Konkurrenz sieht das aber so ... Oder: In einer anderen Studie kam etwas ganz anderes raus ...

Korrigieren Sie Ihren Gesprächspartner nie direkt, sondern geben Sie ihm Gelegenheit, seine Aussagen zu relativieren und zu korrigieren. Erst wenn es hart auf hart kommt, sollten Sie ihn mit geschlossenen Fragen festnageln. Selbst Hartgesottene werden ungern über die bisher verschwiegenen Schattenseiten des Projekts lügen.

Wer nicht sicher weiß, wie die Antworten einzuschätzen sind, muss sie nachher überprüfen. Es hilft, einige arglose Fragen zu stellen: Sehen das alle so oder haben Sie Kritiker? Wenn das so wunderbar ist, warum ist das Presseecho bisher so mau? Ganz unter uns: Was wäre denn ein möglicher Haken an der Sache?

Vergessen Sie auch die Fragen nach Finanzierung, Patentierungsplänen und der Konkurrenz nicht.

Das Gespräch

Interviews muss man üben. Nie wieder werden Sie so aufgeregt sein und sich so dämlich fühlen wie beim ersten Mal. Manches ist Instinkt, vieles ist Routine. Es gibt keine Regeln, wann man zuhören, wann nachbohren muss und wie man dem Gegenüber in den Erzählfluss hilft. Gerade in der Wissenschaft hat man es oft mit Menschen zu tun, die es nicht gewohnt sind, befragt zu werden. Manche sind und bleiben schüchtern und wortkarg. Medientrainierte Forscher sind dagegen oft eloquent und sehr bestimmt, was die Sache auch nicht immer erleichtert.

Ungeübte Journalisten fühlen sich anfangs oft aufdringlich. Das sind sie nicht. Das ist ihr Job. Es ist weder unhöflich, auf unbeantworteten Fragen zu beharren, noch indiskret, nach Persönlichem zu fragen. Vor allem sollten Sie, wenn es um schwierige Sachfragen geht, keine Angst haben, dumm zu wirken. Wenn Sie eine verständliche Erklärung eines komplexen Problems möchten, müssen Sie immer und immer wieder Verständnisfragen stellen, um Vereinfachung bitten. Natürlich ehrt es Sie, wenn Sie die Materie längst durchdrungen haben und mit dem Fachmann fließend Fachchinesisch plaudern können. Da Sie aber kein Fachchinesisch schreiben dürfen, sollten Sie Ihr Gegenüber sprachlich auf die Ebene holen, auf der Sie es brauchen.

Der Anfang des Gesprächs spielt eine entscheidende Rolle. Denn egal, was das Thema des Interviews ist – wenn die Stimmung und die Atmosphäre nicht angenehm sind, wird die Sache mühsam und unbefriedigend. Zwei Dinge können Sie vorab regeln: Zeit und Ort. Im Labor neben ratternden Maschinen, eingequetscht zwischen Brutschränken oder ungemütlich auf dem Flur kommt keine gute Gesprächsatmosphäre auf. Wenn Sie sich das Kühlhaus, den Versuchstierstall, das fensterlose Kellerarchiv oder den Teilchenbeschleuniger zeigen lassen, so beschränken Sie sich dort auf die Führung. Dort sollten Sie fragen: »Was ist das?« aber nicht: »Warum haben Sie sich entschlossen, ausgerechnet an XY zu forschen?«

Für alle Sach- und Fachfragen, für Hintergrund und Meinung braucht es ein einladenderes Ambiente: ein Cafe, ein Besprechungszimmer, den Spaziergang über den Campus.

Klären Sie vorher, wie viel Zeit Sie haben. Wenn Ihr Gesprächspartner morgen zu einem Kongress nach Montreal fliegt oder in einer halben Stunde seine Vorlesung beginnt, können Sie nicht weit ausholen. Wenn Sie dringend und sofort ein kurzes Statement brauchen, so sagen Sie das und kommen Sie gleich auf den Punkt. Ein ausführliches Gespräch braucht Zeit, die von Anfang an eingeplant sein sollte. Ein Interviewpartner unter Zeitdruck ist verständlicherweise ungeduldig und knapp – das ist Gift für ein gutes Interview, in dem Sie mehr herausfinden wollen, als sowieso im Internet steht.

Mit dem Ende des Gesprächs sind sie noch lange nicht fertig – nicht mit der Arbeit, die fängt jetzt nämlich erst richtig an, und nicht mit dem Wissenschaftler. Vergessen Sie nicht, sich für das Interview zu bedanken. Der Wissenschaftler hat sich Zeit für Sie genommen! Wenn Sie darüber gesprochen haben, schicken Sie ihm ein paar Ausgaben Ihrer Publikation und vergessen Sie auf keinen Fall, ihm ein Belegexemplar Ihres Interviews schicken zu lassen. Beziehungen muss man pflegen. Wenn Ihr Gesprächspartner Sie angenehm und kompetent fand und Ihre Arbeit schätzt, so können Sie ihn nicht nur wieder ansprechen, wenn Sie Hintergrundinformationen oder ein schnelles Statement brauchen, womöglich lässt er Ihnen auch Anregungen, Literatur oder Einladungen zu Veranstaltungen zukommen.

Aufschreiben

Wenn Sie ein Interview als solches drucken und nicht nur einzelne Zitate im Text verwenden wollen, sollten Sie Ihre Notizen gleich abtippen, weil Sie dann noch wissen, was genau Ihr Gesprächspartner gesagt hat, und Zeitnot-Lücken in Ihrer Mitschrift füllen können. Jetzt können Sie in Ruhe lesen, was der Mensch alles gesagt hat – und wie viel Überflüssiges! Schreiben Sie auf gar keinen Fall jedes Wort, jede Wiederholung auf, sondern halten Sie sich an das Wesentliche. Das heißt nicht, dass Sie die Gedanken der Antworten völlig frei und neu nach eigenem Geschmack formulieren sollen. Sie dürfen und sollen aber den Kern der Sache herausschälen, und dazu sind Verbesserungen erwünscht und nötig. »Spielen Sie mit den Zitaten [...] aber seien Sie fair. Ändern Sie im Zitat nicht den Wortlaut«, rät William Zinsser. Das klingt widersprüchlich und ist es auch. Das Schreiben eines Interviews ist eine Gratwanderung. Natürlich schreiben Sie nicht einfach das hin, was gesprochen wurde. Was Sie schreiben, sollte aber so klingen, wie das, was gesprochen wurde.

Sie sind zum einen Ihrem Gesprächspartner verpflichtet, der sich Zeit genommen hat und der korrekt wiedergegeben werden will. Sie dürfen also nicht einseitig weglassen, seine Aussagen nicht verfälschen oder ihm wertende Formulierungen unterschieben, wo er neutrale gebraucht hat. Sie sind aber zum anderen Ihren Lesern verpflichtet. Die wollen nicht wissen, wie viele sagenhaft schwierige Sätze Ihr Gegenüber aneinandergereiht hat; sie wollen wissen, was er gesagt hat, was er meinte. Je mehr Sie die Antworten mit unnötigen Sätzen und Nebensächlichkeiten wiedergeben, desto langweiliger wird die Lektüre.

Das heißt auch, dass Sie zusammenschreiben, was zusammengehört. Im Gespräch kommt man oft mehrfach zum gleichen Gedanken. Lassen Sie keine Schleifen im Interview stehen, indem Sie den Interviewten mehrfach auf das Gleiche zurückkommen lassen, nachdem er zwischendurch abgeschweift ist. Sie sollten das Interview in der Abschrift so gliedern, dass Sie die Gedanken zueinander stellen, die einen Zusammenhang haben. Das entspricht dann zwar nicht mehr dem zeitlichen Ablauf des Gesprächs, ist aber sinngetreu.

Ihre Aufgabe ist es, aus dem Vielen, was gesagt wurde, und dem immer noch Vielen, was Sie aufgeschrieben haben, das herauszudestillieren, was wichtig, interessant, erhellend und unterhaltend ist. Sicher war es mühsam, das ganze Interview zu dokumentieren, aber Sie dürfen nicht dem Leser die Mühe abverlangen, das alles zu lesen und zu filtern. Das ist Ihr Job.

Fremde Federn: So nicht!

Unkritische und faule Journalisten kennen den Ausweg. Sie machen ein Interview. Das zumindest meint der Schweizer Publizist Kurt W. Zimmermann. Er schreibt in der WELTWOCHE (19.5.2010, »Ich hätte da noch eine Frage«):

> »Das Interview, dies kurz vorweg, ist aus einem speziellem Grund so beliebt. Es ist die anspruchloseste Form des Journalismus. Die Interviews entstanden in den elektronischen Medien. Hier macht das Sinn. Es ist tatsächlich interessanter, einem Politiker oder einem Fußballtrainer ein Mikrofon vorzuhalten, als dessen Aussagen von einem Blatt Papier abzulesen. Auch in Magazinen macht das Sinn. Jede SPIEGEL-Ausgabe beispielsweise enthält mehrere große Interviews. Magazine haben genug Zeit, um sich intensiv auf Politiker und Fußballtrainer vorzubereiten und dann die oft stundenlangen Gespräche zu unterhaltendem Lesestoff zu verdichten.
> Dann wurden die Interviews zur Landplage. Die Zeitungsredaktionen entdeckten, dass man damit billige Inhalte produzieren kann. Man talkt ein bisschen herum, live oder am Telefon, und nudelt das dann spaltenweise ab, Foto dazu und fertig.
> Das Interview ist das Symbol des unkritischen Journalismus. Weil der unkritische Journalismus dermaßen floriert, florieren auch die Interviews.
> Interviews entbinden von der Recherche. Statt Fakten herauszufinden, plaudern die Journalisten. Statt über die Swisscom zu recherchieren, machen sie ein Interview mit Carsten Schloter. Statt über die SP zu recherchieren, machen sie ein Interview mit Christian Levrat. Statt über die Nationalbank zu recherchieren, machen sie ein Interview mit Philipp Hildebrand. Besonders deutlich wird diese Ausweichstrategie bei heiklen Themen.«

Elektronische Medien

Für Radio oder Fernsehen müssen Interviews gleich sitzen. Wird nicht direkt übertragen, sondern aufgezeichnet, so können zwar langweilige oder peinliche Passagen, Versprecher, Missverständnisse und Redundanzen herausgeschnitten werden. Doch ob geputzt wird oder nicht, hier lässt sich wenig beschönigen.

Freundliche Floskeln am Anfang stören mehr als sie nützen. In Radio und Fernsehen sollte man schneller auf den Punkt kommen. Der Journalist sollte im Kopf haben, was er wann fragen möchte – abweichen kann er immer noch, wenn das Gespräch einen anderen Verlauf nimmt.

Eine wichtige Regel lautet: Niemals das Mikrophon aus der Hand geben! Wer das Mikrophon in der Hand hält, kann es auch entziehen, um mit einer eigenen Frage dazwischenzugehen. Wer für elektronische Medien Interviews führt, muss Pausen aushalten können. Folgt auf eine Frage keine Antwort, so ist möglicherweise ein Nerv getroffen, vielleicht dauert die Formulierung auch nur länger. Das Schweigen sollte man aussitzen und nicht mit Erklärungen, Antwortvorschlägen oder Alternativfragen einspringen und die Ursprungsfrage damit ad acta legen.

Schwierige Antworten, Fachchinesisch oder kryptische Anspielungen müssen sofort erklärt werden. Der Journalist muss sofort einhaken und erläutern und übersetzen oder um eine Übersetzung ins Verständliche bitten.

Autorisieren

Es ist mittlerweile üblich, dass wörtliche Zitate und Interviews für Printmedien autorisiert werden. Wenn der Artikel oder das Interview getippt ist, mailt, faxt oder schickt man dem Gesprächspartner die Zitate (nicht den ganzen Text!), damit er die Gelegenheit bekommt, sie abzunicken. Manchmal reicht es, auch am Ende des Gesprächs zu fragen, ob man daraus so zitieren dürfe, oder ob man gegenlesen wolle.

Die Praxis des Autorisierens ist in der Regel für beide Seiten angenehm. Der Wissenschaftler kann frei sprechen und muss nicht fürchten, dass anschließend grober Unfug oder unangenehme Äußerungen gedruckt werden; der Journalist sichert sich ab, dass das, was er schreibt, richtig ist und keinen Ärger macht. Viele Zeitungen fordern, dass Interviews autorisiert werden, damit es nachher keine Unterlassungsklagen gibt.

Der Nachteil dieser Praxis ist, dass die Befragten selbst die Dinge, die sie wortwörtlich so gesagt haben, wieder streichen können und manches Interview seine schönsten Passagen verliert. In der Wissenschaftsberichterstattung sind die Themen selten so brenzlig, dass Interviewte wichtige Passagen streichen müssten. Manchmal muss man ein wenig verhandeln, etwa, wenn einem Forscher ganz neue Passagen einfallen und er das Interview um ausschweifende Erläuterungen erweitert. Auch wenn die Wortwahl mühsam wird, muss man nicht alles hinnehmen. Argumentieren Sie mit Platzgründen und Konvention, mit Verständlichkeit und Ihrer Erfahrung, was beim Leser ankommt.

Wenn es wirklich hart auf hart kommt, gibt es Möglichkeiten wichtige Äußerungen, die nicht autorisiert wurden, trotzdem zu berücksichtigen: Manche Magazine drucken Interviews mit geschwärzten Stellen, um zu zeigen, dass mehr gesagt war, aber nicht freigegeben wurde. Ein kleiner Text kann auf die heiklen Themen hinweisen, zu denen dies und jenes leider nicht gedruckt werden dürfe. Im schlimmsten Fall wird das ganze Interview zu einem Lauftext ohne wörtliche Rede, der genau die strittigen Passagen zum Thema nimmt. In der Wissenschaft ist das selten. Wissenschaftler wie Journalisten haben in der Regel das gemeinsame Ziele ein Thema verständlich an die Öffentlichkeit zu bringen, und einigen sich in der Regel problemlos.

»Wissenschaft hat etwas Faszinierendes an Sich.
So eine geringfügige Investition an Fakten
liefert so einen reichen Ertrag an Voraussagen.«
(Mark Twain)

»Der Wissenschaftsjournalismus ist journalistischer geworden.«
(Bernd Röttger im Buch »Wissenswelten«)

8 Wissenschaft in allen journalistischen Facetten

In Magazinsendungen, Wochenzeitungen und Zeitschriften müssen die Wissenschaftsthemen länger interessant bleiben als Berichte in Tageszeitungen es tun. Hier zwingt nicht die Chronistenpflicht die Wissenschaft ins Blatt oder in die Sendung; hier braucht es andere, gute Gründe, um das Thema auf den Plan zu bringen. Hier braucht es mehr als das reine Referieren von Fachartikeln oder das Berichten von Kongressen.

Zum Glück gibt es für Wissenschaftsthemen mindestens so viele Argumente wie für Themen anderer Ressorts – und sogar ein paar mehr. Die Spanne zwischen Unterhaltung und Tiefe, Sensation und Volkshochschule bietet unendliche Facetten, ein Thema anzugehen. Nicht nur Wissenschaftler lassen sich porträtieren, sondern auch Moleküle oder Anlagen. Auch die so genannte Optik – also die Möglichkeiten, das Thema zu bebildern – sind besser als der Ruf der Wissenschaft. Infografiken und animierte Erklärstückchen sind an sich attraktiv, und manches Thema findet den Weg ins Blatt, weil die Infografik so sensationell ist.

Aktualität ist schön, aber auch »zeitlose« Themen werden gern genommen, wenn sie originell, unterhaltsam und gut gemacht sind. Mit Sprachwitz, einem ungewöhnlichen Blickwinkel und einem Sinn für Komik können Themen in neuem Licht, schräg und unterhaltsam werden, die im Bericht unscheinbar und unlebendig wirken. Ein Thema ist nicht per se gut oder doof, sondern das Gesamtkunstwerk, das der Journalist daraus macht. Wenn die strenge Form der Nachricht und des Berichts nicht zwingend nötig ist, ist also die Frage: Welche Form für welches Thema?

Report

Das englische Wort für den deutschen »Bericht« bezeichnet einen Text, der ein Thema einigermaßen umfassend behandelt. Er ist faktenreich, möglichst objektiv und vermittelt Hintergrundwissen. Einem Report liegt immer eine harte Nachricht zugrunde, er ist kein Plauderstück über leichte Themen. Zu den harten Fakten dürfen auch szenische Elemente, also die Beschreibung der Umgebung und Zitate von Beteiligten vorkommen. Sie machen einen Report authentisch und lebendig. Eine typische Form ist ein Report, wenn es um die (neue oder umstrittene) Behandlung einer Erkrankung geht. Meist beginnt er mit der lebendigen Beschreibung eines Erkrankten, der exemplarisch zeigt, wie sich das Leiden auswirkt und was die Therapie macht. Dann folgt der trockene Hintergrund: Soundsoviele Menschen erkranken jedes Jahr, die meisten sind soundso alt, seit dann und dann gibt es die Therapie, die soundsoviel kostet. Früher konnte man nur soundso behandeln. Dann kommt der Experte – der Arzt oder Forscher – zu Wort, der erklärt, was getan wird und was das Problem ist.

Diese Form ist nicht originell, aber bewährt. Sie verbindet die Ebenen Einzelschicksal, Hintergrund und Expertenwissen, und der Ebenenwechsel bewahrt auch lange Artikel davor, langweilig zu werden.

Platt wirkt das Ganze, wenn ein Forscher im ersten Absatz zu Wort kommt und dann nach einer langen Strecke voller Zahlen, Daten und Fakten im letzten noch einmal auftritt, um ein Schlusswort zu sprechen. Das wirkt konstruiert und künstlich und macht den Artikel auch nicht lebendiger. Szenische Elemente sind keine Pflicht!

Wenn Magazine einen »großen Report« ankündigen, so meinen sie in der Regel einen Artikel, der möglichst viele Aspekte eines Themas beleuchtet. Oft kommen dann auch viele Menschen zu Wort, und es können reportageähnliche Elemente eingebaut sein. Der Report ist lebendiger als der Bericht und freier in der Form, weshalb der Begriff ähnlich schwammig ist wie der des Features.

Feature

Das Feature ist für viele Print-Redaktionen ein lebendig geschriebener bunter Text. In elektronischen Medien ist »Feature« ein Oberbegriff für Korrespondentenberichte, Reportagen sowie bisweilen für zusammengeschnittene Stücke aus Archivmaterial.

Das Feature ist leichterer Lesestoff als der Report. Wie der Report ist das Feature aber eine einigermaßen freie Form, die sich an Fakten orientiert. Auch in einem noch so kreativen Feature darf der Autor also nicht fabulieren oder kommentieren. Features berichten ausschließlich über Tatsachen, verwenden aber Szenen, Zitate und reportagehafte Elemente, um sie zu illustrieren.

»Der ständige Wechsel zwischen *Anschauung* und *Abstraktion*, zwischen *Schilderung* und *Schlussfolgerung* kennzeichnet die Darstellungsform Feature. Ein Feature-Schreiber ist deshalb mehr als nur Reporter: Er schildert zwar auch, aber nur zur Illustration dessen, was er darstellen oder erklären will«, schreibt Walther von La Roche im Grundlagenwerk »Einführung in den praktischen Journalismus«.

Das klassische Feature ist aktuell, interessant, lebendig und findet sich in Zeitungen häufig im »Vermischten«. Dort muss auch dann etwas Lesenswertes stehen, wenn keine Katastrophe die Welt in Atem hält. Features können auch harte Nachrichten beinhalten oder zum Anlass haben, sind aber oft die Form für die weichen Nachrichten.

Die Agenturen senden bunte Artikel mit Namenskennzeichnung als Feature. Oft sind das so genannte zeitlose Themen, die in hübschen lebendigen und möglichst informativen Artikeln aufbereitet werden.

Beispiel: Feature

Das Max-Planck-Institut für Wissenschaftsgeschichte in Berlin bietet auf seinen Internetseiten fertige Features an. Sie sind ein Versuch, wissenschaftliche Themen leicht verdaulich zu »verkaufen«. Hier soll ein »Feature« erzählen, wie Forscher die Lichtbrechung Anfang des 20. Jahrhunderts zu erklären versuchten – in einer Zeit, in der die Mikrophysik und die Quantenmechanik jung waren.

Die unscharfen Grenzen zwischen Licht und Materie
Die langfristige Geschichte der optischen Dispersion,
von der klassischen bis zur Quantenphysik

Optische Dispersion, die Brechung des Lichts, ist das Phänomen, das wir im Regenbogen beobachten und in den Spektren, die von Prismen erzeugt werden. Die Lichtbrechung ist leicht zu beobachten, doch hat sie sich seit Newtons ersten Deutungsversuchen als ein sehr schwer zu modellierendes Phänomen erwiesen, weil es an der Grenze von Licht- und Materietheorien angesiedelt ist.

(Feature von der Website des Max-Planck-Instituts für Wissenschaftsgeschichte in Berlin)

Ein schwieriges Thema wird nicht attraktiver, wenn man es Feature nennt. Dieser Artikel verzichtet auch im weiteren Verlauf auf Zitate oder szenische Elemente, ist dafür reich an unerklärten Fremdwörtern, Schachtel- und Wurstsätzen und damit insgesamt schwer zu konsumieren. Der Küchenzuruf müsste lauten: Hier ist alles aufgeschrieben, was die Forscher im Rahmen des Projekts »Geschichte und Grundlagen der Quantenmechanik« der Abteilung I des Instituts über Lichtbrechung so herausgefunden haben, und das ist kein Stoff für ein Feature.

In der SÜDDEUTSCHEN ZEITUNG steht ein Feature über den sorglosen Umgang mit gefährlichen Stoffen im Dienste der Forschung. Auch dies Stück behandelt historische Vorgänge und verzichtet auf szenische Elemente oder Zitate. Die Protagonisten sind schließlich alle tot. Das Thema ist zeitlos – aber interessant und gut geschrieben. Es bewährt sich als klassisches Feature.

> **Der Tod der Pioniere**
> Als Henri Becquerel 1896 eine geheimnisvolle Strahlung entdeckte, ahnte er nicht, dass sie ihn umbringen würde. Eine kleine Geschichte der Sorglosigkeit.
>
> Der eine trug Uransalz in einer Westentasche mit sich herum. Der Nächste trocknete Radium- und Berylliumpulver auf einer Heizplatte, bis es Feuer fing. Die Liste der Irrtümer und des leichtfertigen Hantierens mit strahlendem Material aus den Anfängen der Atomforschung ist lang […] (SÜDDEUTSCHE ZEITUNG, 26.7.2008)

Das Feature verzichtet auf sprachliche Schnörkel, auf elegische Beschreibungen oder persönliche Eindrücke. Der Hauptanreiz, den Artikel weiter zu lesen, liegt darin, dass der Inhalt interessant ist. Es ist also völlig in Ordnung, Fakten aufzuzählen, wenn sie dem Leser neu sind.

Vor Freude, sich vom nüchternen Nachrichtenstil lösen zu dürfen, verkünstelt sich mancher Schreiber in szenischen Beschreibungen. Tun Sie es nicht. Starke Fakten sind schwachen Szenen weit überlegen.

Die Wissenschaftsreportage

Die Reportage gilt vielen als Königsdisziplin des Journalismus, und manche verwechseln immer noch die Wörter Reporter und Journalist. Wörtlich ist die Reportage etwas, das man mitbringt, wenn man zum Recherchieren unterwegs war. Eine

Reportage ist also ein Text oder Material, das aus dem echten Leben stammt, nicht (nur) aus dem Internet oder in Telefonaten zusammengetragen wurde. In manchen Redaktionen gilt ein geschriebener Text als Reportage, wenn der Autor sich zu Recherchezwecken irgendwo hinbegeben hat und wenn dementsprechend etwas Szenisches im Text vorkommt. So läuft manchmal das, was streng genommen ein Feature oder ein Report ist, bisweilen als Reportage.

Meldung und Bericht sind Handwerk; bei der echten Reportage kann Kunsthandwerk gelingen. Der Reporter erzählt, was er erlebt und gesehen hat, und weil das die Sache anschaulich und packend macht, erzählt er auch, was er gefühlt, gerochen und gehört hat. Die Kunst ist es, nicht wie im Schulaufsatz in der ersten Person zu berichten, sondern durch scheinbar distanzierte Beschreibungen die passenden Gefühle und Assoziationen, die Begeisterung und das Interesse beim Leser zu wecken.

Lässt man zwei verschiedene Journalisten einen Report über das Klonschaf Dolly schreiben, so werden sich die beiden Stücke vermutlich stark ähneln: zum Einstieg das unscheinbare Schaf oder ein schönes Zitat des führenden Wissenschaftlers Ian Wilmut, danach ein Erklärstück, wie das Schaf im Labor gezeugt wurde, möglicherweise eine kurze Einordnung des Klonens (schwierig und aufwändig, aber verheißungsvoll, weil möglicherweise therapeutisch nutzbar) und am Schluss eine ausgestopfte Dolly im Museum in Edinburgh und ein vorsichtiger Ausblick in die Zukunft des Klonens.

Schickt man zwei Reporter mit dem Auftrag los, eine Reportage auf den Spuren des Klonschafs Dolly zu schreiben, so ist vollkommen offen, was dabei herauskommt. Möglicherweise begegnet ein Reporter den Mitarbeitern, die damals hunderte Eizellen gewinnen mussten, und vielleicht eröffnen sie ihm beim Whiskey, dass ihnen ihr Tun nun sinnlos erscheint, sie machen sich Vorwürfe oder sind resigniert? Vielleicht erlebt er enthusiastische Forscher, die fieberhaft an neuen Methoden arbeiten, um die Welt fliegen und andere Labors beraten und phantastische Visionen einer Welt ausbreiten, in der alle abgenutzten oder schadhaften Körperteile durch frisch geklontes Gewebe ersetzt werden. Ein abgeklärter Reporter mit Liebeskummer wird im verregneten November eine extrem andere Reportage mitbringen als eine hochmotivierte Jungjournalistin, die – hurra! – erstmals auf eine Auslandsreise darf und echte Forscher besuchen. Richtig sind beide.

Doch Vorsicht, die Reportage ist kein Befindlichkeitsstück. Die erlaubte und viel gepriesene Subjektivität zeigt sich im Blickwinkel, nicht aber in expliziter Bewertung, Kommentierung oder Reflexion. Eine gute Reportage vermag Emotionen zu wecken.

Das geschieht aber am besten, indem die Sprache nüchtern und sachlich bleibt. Ein Reporter schreibt also nicht: »Die Szene ist anrührend und traurig«, denn das ist abstrakt und ruft beim Leser kein Bild im Kopf und damit auch keine Gefühle hervor. Bleibt der Autor aber nüchtern und beschreibt anschaulich und treffend, wie sich der Forscher von dem Hund verabschiedet, dessen Herzmuskel er in der nächsten Stunde unter dem Mikroskop untersuchen wird, so wird der Leser schon den richtigen Schluss ziehen, nämlich: »Das ist ja herzzerreißend.« Wohl dosierte Emotionen hervorzurufen, ist eine Kunst; emotional zu schreiben, ist Schwulst und für einen Journalisten unpassend.

Wie schreibt man eine Reportage?

Eine Reportage sei Kino im Kopf, wird immer wieder gern zitiert. Das soll heißen: Eine Reportage ist immer anschaulich. Der Reporter ist Regisseur und Kameramann in einem. Er legt den Handlungsablauf fest und sorgt für die Bilder.

Die einfachste Reportage ist eine chronologisch erzählte Geschichte, die dem Leser erlaubt, einen Vorgang mitzuerleben, als sei er dabei. Sie liefert einen Eindruck von der Stimmung, sie weckt Gefühle. Eine gute Reportage ist authentisch, sie enthält Informationen, Nuancen, die nur kennt, wer dort war und wach alle Eindrücke in sich aufgenommen hat. Sie schreiberisch elegant wiederzugeben, ist freilich nicht so einfach. Denn das Hinfahren und Aufnehmen ist bestenfalls die halbe Arbeit. Das Sortieren, Sichten, Werten und Formulieren gelingt nur großen Könnern ohne eine gewisse Anstrengung.

Es reicht nicht, zu beschreiben, was man sieht, man muss es auch einordnen können. Um die Protagonisten zu charakterisieren und treffend darzustellen, braucht es eine Menge Hintergrundwissen, Detailfreude und natürlich eine gute Beobachtungsgabe.

Die Wissenschaftsreportage verlangt vom Journalisten nicht nur gute Reporterqualitäten. Ein Besuch in einer Großforschungsanlage, in einem Hochsicherheitslabor oder in einer Raumstation wird dadurch interessant, dass erklärt wird, was es hier gibt, was die Menschen tun und warum das wichtig ist. Neben den lebendigen Eindrücken des Besuchs, den wunderbaren fachlich interessanten und persönlich aufschlussreichen Gesprächen mit Wissenschaftlern und ihren Mitarbeitern muss auch die Institution, die Arbeitsweise, kurz die Wissenschaft erklärt werden.

Ein solches Stück schreiben die wenigsten Journalisten aus dem Handgelenk. Die Vielzahl der Ebenen von Theorie und Praxis, Persönlichem und Atmosphärischem, Erklärstück und konkreter Handlung wollen sinnvoll, geschmeidig und schlüssig verbunden sein.

Wenn das Material gesichtet und offene Fragen geklärt sind, sollte man nicht einfach losschreiben, sondern eine Gliederung entwerfen. Dafür gibt es unendlich viele Möglichkeiten. Bewährt hat sich neben der einfachen chronologischen Gliederung, das Verstricken von zwei Ebenen: Die eine ist eine einfache chronologische Beschreibung der absolvierten Recherchereise. Man nimmt den Leser sprachlich mit auf den

Besuch im Labor. Auf der anderen Ebene wird ebenfalls möglichst einfach die Wissenschaft erklärt: Von der Eizelle zum Klonschaf, vom Urknall zum Higgs-Teilchen. Wenn es komplizierter wird, wenn z. B. Rückblicke und theoretische Erläuterungen, biografische Details über die Akteure und Parallelhandlungen an einem anderen Ort eingeflochten werden sollen, dann empfiehlt es sich, eine Liste mit den wichtigen Bausteinen anzulegen: Auf ein Blatt gehören stichpunktartig die Elemente, die vorkommen müssen. Manchmal ergibt sich aus dieser Liste eine Struktur, vielleicht leitet ein schönes Zitat an Ort A zum Geschehen an Ort B über. Manchmal erweist sich das Konstruieren als mühsam. Spätestens beim Schreiben zeigt sich, ob die Planung aufgeht, und manchmal hilft nur ein Neuanfang.

Der erste Satz

In altmodischen Journalisten-Lehrbüchern wird gern auf der herausragenden Bedeutung des ersten Satzes herumgeritten. Das ist zwar nicht falsch, aber doch maßlos übertrieben. Der erste Satz einer Reportage schlägt den Ton an, in dem der Text stehen wird, gibt das Umfeld und den Duktus vor, und er soll Lust machen weiterzulesen. Es ist ein Glück, wenn ein erster Satz eingängig und überraschend Spannung aufbaut und den Leser unwiderruflich in die Geschichte zieht. Sieht man sich die ersten Sätze preisgekrönter Wissenschaftsreportagen an, so zeigt sich, dass die Qualität einer langen Reportage nicht unbedingt im allerersten Satz ersichtlich sein muss.

Oft gibt der erste Satz einfach nur vor, wo die Handlung spielt:

> Pittsburgh im US-Staat Pennsylvania, ein Sommermontagmorgen.

So beginnt die mit dem Kisch-Preis gekürte Reportage über die Abteilung für Verbrennungsopfer am West Penn Hospital von Jürgen Neffe (GEO WISSEN, 4/1991).

> Vor dem Haus für alte demente Menschen steigt im Januar 2007 eine Dame aus einem silberfarbenen Audi.

So beginnt die mit dem Henri-Nannen-Preis gekürte Reportage von Katja Thimm über demente Menschen (SPIEGEL, 23.6.2008).

> Universitätsklinikum Tübingen, März 2009. Draußen, auf der Schwäbischen Alb, ein nebelblasser Tag.

So beginnt die mit dem Henri-Nannen-Preis gekürte Reportage von Hania Luczak über eine Darmtransplantation (GEO, 1.10.2009).

Solche Sätze sind nüchterne Positionsangaben, keine große Kunst. In knapper Form wird hier der Leser an den Ort des Geschehens gebracht. Das ist wichtig und sinnvoll und zieht den Leser problemlos in die Geschichte. Was will man mehr?

Es ist nicht sinnvoll, den ersten Satz mit Bedeutung zu überfrachten und alles sprachliche Können, alle emotionale Wucht an den Anfang der Reportage zu stellen – das gelingt sowieso nur äußerst selten und macht es dem zweiten Satz nur umso schwerer.

Wer voller Eindrücke und Wissen von seiner Recherche an den Schreibtisch zurückkehrt und in den leeren Bildschirm glotzt, dem kann es sogar helfen, den Einstieg zunächst ganz wegzulassen. Beginnen Sie mit dem zweiten Absatz, und wenn sie erst im Erzählfluss sind, entsteht auch eine Idee für den ersten. Das Endprodukt soll aber nicht klingen wie eine Abfolge verschiedener Absätze, die nach und nach aneinandergereiht wurden.

Damit der Text in sich geschlossen wirkt, überlegen Sie sich *bevor* Sie zu schreiben anfangen Blickwinkel und Tonfall. So vermeiden Sie Brüche im Text.

Wenn Sie im Laufe des Schreibens merken, dass Ihr Stoff Sie zu einer Richtungsänderung zwingt und die Teile des Textes nicht recht zueinander passen, so müssen Sie ändern.

Und der Schluss?

In der Regel ergibt sich der Schluss ganz organisch. Das Experiment ist geglückt, der Besuch ist vorbei, der Patient tot, das Wichtige gesagt, der Letzte macht das Licht aus. Schön ist es, wenn sich noch einmal ein Bezug zum Anfang herstellen lässt, etwa, wenn ein schönes Zitat den Spannungsbogen vollendet und die anfangs ausgelegten Erzählstränge zusammenführt und beschließt. Ein Ringschluss, der den Leser wieder an die Anfangssituation bringt oder darauf Bezug nimmt, ist ein sehr klassisches Stilmittel. Auch der sollte aber nicht erzwungen werden. Wenn in einer langen Reportage viel passiert, dann steht man am Ende möglicherweise ganz woanders als am Anfang. Wenn der Erzählfluss es nicht elegant hergibt, muss dann nicht noch einmal die Exposition bemüht werden.

Ein offener Schluss bietet sich an, wenn die beschriebene Anlage noch nicht läuft, das Experiment noch nicht abgeschlossen ist. Dann endet das ganze mit einem Ausblick, der Vorhang zu und alle Fragen offen.

Die Reportage braucht anders als ein Schulaufsatz kein Fazit, keinen expliziten Schlussabsatz. Sie schließt, wenn alles erzählt ist und der Spannungsbogen endet.

Grundsätzlich will der Leser wissen, wie es ausgeht. Wenn Sie ein medizinisches Schicksal beschreiben, so dürfen Sie nicht offenlassen, ob der Patient es schafft. So wie die nüchterne Ortsangabe am Anfang lässt sich ein nüchterner Satz nachschieben, der kurz und knapp zusammenfasst, wie es weiterging. Lassen Sie den Text enden, wie es zum Stück passt. Dann lassen Sie eine Zeile frei und schieben das nach, was Sie aus dem Kino kennen: Wenn die Handlung des Films vorbei und der letzte Satz gesprochen ist, läuft im Abspann noch eine Schrift über die Leinwand, die den Kinobesuchern verrät, wie es weiter- oder ausgegangen ist. Erst wenn das klar ist, geht man befriedigt nach Hause.

Beispiel: Reportage

Neben dem Schreiben ist die beste Übung, um Reportagen zu schreiben, das Lesen von guten Reportagen. Pfiffige Einstiege, elegante Übergänge, originelle Wendungen und einen guten Aufbau kann man gar nicht oft genug lesen. Was geht und was nicht, merkt jeder selbst, und wer weiß, wie er selbst Reportagen konsumiert, bekommt auch eine Ahnung davon, wie man sie schreiben sollte.

> **Der gefährlichste Tauchgang der Welt**
> Wir tauchen in den Schacht hinab und lassen unsere Lampen durch die Leere wandern. In dieser Höhle namens »Stargate« treffen wir 15 Meter unterhalb der Wasseroberfläche auf einen bläßlichen Dunst. Er erinnert an ein silbriges Gespinst aus Spinnweben.
>
> Es ist eine Schicht aus Schwefelwasserstoff: ein giftiges Gas, das von Bakterienkolonien und verwesender organischer Materie abgesondert wird. Wenn Taucher in dieses Gas hineingeraten, erleben sie möglicherweise ein Hautjucken, Kribbeln oder Schwindelgefühl. Manche nehmen auch den Geruch fauler Eier wahr, da der Schwefelwasserstoff durch die Haut in den Körper eindringt und über die Lungen wieder abgebaut wird. Zunächst ist die Gasdichte relativ niedrig, aber als wir tiefer gehen, wird mir erst einmal kurz übel.
> (Andrew Todhunter in NATIONAL GEOGRAPHIC, 1.8.2010)

Diese Reportage ist aus dem amerikanischen übersetzt – dort ist das »ich« üblich. Auch Egon Erwin Kisch schrieb seine Reportage in der ersten Person. Für uns ist es ungewohnt und kein großer Gewinn. Ausnahmen sind Selbsterfahrungsreportagen, die genau das zum Thema haben. »Ich nehme an einem Medikamententest teil« geht nicht ohne die Ichform; »Ich darf auf einem Forschungsschiff mitfahren« dagegen schon.

> **Tunguska Feuer über der Taiga**
> Eine gewaltige Explosion erschüttert vor 100 Jahren Mittelsibirien. Der Himmel steht in Flammen, eine Druckwelle verwüstet einen ganzen Landstrich. Die Katastrophe wird zum Inbegriff des Unerklärlichen: Trotz intensiver Spurensuche finden Forscher keine eindeutigen Hinweise auf die Ursache. Und entwerfen, bis heute, immer neue Vermutungen
>
> Ein Februarnachmittag im Dorf Lauenau, westlich von Hannover. Regen prasselt gegen die Fensterscheiben, das Holz im Ofen knistert. Christoph Brenneisen, Geologe und Geograph, nimmt einen kräftigen Schluck Schwarztee und wiegt das bärtige Kinn. »Rätselhaft«, sagt er, »wirklich äußerst rätselhaft.« Seit Langem schon beschäftigt den Wissenschaftler eine höchst mysteriöse Explosion im fernen Sibirien. Obwohl es ein Jahrhundert her ist, dass sie geschah, wühlt sie ihn immer noch auf. Im Juni 1908 soll in der Tunguska-Region ein gewaltiger Himmelskörper mit der Wucht von 1000 Atombombenexplosionen eingeschlagen sein, ein rot glühender Meteorit. Und nur zu gern hätte Brenneisen Fragmente des Kolosses gefunden und seiner umfangreichen Sammlung einverleibt. Auf Holzregalen bewahrt er Dutzende Meteorite auf – auch Bruchstücke werden so genannt –, aus Stein und Metall: tiefschwarze, rostrote, giftgrüne; auf Wüstentouren entdeckte, bei Straßenhändlern erworbene und im Internet ersteigerte. Eine Tunguska-Trophäe wäre die Krönung der Kollektion.« Jedenfalls war Leonid Kulik überzeugt, dass dort ein Himmelskörper eingeschlagen ist«, sagt Brenneisen.
> (Till Hein in GEO, 1.7.2008)

Nicht besonders originell, aber irgendwie szenisch: Ortsangabe, dann stellt sich der Protagonist mit einem Zitat vor. Schwarztee und der Bart lassen im Kopf des Lesers zwar kein Bild entstehen (sind wir im Arbeitszimmer? Im Keller? Im weißen Kittel oder Rollkragenpulli?), aber damit ist der Anspruch ans Szenische abgegolten: Man glaubt dem Autor, dass er vor Ort war. Ein Gewinn ist das nicht, denn die »Szene« ist denkbar schwach: Keine Handlung, keine Spannung, kein eindrucksvolles Ambiente und nicht einmal der Ort wird wirklich vorgestellt. Sehr viel plastischer als die Teetasse bei Hannover beschreibt der Autor später eine Szene, die kein Mensch gesehen hat und die das Zeug zum Einstieg hat:

> 30. Juni 1908, sieben Uhr früh. Ein Sommermorgen. Der Fluss Podkamennaja Tunguska – die »Steinige Tunguska« – schlängelt sich

> durch die hügelige, von Sümpfen durchsetzte Taiga dem Jenissej entgegen, der gut tausend Kilometer weiter ins Nordmeer mündet. Ein klarer Himmel wölbt sich über den Lärchen- und Birkenwäldern. Es riecht nach Harz und feuchtem Moos. Rentiere grasen in der Morgensonne, Mücken summen. Plötzlich zerreißt ein gewaltiger Donner die Luft. Kurz darauf steht der Himmel in Flammen. Für Minuten scheint die Natur in der gottverlassenen Tunguska-Region aus den Fugen zu geraten. Doch kaum ein Mensch erlebt, was gerade geschieht, aus der Nähe.

Dann rollt der Autor schön chronologisch die Ereignisse seit 1908 auf. Forscher aus aller Welt erkunden die rätselhafte Explosion und am Ende des langen Artikels greift auch Herr Brenneisen (der mit dem Bart) wieder zur Tasse, um den beliebten Ringschluss zu vollziehen. Ein schwacher, szenischer Schluss, den man sich getrost hätte sparen können:

> Die Tunguska-Region ist in vielerlei Hinsicht ein sehr geheimnisvolles Gebiet«, sagt Christoph Brenneisen nicht zum ersten Mal und schwenkt dabei langsam seine Teetasse.

Und dann darf er das Schlusswort sprechen:

> Ist der Auslöser der Explosion also endlich gefunden? Brenneisen lächelt: Nein, so weit würde er nicht gehen. Immer noch gebe es ja vehemente Verfechter der Meteoriten-Theorie.

> **Wenn Brillen im Gesicht festfrieren**
>
> In Russland sagt die Politik dem Wetter, wo es langgeht: Wolken werden aus Spezialflugzeugen gedüngt, bis sie da abregnen, wo es keinen Großstädter nervt. Jetzt soll Moskau so auch von den Schneemassen befreit werden. Das Problem: Die renitente Landbevölkerung will sich nicht beschneien lassen. Eine Groteske.
>
> Wenn man mal diesen ganzen sentimentalen Quatsch beiseitelässt – das Glitzern und Gleißen, das tanzende Schweben, die plötzliche Stille auf den Straßen –, wenn man alles das für einen Moment vergisst: Wer braucht das Zeug? Was kann Schnee in einer zivilisierten Gesellschaft anderes sein als Volumen am falschen Ort? Reden wir nicht mehr über die Daisy-Opfer, die spanischen Lastwagen-Fahrer in landesuntypischen Verwehungen, die darbenden Reisenden auf dem Frankfurter Flughafen, die erbarmungswürdigen Fehmarner,

> ohne Strom auf ihrem finsteren Inselchen, allein mit sich und dem großen Rieseln. Reden wir über Moskau. (Sonja Zekri in der SÜDDEUTSCHEN ZEITUNG, 22.1.2010)
>
> Sprachvirtuosen müssen keine Szene bemühen, um ihrem Text Leben einzuhauchen. Ort, Zeit und Thema, sowie ein unterhaltsamer Ton sind hier klar, auch ohne dass die Autorin beschreibt, wie Schneegestöber aussieht. Abgegriffene Szenen darf man sich gerne schenken, schließlich ist der Leser ja auch nicht blöd. Wie erfrischend, dass auch andere banale Stimmungsbeschreibungen als »sentimentalen Quatsch« abtun. Man möchte dringend weiter über Wettermanipulation in Russland lesen, denn offensichtlich wird hier auf einige abgegriffene Konventionen verzichtet, und das könnte amüsant werden.

New Journalism

Zu Beginn der 60er-Jahre erhoben einige amerikanische Journalisten einen literarischen Journalismus zum Programm, den »New Journalism«. Autoren wie Tom Wolfe und Gay Talese brachen die traditionellen Regeln, indem sie sorgfältig recherchierten Journalismus mit literarischen Elementen verquickten. »Erzählung statt Wiedergabe, Intuition statt Analyse, Menschen statt Dinge, Stil statt Statistik« lautete das Motto des neuen Stils. Dazu gehörten vollständig wiedergegebene Dialoge, ein szenischer Aufbau und eine sehr lebendige Sprache. Damit sollte der amerikanische Faktenjournalismus überwunden werden.

Manches daran reizt zum Nachahmen, das allerdings ist heikel. Zum einen taugt nicht jeder solide Journalist zum Künstler. Gerade im Wissenschaftsressort sind experimentelle Darstellungsformen schwierig, denn es geht ja nicht nur um Menschen und Stimmungen, sondern um oft komplexe Fakten. Eine künstlerische Form nützt selten dem Verständnis.

Zum anderen nehmen manche Protagonisten des »New Journalism« es mit der Wahrheit weniger genau. Doch wenn die feine Grenze zwischen Fakt und Fiktion überschritten wird, ist das meist das Aus für den Autor. Wer soll jemandem glauben, der in dem Ruf steht, Passagen seiner Artikel zu erfinden? Und warum? Die Wirklichkeit ist doch spannend genug. »Ein Chronist, der lügt, ist erledigt«, schreibt Egon Erwin Kisch, der als Vater der modernen Zeitungsreportage gilt.

Interessant bleibt die sehr subjektive Darstellung im »New Journalism«, die bisweilen eine neue Sichtweise ermöglicht. Doch auch im Umgang mit der ersten Person ist Vorsicht geboten. Sie ist nur etwas für Amerikaner und seltene Könner. Oft erlaubt die feine Distanz der dritten Person mehr Möglichkeiten.

Der ZEIT-Korrespondent Bartholomäus Grill begleitete seinen schwer krebskranken Bruder bis zum assistierten Freitod in Zürich. Unter dem Titel »Ich will nur fröhliche Musik« hat er eine zu Tränen rührende und hochsensible Reportage geschrieben (DIE ZEIT, 8.12.2005), die von der großen Nähe des Autors zu seinem Bruder lebt. Natürlich kommt der Autor in dem Artikel vor, schließlich ist er ein wichtiger Protagonist der Handlung. Er erscheint als »der Bruder« – genau wie »die Mutter, die Schwester und der Freund«. Im Text heißt es etwa: »[Er] Schickt seinen zitternden Bruder und seinen Freund hinaus. Er entlässt sie, weil er spürt, dass sie es nicht ertragen werden.« Was ein »ich« fühlt, wenn der eigene Bruder einen Giftcocktail trinkt, wäre auch für den Leser zu viel. Ohne diese feine Zurücknahme des Autors wäre der Artikel nicht auszuhalten. Die Reportage wurde mit dem Henri-Nannen-Preis als beste Reportage geehrt.

Das Porträt

Auf nichts sind die Menschen so neugierig wie auf Menschen. Nachbarschaftsklatsch, Lästereien, Peoplezeitschriften und Promisendungen leben davon, dass wir uns für Menschen interessieren.

Für viele Zeitschriften und Zeitungen sind Porträts eine feste Rubrik; spätestens, wenn einer den Nobelpreis erhält, ein Institut gebaut bekommt oder einen wichtigen Posten neu bekleidet, will man wissen: Was ist das für einer? Die Antwort liefert ein Porträt, wobei das Wort weniger eine Darstellungsform meint, als den Inhalt.

Nicht nur Menschen, auch Institutionen, Unternehmen, Stoffe oder Strukturen können porträtiert werden. Geht es um einen Menschen, so ist das Porträt meist eine Mischung aus Feature, Reportage und Interview.

Im Wissenschaftsressort hat das Porträt meist einen einfachen Aufbau:

Das Stück beginnt mit dem Besonderen, das den Menschen interessant macht: der Nobelpreis, die phantastische Studie, der Fund, den er gemacht hat, die neue Funktion. Es kann mit einem kernigen Zitat beginnen, der Beschreibung einer charakteristischen Szene oder einer Mischung aus alledem.

Beispiel: Porträt

Christian Heinrich porträtiert Jörg Hacker, den Präsidenten des Robert-Koch-Instituts (ZEIT WISSEN, 1.10.2009):

> Der Anruf erreicht Jörg Hacker an einem Freitagmittag im April. Hacker sitzt in einer Besprechung, vor ihm liegt eine Mappe mit den Forschungsvorhaben für die nächsten Jahre. Eigentlich soll es um die Zukunft gehen, doch was er am Telefon hört, stellt den Tag auf den Kopf, das folgende Wochenende, die kommenden Monate, bis heute beschäftigt die Sache den Präsidenten des Robert Koch-Instituts (RKI). Ein neu mutiertes Grippevirus sei vom Schwein auf den Menschen übergesprungen, erfährt er. Es sei in Mexiko aufgetaucht und breite sich rasend schnell aus, es gebe erste Todesfälle.

Der Hauptteil erzählt von der Leistung oder der Forschungstätigkeit des Porträtierten:

> Schon kurz nach Eintreffen der ersten Meldungen über die Schweinegrippe gab Hacker eine erste Pressekonferenz, direkt am Montag eine zweite, eine dritte, zur gleichen Zeit begannen die ersten Sitzungen mit Politikern, Wissenschaftlern, den Landesgesundheitsämtern, der Weltgesundheitsorganisation. Plötzlich war er, der zurückhaltende Biologe mit dem schütteren grauen Haar, abends in den Fernsehnachrichten und morgens in den Zeitungen. Er erklärte den Zuschauern und Lesern, den Journalisten, den Politikern, dem Mann auf der Straße und der Frau im Bundeskanzleramt, womit sie es bei dem neuen Influenzavirus zu tun hätten. Der Verlauf der Schweinegrippe erwies sich als mild, aber immer noch kann das Virus deutlich gefährlicher werden. Damals gelang der Spagat: die Menschen zu alarmieren, aber nicht in Panik zu versetzen. Und vielleicht brauchte es dafür jemanden wie Hacker. Einen, der lieber vor Reagenzgläsern steht als vor Kameras und Mikrofonen. Und dem man das auch ansieht, wenn er im Fernsehen auftritt.

In jedes Porträt gehört der Lebenslauf, nicht als Aufzählung und nicht zu lang, aber es muss klar werden, wie der Mensch wurde, was er ist:

> Sein Faible für die Wissenschaft wurde in den sechziger Jahren geweckt. »Der Ostblock hatte zwar das Rennen um die Mondlandung verloren, aber die euphorische Aufbruchsstimmung kam auch bei uns an«, erzählt Hacker. Selbst im mecklenburgischen Grevesmühlen, wo er aufwuchs, erschien auf einmal alles möglich. 1970 fing er mit dem Biologiestudium in Halle an. »Damals flog man zum Mond, da gab es die Beatles, und bald, so hieß es, machen wir künstliches Leben.« Etwas länger hat es dann doch gedauert.
>
> Schön ist auch eine Außensicht – sei es aus Archivmaterial oder aus einem Gespräch mit einem Dritten.
>
> Als er 1980 in den Westen übersiedelte, traf Hacker an der Universität Würzburg Werner Goebel, den damaligen Leiter des Mikrobiologischen Instituts. »Schon bei unserem ersten Gespräch war ich fasziniert von ihm«, erinnert sich Goebel. »Mir wurde schnell klar: Auf Smalltalk war Hacker nie aus, es ging um Bereicherung und Inspiration.«
>
> So ist es noch heute: Wer im kleineren Kreis mit ihm spricht, hat seine volle Aufmerksamkeit. Nur zeigt sich da auch, dass Hacker niemals Menschenmassen mobilisieren kann, zum Beispiel, um sie davon zu überzeugen, sich impfen zu lassen. Er ist kein spontaner Mensch, bei ihm ist alles wohlüberlegt, er formuliert nüchtern. Vielleicht ist die Gesundheit von 80 Millionen Menschen gerade deshalb ganz gut bei ihm aufgehoben. Für die Mobilmachung gibt es Politiker.

Wenn irgend möglich, schmückt auch ein Abstecher ins Private ein Porträt. Familie, Hobbys und Ferienpläne zeigen die Person als Mensch jenseits von Beruf und Berufung. Dieser Artikel lässt am Schluss ein wenig den Menschen hinter der Präsidentenfassade aufblitzen (der ist nun einmal Forscher durch und durch):

> Warum aber bleibt er nicht am RKI? Hackers Antwort klingt wie auswendig gelernt für das Bewerbungsgespräch: »Seit die Leopoldina Nationale Akademie der Wissenschaften geworden ist, steht sie, bisher eher noch als Idee, für die gesamte Wissenschaft in Deutschland. Mit daran zu arbeiten, diese Idee in die Tat umzusetzen, der Wissenschaft eine bedeutende Stimme zu verleihen, empfinde ich als Ehre.« Erst später, als er sich verabschiedet, platzt es aus ihm heraus: »Ich werde mich im Grunde in alle Bereiche einarbeiten, Erkenntnisse gewinnen von archäologischen Funden bis hin zu sprachwissenschaftlichen Streitfragen.« Da spricht Jörg Hacker, der Forscher. War da nicht sogar ein wenig Enthusiasmus in seiner Stimme?

Wenn ein Mensch ins Rampenlicht gerät, ist es meist besonders schwer, einen Besuchstermin oder auch nur ein Telefongespräch hinzubekommen. Dann muss ein Porträt »kalt«, also aus Archivmaterial geschrieben werden.

Kalt geschriebene Porträts können exzellente Artikel sein, schließlich fördert eine sorgfältige Recherche in Unterlagen und Internet oft weit mehr zutage als ein Mensch in einem Gespräch preisgibt. Der Journalist arbeitet dann wie ein Biograf, der ein Buch über eine verstorbene Berühmtheit schreibt.

Optimal ist natürlich beides: Der Journalist ist bestens präpariert, weil er eine pralle Mappe voller Archivmaterial gelesen hat. Nun kann er die Eindrücke anderer Journalisten mit der Wirklichkeit abgleichen und die Person gezielt dazu ausfragen.

Und wenn Lektüre und Gespräch ganz und gar unergiebig sind? Das Porträt kennt nur eine Regel: Es geht um den Menschen. Wenn der schroff und wortkarg ist, so lässt sich auch das erzählen. Das Schweigen gehört ebenso zum Menschen wie das Reden.

Der Kommentar

Die strikte Trennung von Nachricht und Meinung funktioniert heutzutage bestenfalls in nüchternen Nachrichten und trockenen Meldungen. Streng genommen ist schon die Information, dass die rote Karte zu Recht oder zu Unrecht gezückt wird, eine Wertung. Die meisten Artikel des Feuilletons und viele Analysen im Politikteil sind nicht meinungsfrei. Sie haben eine These, an der der Text ausgerichtet ist.

Im besten Falle hat die Meinung in den Medien eine eigene Form: den Kommentar. Im Fernsehen ist das ein gesprochenes Textstück, das vom Autor selbst vorgetragen wird, in Printmedien ein namentlich gekennzeichnetes meist kurzes Stück. Der Kommentar bewertet aktuelle Ereignisse und dient der Meinungsbildung der Leser. Die Wertung ist subjektiv und offen. Der Autor darf seine persönliche Meinung sagen, die nicht die der gesamten Redaktion oder des Verlags ist.

Der Kommentar ist keine Polemik. Darin zieht man nicht vom Leder oder wischt jemandem eins aus. Die Meinung sollte immer vernünftig begründet werden – nur dann kann der Leser sie übernehmen oder ablehnen.

Formal ist der Kommentar frei. Natürlich muss angesprochen werden, was passiert ist, wie man es bewertet und warum. Ein Lehrbuch (von La Roche 1992) unterscheidet drei Sorten von Kommentaren:
- den Geradeheraus-Kommentar, der aufs Kommentieren verzichtet und einfach und schnörkellos lobt oder schimpft;
- den Argumentationskommentar, der seine Meinung mit Argumenten belegt und auch die Gegenseite beleuchtet;

- den Einerseits-Andererseits-Kommentar, der beide Seiten, das Für und Wider, Pro und Kontra erläutert und kommentiert. Am Ende muss kein Kompromiss stehen, der Autor muss sich nicht unbedingt auf eine Seite schlagen. Die Botschaft kann sein: Es gibt viel zu bedenken; ich kann mich noch nicht entscheiden.

Kein Kommentar ist es, wenn man nur die Hintergründe erklärt und die Positionen wertungsfrei darlegt.

Beispiel: Kommentar

Im Herbst 2010 hat sich die CDU darauf geeinigt, Präimplatationsdiagnostik (PID) grundsätzlich abzulehnen. Darunter versteht man Gentests an im Reagenzglas gezeugten Embryonen mit dem Ziel, nur gesunde in die Gebärmutter einzupflanzen. Das starke Argument dagegen ist die Möglichkeit der Selektion. Mit der PID könnte man nicht nur schwerste Erbkrankheiten, sondern möglicherweise auch andere genetische Eigenschaften aussortieren. Befürworter betonen das Leid der verhinderten Eltern. Sie tragen das Gen zu einer schweren Erbkrankheit und wünschen sich ein gesundes Kind. Wenn die Embryonen nicht untersucht werden dürfen, muss die Mutter möglicherweise alle körperlichen und seelischen Strapazen einer Schwangerschaft durchstehen, bis ein erlaubter Gentest am Fötus zeigt, ob er das fragliche Genmerkmal trägt. Dann dürfte die Frau ganz legal abtreiben. Warum – so fragen sie – ist an ein paar Zellen verboten, was an einem gereiften Fötus erlaubt ist? Sollte es ethisch besser sein, ein Ungeborenes mit schlagendem Herzen zu töten als ein Zellhäufchen? Klar, dass es dazu starke Meinungen gibt. Im Kommentar auf der Wissenschaftsseite der FAZ wird eine Erbkrankheit beschrieben:

> Das Paar, das sich in einer Reproduktionsklinik in Valencia behandeln ließ, wollte das nicht in Kauf nehmen. Von fünf genetisch unauffälligen Embryonen wurden zwei übertragen, ein Junge wurde gesund geboren. So wie das Mädchen, das in derselben Klinik kurz davor nach PID mit einer erblichen Muskelschwäche – der Hypokaliämischen Periodischen Paralyse – zur Welt gekommen war. Tödlich ist auch dieses Leiden selten. Allerdings können die lebensbedrohlichen Lähmungsattacken mehrmals am Tag – oder in Einzelfällen auch nur einmal im Jahr – auftreten. Für die Familie ein grausames Schicksal.

> Die Ärzte handelten. Sie haben das Leid gesehen. Wir nicht. Wir haben nur gelesen. (FAZ, 17.11.2010)
>
> Dieser Kommentar ist in mehrerer Hinsicht nicht gelungen. Zum einen ist er unverständlich. Wird das *Mädchen mit einer erblichen Muskelschwäche – der Hypokaliämischen Periodischen Paralyse* denn nun mit der Muskelschwäche geboren oder gesund und ohne? Möglicherweise bezieht sich die Krankheit auf die PID und das »mit« ist zu viel und das Kind ist gesund. Doch nun die Meinungsfrage: Wie findet der Autor das? Er tritt zwar als Wir im Pluralis modestiae auf, bezieht aber keinen expliziten Standpunkt. Er hat das Leid nicht gesehen, möchte damit aber wohl andeuten, dass er wahrgenommen hat, dass es da Leid gibt. Leid von Eltern, denen die PID verwehrt wird und die ein krankes Kind bekommen? Leid weil die PID der erblichen Muskelschwäche nicht funktioniert hat? Was haben wir denn gelesen? Vermutlich findet der Autor es richtig, eine PID durchzuführen. Ein bisschen knackiger hätte er es aber formulieren dürfen. Der Kommentar ist schließlich ein Meinungsstück. Meinung darf nicht nur zart angedeutet werden, sondern muss für den Leser deutlich werden.

Der Leitartikel

Der Leitartikel ist ein naher Verwandter des Kommentars, allerdings gibt er nicht den Standpunkt eines Einzelnen wieder, sondern den der ganzen Redaktion. Hier wird bewertet, gelobt und getadelt. Das Ganze ist meinungsfreudig, aber moderat im Ton und immer gut begründet. Da der Leitartikel immer mit einem nachrichtlichen Stück daher kommt, muss man dort nicht die Fakten aufzählen, um die es geht, sondern darf sie als bekannt voraussetzen. Der entsprechende Artikel steht schließlich wenige Zentimeter weiter.

Oder ganz anders

Eine originelle Form für weniger originelle Themen zu finden, ist eine Herausforderung – und eine Kunst für sich. Schließlich denken Chefredakteure und Ressortleiter nicht in Darstellungskategorien, sondern in Geschichten, Seiten, Bildern, Themen. Abwechslung von den immer gleichen Artikeln des Aufbaus Szenischer Einstieg – Volkshochschule – szenischer Schluss ist stets willkommen.

Möglicherweise lässt sich ein kontroverses Thema als Gegenüberstellung von Pro und Kontra aufbereiten. Ein Sachthema lässt sich in »11 Fragen zu …« abarbeiten. Ungeahnte Möglichkeiten entstehen, wenn Infografiker einbezogen werden.

Die FRANKFURTER ALLGEMEINE SONNTAGSZEITUNG brachte zeitweilig jede Woche eine Doppelseite, die von einer riesigen Infografik oder grandiosen Bildern dominiert wurde. Die Texte drapierten sich um die grafischen Elemente und machten das Ganze zum Gesamtkunstwerk. Wenn eine Grafik gut war, kam auch ein Thema zum Zug, für das inhaltlich sonst nicht besonders viel sprach.

Für ungewöhnliche Artikel mit eigenwilliger, origineller Perspektive lassen sich unzählige Namen finden, die gern an den Vorspann gehängt werden können: eine Eloge, eine kurze Geschichte des XY, eine Liebeserklärung, eine Spurensuche, Fragensammlung, Chronik, Groteske, To-do-Liste, Abrechnung, Charakterstudie, ein Wunschzettel. Nichts ist unmöglich. Das Tagebuch einer Labormaus kann so lesenswert sein wie der Siegeszug einer Zellkultur, eine Geschichte vom Größenwahn einer Forschungseinrichtung oder die Zukunftsvision eines klugen Forschers.

Vorsicht ist nur bei Ironie und Satire geboten. Sie sind heikel und funktionieren seltener als man es sich wünscht. Wer das Wagnis eingeht, sollte den Artikel ausdrücklich als ironisch oder satirisch kennzeichnen. Wissenschaftsjournalisten sollten bei den Fakten bleiben. Sie kreativ zu verwerten, ist allerdings eine willkommene Abwechslung.

»Das Problem zu erkennen ist wichtiger als die Lösung zu erkennen,
denn die genaue Darstellung des Problems führt zur Lösung.«
(Albert Einstein, Physiker und Nobelpreisträger)

»Wer also Wissenschaft vermitteln will,
muss den Diskurs zum Ausgangspunkt machen.«
(Ortwin Renn, Soziologieprofessor in Stuttgart)

9 Kontroverse Themen und Kontroversen als Themen

Werden die Deutschen immer dicker? Wollen wir auf allen Lebensmittelpackungen Warnhinweise? Sollen wir das dreigliedrige Schulsystem zugunsten des Finnischen Modells abschaffen, weil das die Kinder angeblich schlauer macht? Ist Stammzellforschung gut oder böse? Und wie ordnen wir unsere Geschichte ein? Natur- und Geisteswissenschaften haben jede Menge Themen, über die sich trefflich streiten lässt. Widersprüchliche Forschungsarbeiten, kontroverse Deutungen und weltanschauliche Differenzen schaffen immer wieder mehr oder weniger prominente Streitfälle. Wie man mit heiklen Themen umgeht, sollte man sich nicht erst überlegen, wenn der Auftrag für einen schwierigen Artikel auf dem Tisch liegt. Der Umgang mit Kontroversen will vorbereitet und geschult sein – dann können wissenschaftliche Diskurse anregend und lehrreich sein. Ein gut geführter Diskurs führt schließlich zu einem Ergebnis, möglicherweise einem Konsens, den herbeizuführen Glückssache, daran mitzuarbeiten hohe journalistische Schule ist.

Diese Erkenntnis ist kein Allgemeingut. Wenn Laien klar wird, dass es zu einem Thema in der Wissenschaft offenbar mehr als eine Meinung gibt, reagieren sie irritiert. Von der Wissenschaft werden eindeutige Ergebnisse erwartet und keine scheinbar unentschlossenen Dispute. Schuld daran sind die Medien selbst.

Wissenschaftsjournalisten berichten meist über Ergebnisse aus der Wissenschaft. Wenn die aussagekräftigen Resultate einer Untersuchung vorliegen, lässt sich schön beschreiben, wie sie zustande kamen und was sie bedeuten. Forschungsarbeiten, die kein eindeutiges Ergebnis erzielen oder – aus welchen Gründen auch immer – scheitern, schaffen es praktisch nicht in die Magazine. In den Medien erscheint Wissenschaft deshalb meist als gradlinige Erfolgsgeschichte. Kein Wunder, dass Laien eine falsche Vorstellung von wissenschaftlichen Prozessen haben. Sie können wissenschaftliche Methoden und ihre Tücken ebenso wenig beurteilen wie die Bedeutung von Ergebnissen.

Die Produkte von Wissenschaft könne man nur dann einschätzen, wenn man etwas über deren Herkunft weiß, so wie bei der Wurst im Supermarkt, sagte der Wissenschaftshistoriker Steven Shapin. Der Harvard-Professor hat einem seiner Bücher folgenden traumschönen Titel gegeben: »Niemals rein: Historische Wissenschaftsstudien als wären sie von Menschen produziert, die Körper haben, in Zeit, Raum, Kultur und Gesellschaft eingebettet wären und um Glaubwürdigkeit und Autorität rängen«. Der Irrealis ist absichtlich irreführend. Natürlich wird Wissenschaft von Menschen produziert, die Kinder ihrer Zeit, der Gesellschaft und ihrer Kultur sind. Natürlich ringen sie um Glaubwürdigkeit und Autorität, und es wäre absurd anzunehmen, dass das keinen Einfluss auf die wissenschaftliche Arbeit hätte und damit auch auf ihre Ergebnisse sowie auf die Rezeption und Reaktion der Öffentlichkeit.

Als der Chirurg Christian Barnard 1967 in Kapstadt die erste Herztransplantation an einem Menschen durchführte, war das nicht nur eine medizinische Sensation. Es war auch ein Skandal. Wollen wir erlauben, dass lebenden Patienten das schlagende Herz aus der Brust geschnitten wird, um durch das Herz eines Toten ersetzt zu werden? Keiner der ersten Transplantationspatienten überlebte den Eingriff länger als ein paar Tage. Es war also nicht abwegig zu schreiben, dass dort Menschen als Versuchsobjekte für den medizinischen Machbarkeitswahn ihr Leben ließen. Von Barnards legendärer OP 1967 bis zum September 1970 wurden weltweit 164 Herzen transplantiert. Bis zu dem Zeitpunkt gab es noch 20 Überlebende. Das ist eine verheerende Bilanz. Heute sehen wir die Pionierarbeit ungetrübt als medizinische Meisterleistung; im Rückblick erscheint die Herztransplantation als sinnvolle Methode, Leben zu retten. Der wissenschaftliche Fortschritt erscheint im Rückblick als grader Weg.

Dieser ebenso falsche wie verbreitete Glaube wird schon Schülern eingepflanzt. Für die allermeisten Menschen bietet die Schule mit ihrem Pflichtunterricht in Mathematik, Biologie, Physik und Chemie den einzigen intensiveren Kontakt zu Naturwissenschaften. Diese Fächer werden als wertfrei wahrgenommen. Diskutiert wird in den geisteswissenschaftlichen, den »Laberfächern«. In Ethik und Sozialkunde, aber auch Geschichte und Deutsch werden verschiedene Standpunkte mühsam zerredet; in den Naturwissenschaften dagegen scheint es nur eine Wahrheit zu geben – die ist messbar und deshalb vermeintlich unanfechtbar. »Schülerinnen und Schüler, die nach ihrer Schulzeit nichts mehr oder kaum noch etwas mit Naturwissenschaften zu tun haben, halten Naturwissenschaften fälschlicherweise für eindeutig, gradlinig und regelgeleitet anstatt für kreativ, kontingent und historisch gewachsen«, schreibt der Didaktikprofessor Dietmar Höttecke (2001).

Wie widersprüchlich es in der Wissenschaft – und nicht nur in den Naturwissenschaften – tatsächlich zugeht, ist den meisten Menschen unbekannt. Das spiegelt sich im Umgang mit Kontroversen. Wenn in den Medien Probleme wie die globale Erwärmung thematisiert werden, kommt schnell der Vorwurf an »die Wissenschaft«, sie habe falsche Ergebnisse oder Prognosen vorgelegt oder falsche Schlüsse daraus gezogen. Unterschiedliche Sichtweisen, Daten oder Meinungen werden gegeneinander ausgespielt, weil man davon ausgeht, dass nur eine Auffassung richtig sein kann. Dabei gehören Meinungsverschiedenheiten, Kontroversen und der Diskurs zu den Wissenschaften – innerhalb des Elfenbeinturms genauso wie im Zusammenspiel mit der Öffentlichkeit und der Politik.

Die politische Kontroverse

»Die Klimaforschung wird politisch instrumentalisiert« lautet die Schlagzeile über einem Artikel in der WELT (6.7.2005). Darin wird ein Klimaforscher der NASA zitiert: »Wir haben es versäumt, der Öffentlichkeit klar zu machen, dass Wissenschaft vom Widerspruch lebt.« Solche wissenschaftlich wünschenswerten Widersprüche erschweren den Umgang mit Prognosen, Gutachten und Daten, die politisch relevant sind.

Wann immer es um Kernkraft geht oder embryonale Stammzellen, um Schulformen, Zuwanderungsmodelle oder Klimaforschung, wird Wissenschaft zum Instrument der Politik. Volksvertreter sind dafür gewählt, dass sie Entscheidungen treffen; in solchen Bereichen kommen sie ohne Expertenwissen nicht aus. Die Gefahr, damit die Wissenschaft zu instrumentalisieren ist groß. Forscher werden manchmal regelrecht gedrängt, den Weg, den die Politik nehmen möchte, mit Fach- und Sachargumenten freizumachen. Der Vorwurf, dass diejenigen Wissenschaftler, die die gewünschten Daten liefern, besser mit Forschungsgeldern versorgt würden, ist oft nicht von der Hand zu weisen. Schließlich werden ganze Institute gegründet, die Forschungsergebnisse liefern sollen, die die Politik benötigt.

In der Öffentlichkeit und in den Medien sehen die Konflikte, die um politischwissenschaftliche Themen entstehen, so aus: Ein Experte A erläutert seinen Standpunkt. Experte B widerspricht. Die Daten vom Experten A seien nicht eindeutig, die Auslegung der Studie einseitig, wichtige Forschungsarbeiten, die das Gegenteil belegen, seien ignoriert worden. Es steht Aussage gegen Aussage. Und weil diese wissenschaftlichen Aussagen die politische Diskussion unterfüttern, bekommen solche Kontroversen in dem Moment, in dem das Thema politisch relevant wird, oft beeindruckende Energie. Jeder hat auf einmal eine Meinung, zitiert einen neuen Experten und zaubert neue Zahlen aus dem Ärmel.

Der etablierte Experte bestreitet dabei oft, dass es eine ernst zu nehmende Kontroverse gibt. Der Gegenexperte wird dann gern als »selbsternannt« bezeichnet. Die Auseinandersetzung erscheint oft als Streit zwischen Establishment und dem Underdog. Doch die Tatsache, dass bisher immer alle Medien einen bestimmten Experten zitiert haben, heißt nicht, dass er Recht hat. Viele Journalisten schreiben voneinander ab – und wenn einer schon mal als Experte zitiert wurde, heißt das für Faule: Der kann was dazu sagen, also rufe ich den auch mal an. Dann habe ich schon mal ein Expertenzitat, das ich brauche, damit der Artikel gut recherchiert aussieht.

Forscher mit einer weniger gut ausgestatteten Pressestelle und weniger Medienpräsenz erscheinen leicht als Außenseiter. Für den Medienkonsumenten tauchen solche Leute scheinbar aus dem Nichts auf, wenn sie von einem Politiker oder Journalisten präsentiert werden. Doch hüten Sie sich vor Bewertungen wie »selbsternannt« oder »obskur.«

Weil es so schwer sein kann, die verschiedenen Wissenschaftler, ihre Arbeit und schließlich die Schlüsse, die die Politik daraus zieht, richtig einzuschätzen, ist es hilfreich, den Experten, den man sowieso gerade befragt nach seiner Einschätzung der Gegenseite zu fragen.

Kennen Sie den Gegenexperten? Kennen Sie seine Arbeit? Wie schätzen Sie sie ein und warum? Welche Untersuchung könnte die offenen Fragen klären? Oft stellt sich heraus, dass sich die Wissenschaftler untereinander schätzen und die Schwarz-Weiß-Malerei der Medien die Wissenschaftliche Kontroverse nur sehr comichaft abbildet.

Wie berichtet man in solchen Fällen seriös und ausgewogen, klug und objektiv?

Das technokratische Modell der Berichterstattung

Angesichts widerstreitender Positionen steht der Journalist vor der Frage, welchen Experten er zitiert, wem er wie viel Platz einräumt, welche Informationen er weitergibt. Ein – wie Hans Peter Peters es nennt – technokratisches Modell der Berichterstattung setzt voraus, dass der Journalist »echte« und »vorgebliche« Experten unterscheiden kann und weiß, welche Daten und Prognosen richtig, solide und realistisch sind und welche nicht (Peters 1994). Die guten werden zitiert – als das, was die Wissenschaft zum Thema hergibt. Andere Sichtweisen werden ignoriert. Ein solches Modell setzt voraus, dass der Journalist als Expertenexperte die Meinungen richtig bewerten kann.

Aber so einfach ist es selten. Blendet man die Gegenseite aus, wird die Berichterstattung einseitig. Wer allerdings jeder Gegenmeinung Raum gibt, verzettelt sich nicht nur, sondern läuft Gefahr, beliebig zu werden. Auch ist es peinlich, wenn sich herausstellt, dass man der abstrusen Mindermeinung eines einzelnen Verschrobenen unnötig viel Platz eingeräumt hat, die man gleich als irrelevant hätte erkennen sollen.

Wer allerdings die Dissenzen in der Wissenschaft ausblendet, macht es der Öffentlichkeit nicht etwa einfacher, im Gegenteil. Wenn Laien gewohnt sind, aus der Zeitung oder dem Radio zu erfahren, wie denn das Thema zu bewerten sei, sind sie irritiert, wenn sie von einer Gegenexpertise erfahren. Die Glaubwürdigkeit der Wissenschaft leidet ebenso wie die Glaubwürdigkeit der Medien.

»Die bisherigen Darstellungsformen haben sich als wenig geeignet erwiesen«, schreiben Wolf-Andreas Liebert und Marc-Denis Weitze. »Die für Kontroversen typische Dynamik und Komplexität erfordert neue Formen der Darstellung.« Wie genau die aussehen könnten, schreiben die Autoren leider nicht (Liebert 2006).

Optimal ist es sicher, wenn ein Medium regelmäßig über wissenschaftliche Themen berichtet und so der so genannten Aufmerksamkeitskonjunktur entgegenwirkt. Gerade Naturwissenschaften geraten erst dann in die Abendnachrichten, wenn ein Skandal oder ein bahnbrechendes Forschungsergebnis sie ins Licht der Öffentlichkeit katapultiert. Die plötzlich aufflammende Debatte ist oft emotional und verdrängt die vernünftige Auseinandersetzung mit dem Thema. So war es mit dem vermeintlichen Menschenklon aus Korea; so war es in der Klimadebatte.

In der Klimadebatte lief es so: Federführende Mitglieder der Wissenschaftlergemeinde hatten versucht, unliebsame Kritiker mundtot zu machen und eigene Daten der Nachprüfbarkeit zu entziehen. E-Mails belegten diese Ungeheuerlichkeit. Offenbar wollten Klimaexperten die Öffentlichkeit manipulieren. Das rief die »Gegenexperten« auf den Plan: In den Medien kamen mit einem Schlag Menschen zu Wort, die den Treibhauseffekt leugneten und die vorher keine große Presse hatten. Zwar wurden sie widerlegt, als die Wogen sich glätteten, doch waren die Glaubwürdigkeit der Klimaforscher schwer angeschlagen und eine sachliche Diskussion über solide Daten zeitweilig erschreckend schwierig.

Wenn so wichtige Forschungsgebiete regelmäßig und damit unabhängig von der Aufmerksamkeitskonjunktur in den Medien behandelt werden, schlagen die Wellen weniger hoch. Eine Neuigkeit schlägt sich dann als Meldung nieder, stellt aber nicht eine ganze Zunft von Wissenschaftlern in Frage, weil ein Grundverständnis darüber existiert, was Wissenschaft leisten kann und was nicht. Auch wenn Chefredakteure das selten einsehen: Manchmal zahlt es sich aus, wenn man ein Thema entgegen dem Trend aufgreift, um es ins öffentliche Bewusstsein zu heben.

Das konfliktorientierte Modell der Berichterstattung

In einem konfliktorientierten Modell der Berichterstattung muss der Journalist nicht von vornherein Partei ergreifen. Man geht vielmehr davon aus, dass beide Seiten teilweise Recht haben. Beide Seiten werden ernst genommen und kommen zu Wort. Die Arbeit des Journalisten besteht darin, die Positionen nicht nur zu beschreiben, sondern auch nachzuvollziehen und die Knackpunkte des Konflikts herauszuarbeiten.

Dazu kann man Experten und Gegenexperten gegenüberstellen. Doch Wissenschaft ist kein Fußballspiel. Eine Gefahr der Gegenüberstellung ist es, dass sie sich zu einem zähen Grabenkampf auswächst, der immer neue Verlängerungen findet, weil immer neue Experten punkten möchten. Doch es gibt nicht immer einen Sieger.

Oft ist es interessanter, Kontroversen als Prozess zu betrachten und damit etwas über das Wesen des Problems zu vermitteln. »Es sind gerade Kontroversen, die wesentlich die Methoden der Naturwissenschaften und die diskursive Dynamik von Wissenschaft insgesamt ausmachen. Sie erst lassen die wissenschaftlichen Theorien entstehen, die in der Vermittlung noch allzu oft als fertig und abgeschlossen präsentiert werden (sollen). Eine Einsicht in die Notwendigkeit und Produktivität des Streitens um richtige Positionen könnte somit auch das unangemessene Bild von den zerstrittenen und damit unglaubwürdigen Naturwissenschaften korrigieren«, schreiben Wolf-Andreas Liebert und Marc-Denis Weitze dazu.

In Kontroversen können Grundlagen und Hintergründe erklärt werden, die mehr über das eigentliche Thema erzählen als eine fertige Expertenmeinung. Wenn zum Beispiel deutlich wird, wie Klimaforscher arbeiten, wie komplex Klimamodelle sind und wie sensibel sie auf die Veränderung nur eines Parameters reagieren, wird klar, dass die verschiedenen Prognosen über globale Erwärmung nur sehr begrenzt als alleinige Argumente für Klimadramatiker und – Leugner geeignet sind. Alljährlich wird die Steuerschätzung in den Medien behandelt, die mit einer überschaubaren Anzahl gut bekannter Parameter auf manchmal erstaunlich realitätsfernen Prognosen kommt. Warum sollte es durchschnittlich intelligente Menschen überraschen, dass Klimaprognosen, die mit unzähligen Unbekannten jonglieren, danebenliegen? Interessanter als Spekulationen können dann historische Betrachtungen und ein Vergleich mit heutigen Messdaten sein.

Auch der Konflikt selbst ist ein Thema, über das sich trefflich schreiben lässt. Besonders geeignet ist hier die Form des Kommentars (siehe Kap. 8). Wie und warum die Meinungen auseinandergehen, wer welche Daten wie manipuliert, zurückhält oder den Konkurrenten dessen bezichtigt, mag tragisch oder komisch sein; es ist oft schwer, dabei objektiv zu bleiben. Da Meinungsfreudigkeit Kommentare lesenswert macht, sind solche Themen dort gut aufgehoben. Auch mit einem Leitartikel positioniert sich ein Medium explizert zu einem Thema, denn dort wird klar Stellung bezogen.

Zum Begriff Diskurs

Der Diskurs ist der zentrale Begriff der »Theorie des kommunikativen Handelns« des Philosophen Jürgen Habermas. Er schrieb 1973: »Unter dem Stichwort ›Diskurs‹ führe ich die durch Argumentation gekennzeichnete Form der Kommunikation ein, in der problematisch gewordene Geltungsansprüche zum Thema gemacht und auf ihre Berechtigung hin untersucht werden.«

Der französische Philosoph Michel Foucault begründete die Diskursanalyse. Er beschreibt den Diskurs als Wirklichkeitsverständnis einer bestimmten Epoche oder eines Fachgebiets.

Hauptunterschied zwischen den beiden Diskurstheoretikern ist die Rolle der »Macht«. Bei Habermas muss der Diskurs »herrschaftsfrei« sein, um rational und legitim zu sein. Der Experte hat mehr Macht, weil er mehr Sachwissen sowie Zugriff auf Informationsquellen und strukturelles Wissen hat. Damit sind die Rollen von Laien und Experten Herrschaftsstrukturen, die es zu neutralisieren gilt. Bei Foucault ist »Macht« sowohl Form als auch Inhalt des Diskurses.

Der Diskurs als gesellschaftlicher Auftrag

Müssen die Medien denn dauernd über Begriffe und Begrifflichkeit, über Methoden und Methodik und über ideelle Differenzen unter konkurrierenden und geltungssüchtigen Wissenschaftlern berichten? Reicht es nicht, den Laien zu informieren, wenn die Wissenschaft oder die Politik zu einem Ergebnis gelangt ist? Eine Zeitung könnte in einer knappen Meldung mitteilen, in welchem Rahmen die Forschung an menschlichen embryonalen Stammzellen neuerdings erlaubt ist und warum. Im Vorfeld stritten radikale Befürworter und Hände ringende Bedenkenträger sich in endlosen Diskussionen um Gefahren für Menschenwürde und drohende Menschenzucht einerseits und die enormen Chancen der neuen Technologe und die Aussicht, unheilbare Krankheiten nachhaltig kurieren zu können andererseits. Kranke kamen zu Wort, Kirchenleute, Ethikspezialisten, Eizellspenderinnen und natürlich Forscher. Über Wochen füllte das Thema die Zeitungen. Muss das sein?

Ja es muss. Tatsächlich gehört es zum Auftrag der Medien, solche Diskurse öffentlich zu machen. Unsere demokratische Gesellschaft muss sich gemeinschaftliche Normen erarbeiten, um Regelungen und Leitlinien aufstellen zu können. Solche Normen entstehen in einem permanenten Verständigungsprozess, im themengerichteten Diskurs, der zu einem wichtigen Teil in den Medien stattfindet. Welche Maßnahmen gegen Kinderarmut, welche Schulkonzepte, welche Energiequellen und welche medizinischen Therapien wir wollen, können wir nur entscheiden, wenn wir genug darüber wissen. Und weil ständig neues Wissen über Lernen und neue Daten über Schulerfolge, neue Energiequellen, neue Therapien und neue soziale Pilotstudien entstehen, gibt es eine Menge Stoff, über den sich die Gesellschaft verständigen muss.

Bevor eine Gesellschaft sich Gesetze geben kann, die Sterbehilfe und Stammzellforschung regeln, bevor die Meinungsbildung darüber beginnen kann, müssen zunächst Begriffe geklärt werden. Was verstehen wir unter natürlich und künstlich? Was unter gesund und krank, Leben und Tod? Ist ein tiefgefrorener Achtzeller ein Mensch? Ist ein Unfallopfer, das atmet, aber keine Hirnströme mehr hat, tot?

Gerade bioethische Fragen berühren jeden – als Konsument, als einen, der auch mal krank werden könnte, als Angehörigen der Gattung Mensch. Soziologische und wirtschaftswissenschaftliche Fragen sind gesellschaftlich relevant, und selbst bei weniger lebensnahen Forschungsfeldern sind die Bürger aufgefordert, sich eine Meinung zu bilden, damit sie in der Gemeinschaft tragfähige Entscheidungen treffen können.

Die Wissenschaft – die ja zum Großteil mit staatlichen Geldern finanziert wird – steht in der Pflicht, das Wissen, das sie generiert, an die Themen der Gesellschaft zu binden und verfügbar zu machen. Zum Diskurs gehören deshalb geschlossene und öffentliche Veranstaltungen innerhalb der Wissenschaft wie Kongresse, Vorträge und Diskussionsrunden. Seine Breitenwirkung bekommt der gesellschaftliche Diskurs aber durch die Medien, die eine entscheidende Vermittlerrolle spielen.

Journalisten funktionieren als erste Öffentlichkeit, denn in der Regel tragen sie einen innerwissenschaftlichen Diskurs an die Öffentlichkeit. Sie erklären dann komplexe Zusammenhänge und bringen die Expertisen zusammen. Gute Diskursbeiträge können emotionalisierte Debatten neutralisieren; sie bringen Struktur in die Debatte und erleichtern so die Wertentscheidung. Gute Arbeit leistet Journalismus, wenn er den Laien *diskurskompetent* macht. Dazu muss er die Grundlagen verstehen (Sachkompetenz), die Argumente nachvollziehen können und sich schließlich selbst ein Urteil bilden (Urteilskompetenz). Es geht z. B. um folgende Frage: Welche Regelungen zur Forschung an humanen embryonalen Stammzellen wollen wir für Deutschland? Damit der Zeitungsleser sie beantworten kann, muss er das biologische Grundlagenwissen über Stammzellen erklärt bekommen. Er muss informiert werden, wie solche Fragen juristisch bewertet werden, welche Regelungen es gibt und wie sie sich auswirken. Außerdem braucht er eine ethische Bewertung der Frage. Wenn dann noch die Machtstrukturen deutlich werden, also klar ist, wer dort wirtschaftliche oder politische Interessen hat, kann der Mediennutzer Positionen und Argumente richtig einordnen und eine Meinung bilden.

Auftrag der Medien

Das Grundsatzprogramm des DJV sieht die zentrale Aufgabe von Presse und Rundfunk darin: »Die Staatsbürger so zu informieren, dass sie am Prozess der demokratischen Meinungs- und Willensbildung teilnehmen können«.

Alle folgenden Funktionen der Medien tragen dazu bei:
- *Medien stellen eine Öffentlichkeit her.* Institutionen, Politiker und Forscher können mit Medienhilfe ihre Arbeit und ihre Ansichten publik machen. Medien machen durch ihre Berichterstattung etwas »zum Thema« und heben es ins öffentliche Bewusstsein.
- *Sie kontrollieren und kritisieren.* Medien verbreiten nicht nur Informationen, die ihnen bereitwillig zur Verfügung gestellt werden, sondern berichten auch über Machenschaften, die die Akteure geheim halten möchten, und veröffentlichen Daten, die unter Verschluss gehalten werden.
- *Sie bilden.* Das Hintergrundwissen, das Medien vermitteln, dient als Grundlage für die Meinungsbildung.
- *Sie bieten ein Forum.* In Medien kommen nicht nur Journalisten zu Wort; die Fachleute können ihre Standpunkte dort selbst vertreten, wenn sie den entsprechenden Platz eingeräumt bekommen. Leserbriefe bieten jedermann die Möglichkeit, einen Beitrag zu einem Thema öffentlich zu machen.
- *Sie werten.* Ob beabsichtigt oder nicht, jeder Medienbeitrag wertet seinen Inhalt. Allein die Frage, ob etwas einen Artikel oder eine Nachrichtenminute wert ist, ist eine Wertung. Kommentare, Leitartikel und Autorenstücke werten deutlich und liefern Argumente zur Beurteilung.

Der Experte kommt zu Wort

Das alles geht nicht ohne Expertenwissen. Ob der Experte schriftlich zitiert wird, in der Fernsehdiskussion zu Wort kommt oder als Informationsgeber im Hintergrund fungiert – achten Sie darauf, wie weit die Expertise reicht! Ein Stammzellforscher ist unangefochtener Experte für den Umgang und die Möglichkeiten, Stammzellen zu vermehren und zu programmieren. Er kann kraft seiner Expertise alle Fragen zu den Eigenschaften verschiedener Zelllinien beantworten. Wenn es aber um die moralische Bewertung der Stammzellgewinnung geht, sollte seine Stimme so viel wiegen wie die jedes anderen aufgeschlossenen, gut informierten Menschen. Man muss kein Biologe sein, um eine Meinung zur Verwendung eingefrorener Embryonen haben.

Die Kompetenz des Herzchirurgen betrifft die Risiken und Nebenwirkungen des Eingriffs und die Befindlichkeit der Patienten, nicht aber die Wertung etwa einer Organentnahme ohne Spenderausweis. Moralische Einwände einer alten Dame, deren Sohn nach einem Autounfall unfreiwillig Organe »spendete«, wiegen ebenso schwer wie die Ansicht des Chirurgen, der das Vorgehen der Mediziner für seine Tochter in Ordnung fände, um Leben zu retten. Hier steht Meinung gegen Meinung. Lassen Sie sich deshalb nicht so sehr von Titeln oder Fachkompetenz einwickeln, dass Sie auch die persönlichen Urteile eines Experten übernehmen oder als Wahrheit hinstellen.

Wenn es um Meinungen geht, muss der Journalist gut moderieren. Die Meinung eines Professors oder Institutsdirektors hat nur da mehr Gewicht als die eines Laien, wo sie seine Expertise betrifft und er definitiv mehr weiß, als der Laie wissen kann. Die Legitimation muss klar sein: Auf diesem Gebiet ist der Professor Fachmann, aber eben nur da.

Weil das Moderieren bei Grabenkämpfen extrem schwierig werden kann, ist es oft sinnvoll, nicht über den Diskurs der Wissenschaftler zu berichten, sondern die Experten selbst zu Wort kommen zu lassen. Zeitungen drucken Essays oder wichtige Reden eines Experten ab – damit ist klar, dass dies nicht die Meinung der Redaktion, sondern die des Autors ist. Der Leser darf sich selbst ein Urteil bilden. Das kann er am besten, wenn die Gegenseite ebenfalls gedruckt wird – sei es gegenübergestellt als Pro und Kontra oder in der nächsten Ausgabe als Antwort.

Das prominenteste Beispiel eines wissenschaftlichen Disputs, der in den Publikumsmedien ausgefochten wurde, ist der »Historikerstreit«.

Historikerstreit

Am 6. Juni 1986 veröffentlichte die FRANKFURTER ALLGEMEINE FEITUNG (FAZ) einen Aufsatz des Historikers Ernst Nolte. Darin schreibt er, dass die Massentötungen unter Hitler zum einen eine Antwort auf die Massenmorde unter Stalin seien und zum anderen bis auf die Technik des Vergasens nicht einzigartig. Zwar betonte er, dass die Nazigräuel die der Sowjets überträfen, wagte aber überhaupt einen Vergleich des bis dahin Unvergleichlichen. Am 11. Juli 1986 druckte die ZEIT eine erboste Antwort von Jürgen Habermas: Man stelle die Geschichtswissenschaft in den Dienst einer bestimmten Ideologie, und die Einzigartigkeit des Holocaust werde bestritten.

Hans Mommsen konterte den Essay im MERKUR (Deutsche Zeitschrift für europäisches Denken) und kritisierte eine Tendenz, das Dritte Reich zu verdrängen. Eberhard Jäckel meinte in der ZEIT, dass die Frage, ob der Holocaust einzigartig sei, gar nicht so entscheidend sei. Längst beteiligten sich nicht nur Wissenschaftler an der Debatte; auch Journalisten schalteten sich ein. SPIEGEL-Herausgeber Rudolf Augstein listete Zitate von Nolte und anderen auf und schrieb dazu: »Wer so denkt und spricht, ist ein konstitutioneller Nazi, einer wie es ihn auch ohne Hitler geben würde.« Schon am 29. August erklärte FAZ-Herausgeber Joachim Fest in der FAZ, warum er den Nolte-Text abgedruckt habe und unterstützte auch Noltes Thesen.

Über Monate beschäftigte das Thema Feuilletons und Magazine, der Ton war scharf, die Reaktionen waren heftig. Ralf Dahrendorf nannte den Streit »Die erste interessante Kontroverse des Jahrzehnts.« Die wissenschaftliche Fragestellung (»Inwieweit wurde der Nationalsozialismus vom Vorgehen der Kommunisten in Russland beeinflusst?«) geriet dabei zunehmend in den Hintergrund. Damit war der Historikerstreit kein fachinterner Streit unter Historikern, sondern eine Debatte unter Intellektuellen. Die Historiker, die sich daran beteiligten, verließen den gesicherten Boden der Wissenschaft und stritten sich mit Philosophen und Journalisten eher um Deutungshoheit und Moral als über die Einordnung historischer Sachverhalte.

Der Laie kommt zu Wort

Wenn ein Thema in der Diskussion ist, melden sich oft viele Menschen ungefragt zu Wort. Leserbriefe sollten ernst genommen werden, weil sie die Leser ans Medium binden. Sie sehen, dass sie mit ihrer Zeitung oder Zeitschrift in Kontakt treten können, dass sie zu Wort kommen. Leserbriefe sind aber auch für die Redaktion interessant, weil sie die Sicht des Lesers spiegeln. Haben sich die meisten über einen bestimmten Bericht empört? Ist der Autor zu weit gegangen? Bleibt die Berichterstattung ganz ohne Echo, so ist das kein gutes Zeichen. Offenbar hat die Darstellung die Menschen nicht besonders berührt.

Um die Leser an einem Diskurs zu beteiligen, kann man aus den Zuschriften mehr machen als nur die übliche Leserbriefseite zu füllen; man kann die Leserbriefe als Beiträge zur Debatte auf den Seiten unterbringen, wo sie thematisch hingehören und wo das Thema sowieso gerade weitergesponnen wird.

Die Lesermeinungen lassen sich vielleicht in Gruppen gegenüberstellen.

Oft finden sich unter den Briefen auch Äußerungen von Fachleuten. Weitere Experten mit klugen Anmerkungen zur Sache, sollten immer willkommen sein. Möglicherweise ist ein solcher Leserbrief ein kurzer Essay, der als Meinungsartikel auf die Seite gehoben werden kann.

> »Wissenschafts-PR muss Wissenschaft erklären.
> Die Inhalte, die Arbeits- und Denkweisen der Wissenschaftler,
> die Möglichkeiten und Grenzen wissenschaftlicher Erkenntnis.
> Sie darf auch für Wissenschaft werben,
> sollte aber keine Werbekampagne veranstalten.«
> (Eva-Maria Streier, Direktorin der Öffentlichkeitsarbeit der DFG)

10 Journalismus und PR

»Ein Journalismus, der bloß noch zur Garnierung oder vielleicht sogar zur Tarnung von Werbebotschaften dient, der hat sich aufgegeben«, sagte Bundespräsident Horst Köhler bei der Übergabe des neuen Pressekodexes am 20. November 2006. Der Pressekodex, der 2007 in Kraft trat, geht besonders auf den Trennungsgrundsatz von Werbung und Redaktion ein. Das ist ein wichtiges Thema. Wann immer Presse- und Medienfreiheit thematisiert wird, geht es in erster Linie um Übergriffe politischer Mächte und den Einfluss staatlicher Instanzen. Die Menschenrechtsorganisation »Reporter ohne Grenzen« erstellt alljährlich eine Rangliste der Länder, in der diejenigen ganz vorne stehen, die die Pressefreiheit vorbildlich einhalten. 2010 steht Deutschland auf Platz 17, Österreich auf Platz 7 und die Schweiz teilt sich mit fünf weiteren Nationen den ersten Platz. In Europa und in Deutschland, wo das Grundgesetz die Meinungs- und Pressefreiheit garantiert, bedroht aber keine direkte oder indirekte Zensur die Medien. Viel gravierender ist eine andere Gefahr, die Reporter ohne Grenzen gar nicht im Blick hat: Die subtilen Einflüsse der Kommunikationsbranche manipulieren längst die Berichterstattung.

Im Jahr 2007 bezahlte die Deutsche Bahn 1,3 Millionen Euro für bahnfreundliche Veröffentlichungen, bei denen der Auftraggeber nicht erkennbar war. Vorproduzierte Artikel und andere Medienbeiträge, Leserbriefe und Blog-Beiträge sollten Stimmung für die Privatisierung des Staatsunternehmens machen. Aufgedeckt wurde die Kampagne nicht etwa von einem findigen Journalisten einer kritischen Redaktion, sondern von LobbyControl, einem gemeinnützigen Verein, der verzerrte Berichterstattung in den Medien anprangert. Drei Top-Manager der Bahn sowie der Generalbevollmächtigte für Marketing und Kommunikation wurden entlassen. Der PR-Rat rügte die Bahn, weil verdeckte Öffentlichkeitsarbeit gegen die Richtlinien der Branche verstößt. Die Medien zeterten über tendenziöse Darstellungen und kriminelle Machenschaften, man fühlte sich benutzt, besudelt, womöglich bloßgestellt. Wie konnte es seriösen Medien nur passieren, dass sie Werbematerial veröffentlichen, ohne es zu merken?

Waren die Redaktionen wirklich so blauäugig oder die Tarnung der kommerziellen Botschaften so gut? Oder war es möglicherweise komfortabel, vorgefertigte Artikel zu verwenden oder lukrativ, sich den Abdruck des ominösen Materials bezahlen zu lassen? Sicher ist: Längst finden werbliche Botschaften ihren Weg in die redaktionellen Teile.

Beispiel: Schleichwerbung

FOCUS berichtet in einer Titelgeschichte über die Gefahren von Cholesterin. Der Artikel unter dem Titel: »Tödliches Fett im Blut« ist eine klassische Medizingeschichte: Er erklärt die Wirkweise von Cholesterin, beziffert die Risiken und Behandlungskosten, zitiert Fachleute und stützt sich auf wissenschaftliche Studien. Niedergelassene Ärzte, Fachgesellschaften, Universitätsforscher und Patienten kommen zu Wort, aber keine Pharmafirma. Es liest sich wie ein ausgewogener, fundierter, vernünftig recherchierter Artikel. Der Tenor lautet: Erhöhte Cholesterinwerte sind gefährlich, fettarm essen schützt aber vor Herzinfarkt (FOCUS, 20.4.2009).

Dass im Umfeld eines solchen Themas eine ganzseitige Anzeige für eine den Cholesterinspiegel senkende Margarine steht, ist nichts Ungewöhnliches. Sobald die Anzeigenabteilungen die Themenplanung kennen, werben sie gezielt passende Annoncen ein. Es ist nicht unlauter, für die Anzeige ein passendes Umfeld zu suchen, in dem sie mit hoher Wahrscheinlichkeit von Menschen gesehen wird, die sich offenbar für das Thema interessieren. Wer viel Geld für eine Anzeige ausgibt, möchte dass das Umfeld stimmt. Wer einen Artikel über Cholesterin interessiert liest, schenkt auch der Anzeige Aufmerksamkeit, liest mit hoher Wahrscheinlichkeit auch diesen Text interessiert und kauft vielleicht auch eine den Cholesterinspiegel senkende Margarine. Es ist nicht gesagt, dass die Buchung der Anzeige an unanständige Bedingungen geknüpft war, etwa, dass das Produkt im Text lobend erwähnt werden muss.

In diesem Fall allerdings drängt sich der Verdacht auf, dass die ganze Geschichte nicht sauber ist. Denn der redaktionelle Teil ist alles andere als objektiv und auf dem neusten Stand der Forschung. Im Artikel gilt ein Gesamtcholesterinwert von über 200 mg/dl als »überhöht«, und der Stoff wird als »wichtigster Grund« für Arterienverkalkung bezeichnet. Als Beleg dient die Studie des Framingham Cardiovascular Institute in Massachusetts, das seit 1948 über 5.000 Bewohner des Städtchens Framingham begleitet und die Auswirkungen von Blutdruck, Cholesterinspiegel, Übergewicht und anderen Risikofaktoren untersucht. Über Cholesterin sagt William Castelli, Laborleiter im Institut: »Die Cholesterinwerte sagen wenig über das Risiko einer Herzgefäßkrankheit eines Patienten aus. Die meisten Infarkte passieren bei Patienten mit normalen Cholesterinwerten« (AMERICAN JOURNAL OF CARDIOLOGY 1998, 82: 60T–65T). Auch die Vorstellung, dass fettarmes Essen das Infarktrisiko senke, ist nicht wissenschaftlich belegt.

Der im FOCUS-Artikel zitierte Fachverband, die »Lipid-Liga«, hat Kritiker. Fettstoffwechselexperten bemängeln, dass der Verein Cholesterin einseitig verteufele. Und dann die angezeigte Margarine: Der Text empfiehlt eine »mit Pflanzensterinen angereicherte Margarine,« namentlich die beworbene. Dazu zitiert der WDR in einem Beitrag einen Präventionsspezialisten: »Ein Nutzen solcher mit Pflanzensterinen angereicherten Margarinen im Sinne einer Senkung des Herzinfarktrisikos ist nicht belegt. Es gibt im Gegenteil ernst zu nehmende erste Studien, die zeigen, dass sogar Schädigungen der Herzklappen auftreten können. Das ist im Tierexperiment gut belegt und bei Herzklappenpatienten von einer Saarbrücker Arbeitsgruppe gerade gezeigt worden.« Es braucht nicht viel Recherche, um auf die Übersichtsarbeit zu kommen, die zu folgendem Schluss kommt: »Die Daten legen nahe, dass Pflanzensterole negative Effekte auf Herz und Kreislauf auslösen können.« Offenbar ist das Gegenteil dessen, was in dem Artikel steht, richtig. Eine Verzehrempfehlung für ein Markenprodukt ist selbst, wenn sie fachlich und sachlich richtig wäre, unpassend. Vor diesem Hintergrund allerdings erweist sie sich als handfeste Werbung, die den Leser in die Irre führt.

Zu guter Letzt erschien eine Woche vor dem FOCUS-Artikel eine brandneue umfassende Übersichtsarbeit zum Thema Ernährung und Herzinfarktrisiko. Die Arbeit fand nur bei der Mittelmeer-Diät einen deutlichen Zusammenhang. Ob der Verzehr von Eiern, Fleisch, Gesamtfett usw. einen Einfluss habe, könne bislang nicht gezeigt werden. Entsprechende Ernährungsempfehlungen seien deshalb hinfällig. Der FOCUS ignoriert diese neuste Studie und gibt seinen Lesern genau die hinfälligen Ernährungstipps.

Das Beispiel zeigt, dass die Warnungen vor versteckter PR nicht aus der Luft gegriffen sind. Der Schaden, den solche Praktiken anrichten, ist enorm: Die Glaubwürdigkeit der Medien wird offensichtlich zu Recht in Frage gestellt, und ein solcher Imageschaden ist auch für Medien, die sich korrekt verhalten, kaum zu reparieren. Die Tatsache, dass sich Medienhäuser auf unsaubere Geschäfte einlassen, verändert auch den Markt. Warum sollte ein Unternehmen einfach nur teure Anzeigen oder Werbespots schalten, wenn es die Möglichkeit gibt, fürs Geld mehr zu bekommen?

Die Anzeige im FOCUS dürfte rund 48.000 Euro gekostet haben. Wer so viel Geld bezahlt, möchte im redaktionellen Teil nicht ignoriert, sondern lobend erwähnt werden. Weil der Konsument im redaktionellen Teil fachlich fundierte, kritisch geprüfte Fakten vermutet, ist eine Erwähnung dort auch viel glaubwürdiger und damit kostbarer als eine Anzeige, die sowieso niemand für objektiv hält. Wer mit seinem Werbeetat haushalten muss, wird deshalb versuchen, ob sich nicht auch andere Redaktionen korrumpieren lassen. Und man darf fürchten, dass angesichts der angespannten Finanzlage in den Medien so mancher Manipulationsversuch erfolgreich ist. Die wenigsten lassen sich nachweisen.

Die Einflussnahme hat viele Gesichter. In manchen Fällen steckt der Verlag oder Sender dahinter, weil er für offiziell gebuchte Werbung Erwähnung oder gefällige Berichterstattung verspricht. Oft spielt die Anzeigenabteilung gar keine Rolle. Ein Unternehmen bietet an, die Recherchereise eines Reporters zu finanzieren. Ein Freiflug, der Mietwagen oder ein Hotelgutschein schonen das Budget der Redaktion. So kann eine aufwendige Reportage gemacht werden, die sich das Medium sonst nicht leisten könnte. Selbst wenn dafür keine expliziten Gegenleistungen vereinbart werden, ist klar, dass ein geförderter Reporter nicht uneingeschränkt kritisch über den heimlichen Sponsor berichten kann. Im Reisejournalismus, bei Autoberichterstattung und Beautythemen ist das gang und gäbe. Die Präsentation eines neuen Parfüms oder Autos findet gern eingebettet in eine luxuriöse Reise an einem exotischen Ort statt. Aber auch Pharmafirmen und andere forschende Unternehmen binden Journalisten an sich, indem sie sie zu Kongressen einladen oder an Forschungs- oder Produktionsstandorte. Das mag der Hintergrundrecherche dienen oder für einen konkreten Artikel oder Beitrag sinnvoll sein – die Kehrseite ist eine Abhängigkeit, in die Journalisten nicht geraten sollten.

Um nicht in den Verdacht zu geraten, man wolle über das anständige Maß hinaus Einfluss nehmen, wenden sich manche Agenturen und Unternehmen nicht direkt an Redaktionen. Eine einigermaßen geschickte Strategie ist es, freie Journalisten anzusprechen. Sie bekommen oft karge Honorare und sind ständig auf der Suche nach Kunden oder einem kleinen Nebenerwerb. »Käuflich« ist ein hässliches Wort, aber dass gewisse Leistungen extra honoriert werden, ist durchaus üblich. Welche Redaktion kann schon nachprüfen, ob der Chirurg, der im Artikel eines Freien als Experte zitiert wird, deshalb erwähnt wird, weil die Agentur der Klinikkette dafür ein Zusatzhonorar oder eine Digitalkamera springen lässt? Womöglich ist der Mann sowieso der Experte der Wahl, weil niemand einen bestimmten Eingriff so oft durchgeführt hat wie er. Der Freie Autor hätte ihn also sowieso erwähnt. Es braucht eine gehörige Portion Rückgrat, Anstand und Selbstbewusstsein, solchen Versuchungen zu widerstehen.

Journalisten, Verlagsführungen und auch die Konsumenten neigen dazu, solche Beeinflussungen zu verharmlosen, sie auszublenden und manchmal sogar zu rechtfertigen. Die Zeiten sind hart, die Budgets klein, Anzeigen rar und Honorare karg. Auch wäre es naiv, PR pauschal zu verteufeln. Doch man sollte die Gefahren kennen, um nicht in unliebsame Abhängigkeit zu geraten. Besser noch: Man kann PR sinnvoll nutzen und dabei sauber bleiben.

Sauber bleiben: Wie man PR richtig nutzt

Public Relations, also die Kommunikation von Unternehmen und Organisationen nach außen, ist nicht nur legitim, sie ist sogar notwendig. Kein Journalist der Welt recherchiert auf eigene Faust in Großforschungsanlagen, forschenden Unternehmen, in Kliniken oder Ministerien. Pressestellen, PR-Abteilungen und Öffentlichkeitsarbeiter haben Einblicke, Kontakte und Material schnell parat und erleichtern dem Journalisten die Arbeit, indem sie sie zur Verfügung stellen. Eine Pressemappe mit Selbstdarstellungsprospekten, Unterlagen zur Geschichte der Institution und hübschen Pressefotos, die kostenfrei abgedruckt werden dürfen, nützt meist wenig. Doch Sie müssen sich nicht mit vorgefertigten Pressemitteilungen zufrieden geben. Die Mitarbeiter von Pressestellen sind Dienstleister, die auch Unterlagen zusammensuchen, Zahlen recherchieren und Studien zuschicken.

Wer ein Thema anrecherchiert, sollte zügig die Institutionen kontaktieren, die inhaltlich in Frage kommen und um Material bitten. Darin finden sich oft gute Ansätze für die weitere Recherche, Hinweise auf wichtige Labors, interessante Gesprächspartner oder entscheidende Veröffentlichungen. Arbeit, die man delegieren kann, sollte man nur dann selber machen, wenn man glaubt, es besser zu können. Innerhalb von Institutionen oder Unternehmen ist die Presseabteilung der geeignete Türöffner. Pressesprecher vermitteln Ansprechpartner und koordinieren Fototermine und verschaffen Zugang zu Labors, Archiven oder einfach hinter die Kulissen.

Natürlich ist nicht alles, was von einer PR-betreibenden Stelle kommt und im journalistischen Text auftaucht als eingeschmuggelte Propaganda einzustufen. Forschungseinrichtungen, Kliniken und Universitäten sind wichtige Akteure in der Gesellschaft, über die berichtet werden muss. Natürlich kommt ein großer Teil der Informationen von solchen Institutionen selbst. Zu den Aufgaben des Journalisten gehört es, die Fakten nicht unkritisch zu übernehmen, sondern zu filtern, überprüfen, einzuordnen und zu ergänzen.

Wenn Sie den Forscher Ihrer Wahl nicht antreffen, weil er auf einer Ausgrabung, einer Weltraummission, im Urlaub oder auf einem Kongress am anderen Ende der Welt ist, so haben sie mit dem Pressesprecher einen im besten Fall kompetenten und eloquenten Ansprechpartner, der noch dazu zitabel ist. Meist ist die Pressestelle mit gelernten Journalisten besetzt. Die wissen, was und wie Sie es brauchen, und können Ihnen dementsprechend gut zuarbeiten.

Dass die Pressestelle nicht dafür bezahlt wird, dass sie Ihnen unvorteilhafte Informationen auf die Nase bindet, versteht sich von selbst. Um die Äußerungen der Pressestelle richtig einordnen zu können, fragen Sie jemanden, der sich mit dem Thema auskennt, aber nicht von der Institution abhängt. Sei es ein Forscher, der mittlerweile woanders arbeitet, ein konkurrierendes Unternehmen, das sich mit dem gleichen Thema beschäftigt, eine Organisation, die die Praktiken kritisiert.

Wenn Sie die Informationen, die sie von der Pressestelle bekommen, als solche kennzeichnen, können Sie nichts falsch machen (siehe Kap. 4).

Das Netzwerk Recherche verfasste ein »Positionspapier zum Verhältnis von PR und Journalismus«. Darin wird klar, dass PR böse ist und den freien und unabhängigen Journalismus gefährde. Das Netzwerk Recherche fordert einen überarbeiteten Pressekodex eines reformierten Presserates, um den Einfluss auf PR zu überwachen und Verstöße zur Anzeige zu bringen. Es müsse eine »Immunisierung gegen Manipulationsversuche der PR und Marketing« geben. Das klingt ebenso aufgeregt und kämpferisch wie es realitätsfern ist. Es ist der hilflose Versuch, sich von Einflussnahmen zu distanzieren, die allgegenwärtig sind. Dabei ist längst klar, dass das Problem nicht in Kodizes und Gremien liegt, sondern in der Praxis. Es ist sinnlos, PR zu verteufeln und die Einflüsse der Wirtschaft auf die Medien, die ja schließlich auch wirtschaften müssen, zu ignorieren. Sinnvoll ist es, klug, kritisch und distanziert mit PR umzugehen. Dazu gehört, die Informationen nicht ungefiltert zu übernehmen, zu kennzeichnen, woher die Informationen stammen, und sich nicht bestechen zu lassen.

Auch eine Reiseeinladung müssen Sie nicht ausschlagen. Viele Redaktionen haben einen mikroskopischen Reiseetat, so dass eine fremdfinanzierte Reise oft die einzige Chance ist, einen Journalisten an einen interessanten Ort – ein Forschungsgebiet, ein Labor, einen fernen Kongress – zu bekommen. Freie Journalisten können eine solche Reise ohne finanzielles Risiko antreten und das Ergebnis ihrer Recherche anbieten, ohne auf Kostenerstattung pochen zu müssen. Allerdings muss zum einen der Redaktion klar sein, wer bei dem Projekt finanziell beteiligt ist, zum anderen sollte es auch im Text oder Beitrag erwähnt werden. Damit verpflichtet sich der Autor zu besonders distanzierter Berichterstattung, und es ist klar, dass es nichts zu verbergen gibt.

Wenn eine Stelle versucht, den Journalisten zu beeinflussen, so sollte man auch das erwähnen. Es kann sehr erhellend sein, zu zitieren, welche Formulierung man ihm unterschieben oder verbieten wollte, welche verfälschenden Informationen man ihm als angeblich einzig verfügbares Material zur Verfügung stellte, obwohl die eigene Recherche ganz anderes zutage förderte. Über versuchte Einflussnahmen zu lesen, ist nicht nur für den Konsumenten aufschlussreich; es ist für die zuständige Stelle beschämend und es zeigt, dass der Journalist allem Anschein nach aufmerksam und kritisch war und sich nicht hat benutzen lassen. Langfristig könnten aufmerksame

Journalisten so die unanständigen Einflüsse der PR zurückdrängen. Unternehmen, Forschungseinrichtungen, Universitäten und Verbände möchten doch für ihre gute Forschung, ihre Produkte und Erfolge erwähnt werden und nicht durch peinliche Manipulationsversuche zu zweifelhafter Berühmtheit kommen. Wer gute Arbeit macht und sie gut vermittelt, hat Manipulationsversuche nicht nötig.

PR-Journalismus

Für junge Leute, die »etwas mit Medien« machen wollen, ist es meist gar nicht relevant, ob ein Artikel von einem Zeitungsverleger, einer Marketing-Agentur oder einem Unternehmen in Auftrag gegeben wird. Handwerklich unterscheiden sich die Texte nur in einem: In der Regel darf ein Journalist kritischer sein, er muss die Gegenseite, mögliche Kritik, Nachteile, Risiken und Nebenwirkungen behandeln und Problematisches frei ansprechen. Tatsächlich sind die beiden Seiten des Schreibtisches längst nicht so deutlich getrennt, wie sich Lieschen Müller das vorstellt. Viele PR-Profis, die druckreife PR-Artikel für Zeitungen anbieten, arbeiten nebenher als freie Journalisten, und zahllose Journalisten verdienen sich einen Großteil ihres Einkommens mit dem Moderieren von Firmenveranstaltungen und dem Schreiben für Firmenzeitschriften. Auch wer für die Max-Planck-Gesellschaft Artikel schreibt, bewegt sich im breiten und sonnigen Grenzstreifen zwischen Wissenschaftsjournalismus und PR.

Das ist nicht unanständig. Zeitschriften wie RESEARCH von Bayer oder FUTURE von Aventis sind firmeninterne Produkte, die gut gemachte, solide journalistische Texte enthalten. In einem Vortrag zum Thema »Ist PR-Journalismus schlechterer Journalismus?« sagte der PR-Profi Thomas Postina:

> »Vielleicht sollte man statt von PR-Journalismus besser von Auftragsjournalismus sprechen. Ein Journalist, der ins PR-Fach wechselt, schreibt ja deshalb nicht plötzlich schlechter. Die Qualität verändert sich schließlich nicht mit der Rolle, in die der Autor jeweils schlüpft. War er schon vorher ein schlechter Autor, dann wird er auch bei seinem Ausflug ins PR-Fach keine besseren Beiträge abliefern. Hat er sich als Edelfeder einen Namen gemacht, so wird sich auch sein PR-Beitrag wohltuend vom Durchschnitt abheben« (Postina 2002).

PR-Agenturen benötigen gelegentlich die Fachkompetenz eines Wissenschaftsjournalisten. Schließlich können sie nicht für den Fall, dass ein Kunde einen Fachbeitrag wünscht, stets einen Fachjournalisten beschäftigen. Von einer Zusammenarbeit profitieren beide – der Journalist vom Honorar und manchmal paradiesisch anmutenden Produktionsbedingungen und die Agentur vom Fachwissen, dem handwerklichen Können und möglicherweise den guten Kontakten des Autors.

Paradiesische Bedingungen? Wer je für Zeilenhonorar geschrieben hat, mit wenig Zeit, keinerlei Budget für Reisen, Buchbestellungen usw. und ohne viel Verständnis für aufwändige Recherche und qualvolles Komponieren, dem mögen die Arbeitsbedingungen im Auftragsjournalismus so vorkommen. Das Honorar wird vorher festgelegt und die Arbeit wird nicht in Zeilen, sondern am guten Ergebnis gemessen. Meist legen die Auftraggeber besonderen Wert auf sorgfältige, fundierte Recherche, sie bezahlen gern die erforderlichen Reisen und lassen dem Autor Zeit. Unter solchen Bedingungen lässt sich oft weit besser arbeiten und besserer Journalismus betreiben als für eine Tageszeitung, die solchen Luxus nicht erlaubt.

Wichtig ist, dass transparent bleibt, wer wann für wen arbeitet. Zu jeder Zeit sollte klar sein, ob ein Journalist für ein unabhängiges Medium oder als Auftrags- oder PR-Schreiber firmiert. Postina fordert gar eine Transparenz-Empfehlung, wie es sie bei Börsenjournalisten gibt: Dort müssen die Kollegen ihrem Chef mitteilen, welche Aktien sie besitzen. So soll sichergestellt werden, dass die Börsenberichterstatter nicht in einen Interessenkonflikt geraten – etwa indem sie geneigt sind, unliebsame Meldungen zu unterschlagen oder abzumildern, wenn sie Unternehmen betreffen, an denen sie selbst Anteile haben.

Im Herbst 2004 befragte die Wissenschaftspressekonferenz, eine Vereinigung von Wissenschaftsjournalisten, ihre 171 Mitglieder über Grenzfälle von Journalismus und PR (Koch 2006). Zu 15 fiktiven Fällen wurde gefragt: Haben Sie das auch schon erlebt? Darf man einen so entstandenen Artikel einer Zeitung anbieten? Muss man dazu sagen, wer welche Kosten getragen hat, die zur Entstehung des Artikels beitrugen? Die Antworten zeigen durchweg, dass Wissenschaftsjournalisten solchen Konfliktsituationen kaum ausweichen können. Es besteht aber ein Konsens, dass man Beziehungen zu Geldgebern offenlegen sollte. Freiberufler sollten etwa ihre zuständigen Redakteure informieren, wer die Reise bezahlt hat.

Wissenschaftliche Zeitschriften sichern sich bereits dadurch ab, dass sie Abhängigkeiten ihrer Autoren offenlegen lassen. So steht in einem Artikel über eine Studie, wer die Forschungsarbeit finanziert hat, ob die Autoren zusätzliche Honorare bezogen haben oder womöglich einen Beratervertrag mit einer involvierten Firma haben.

Dabei ist das Verhältnis von PR und Journalisten nicht so einseitig, wie man meinen möchte. Wenn es darum geht, einen Pressetermin zu besetzen, eine Pressemitteilung zu erwähnen oder einen Hintergrundbericht zu drucken, so spielt es eine Rolle, ob das Unternehmen als Werbekunde in Betracht kommt oder bereits Anzeigen geschaltet hat. Niemand wird ohne Not eine Nachricht übersehen, die einen wichtigen Anzeigenkunden betrifft. Dem Klischee zufolge wirbt die PR-Branche um die Gunst der Journalisten. Tatsächlich kommt es längst vor, dass Redakteure am Rande von Presseveranstaltungen Inserate einwerben, Preisausschreiben absprechen oder

Kooperationen anbahnen sollen. Bei Fernsehproduktionen kommt es vor, dass die Unternehmen sich für die Nennung in einer Ratgebersendung an den Produktionskosten beteiligen oder Filmmaterial zur Verfügung stellen sollen.

Der hehre Plan, PR und Journalismus strikt und unnachgiebig zu trennen, ist zum Scheitern verurteilt. Wer aber die Abhängigkeiten deutlich macht, kann von beiden Seiten profitieren, ohne sich unlauter zu verhalten. Wer offen mit PR umgeht, macht sich nicht angreifbar.

Kommerzielle Kommunikation

Der Kampf um die Herzen und Köpfe findet auf vielen Ebenen statt. Dazu dienen sachliche Informationen und Hintergrundwissen, aber gerade bei Produktentscheidungen bestimmt auch der Bauch. Mit welchem Auto, welchem Turnschuh man sich zeigen möchte, welchen Stromanbieter und welche Klinik man wählt, lässt sich nicht immer nur rational begründen.

»Die Werbung ist eines der Instrumente der absatzfördernden Kommunikation. Durch Werbung versuchen die Unternehmen, ihre Zielkunden und andere Gruppen wirkungsvoll anzusprechen und zu beeinflussen. Zur Werbung gehört jede Art der nicht persönlichen Vorstellung und Förderung von Ideen, Waren oder Dienstleistungen eines eindeutig identifizierten Auftraggebers durch den Einsatz bezahlter Medien.« So definiert sie der amerikanische Professor für Marketing Philip Kotler. Werbung wird vor allem von Werbeagenturen gemacht und bedient sich der klassischen Anzeigen und Werbekampagnen. Werbefachleute arbeiten in den Medien mit den Anzeigenabteilungen zusammen. Werbung in Medien muss als solche gekennzeichnet sein, so dass dem Konsumenten klar ist, ob die Information von einer Firma mit wirtschaftlichen Interessen stammt oder von einer unabhängigen Redaktion.

Schleichwerbung verfolgt die gleichen Ziele, verschleiert aber den Auftraggeber. Laut Rundfunkstaatsvertrag fällt darunter »die Erwähnung oder Darstellung von Waren […] eines Herstellers von Waren oder eines Erbringers von Dienstleistungen in Programmen, wenn sie vom Veranstalter absichtlich zu Werbezwecken vorgesehen ist und die Allgemeinheit hinsichtlich des eigentlichen Zwecks dieser Erwähnung oder Darstellung irreführen kann.«

Product Placement heißt es auf Neudeutsch, wenn ohne Not bestimmte Produkte ins Bild gerückt werden und dafür Geld fließt. Dabei braucht es keinerlei Erwähnung im redaktionellen Teil. Es geht um die Präsenz bestimmter Waren, die Sympathien wecken und das Image verbessern sollen.

Öffentlichkeitsarbeit Das Wort wird dem deutschen PR-Profi Albert Oeckl zugeschrieben und hierzulande wie PR verwendet. Öffentlichkeitsarbeiter sind nicht nur für rosige Pressemitteilungen zuständig, sondern auch für die so genannte Krisen-PR.

PR oder Public Relations ist die Kunst, durch das gesprochene oder gedruckte Wort, durch Handlungen oder durch sichtbare Symbole für die eigene Firma, deren Produkt oder Dienstleistung eine günstige öffentliche Meinung zu schaffen, definierte Carl Hundhausen 1937. Der Begriff PR tauchte zuerst 1882 an der Yale University auf und wird auch hier verwendet, weil es keine exakte Entsprechung im Deutschen gibt. Anders als Werbung zielt PR nicht auf eine einzelne Handlung wie eine Kaufentscheidung oder eine Stimmabgabe ab, sondern bemüht sich um ein positives Image und arbeitet kontinuierlich daran.

PR-Journalismus ist Auftragsjournalismus. Die Formen unterscheiden sich oft einzig dadurch vom konventionellen Journalismus, dass der Auftrag- und damit Geldgeber kein unabhängiges Medium, sondern ein Unternehmen oder eine Institution ist. Dass diese mit dem Auftrag Interessen verbinden und keine allzu kritische Berichterstattung wünschen, versteht sich von selbst.

Verdeckte PR ist verboten. Dazu zählen grundsätzlich alle PR-Aktivitäten, bei denen der Auftraggeber nicht klar erkennbar ist. In Zeiten des Internets sind das nicht nur Werbetexte, die als Artikel daherkommen, sondern auch bezahlte Kommentare und Rezensionen und Blogs.

Pressearbeit richtet sich nach außen und innen. Sie wird in Pressestellen geleistet, die anfragende Journalisten mit Texten, Material und Ansprechpartnern versorgen. Gleichzeitig behalten sie einen Überblick über die Presselandschaft, stellen Pressespiegel her (eine Zusammenstellung aller Artikel, in denen das Unternehmen oder die Institution vorkommt) und versorgen die Mitarbeiter im Haus mit den wichtigsten Informationen aus den Medien.

> »Die entscheidende Frage ist daher nicht, ob Wissenschaftler zu Kontakten mit den Medien bereit sind, sondern unter welchen Bedingungen sie dazu bereit sind bzw. welche Erwartungen sie an die Medien haben und wie die jeweiligen Motive ihr Kommunikationsverhalten beeinflussen.«
> (Hans Peter Peters, Professor für Wissenschaftsjournalistik)

11 Für Wissenschaftler: Wie mit Journalisten umgehen?

So hatte sich das der Stammzellforscher Hans Schöler nicht vorgestellt: Am Schlusstag des internationalen Kongresses für Stammzellen und Gewebeerzeugung in Dresden präsentierte er seine jüngsten Laborergebnisse. Er zeigte, dass er aus Mäusehoden Zellen gewinnen und umprogrammieren könne, so dass sie Stammzelleigenschaften bekämen. Dem Redakteur der FAZ, der sich beim späteren Kaffeetrinken dazugesellte, will Schöler gesagt haben, dass er nicht über diese Zellen reden wolle und auch nicht möchte, dass sie in der Zeitung erscheinen.

»Steckt im Mann die Mutter aller Stammzellen?«, titelte die FAZ tags drauf. »Die Stammzellforschung steht vor der nächsten bahnbrechenden Entdeckung. Und wieder ist es das Labor von Hans Schöler [...]«, begann der Artikel (FAZ, 9.7.2008). Schöler schäumte. Er musste sich vor Fachkollegen für die angeblich verzerrte Darstellung rechtfertigen und wollte bei der nächsten Gelegenheit alles besser machen.

Auf dem Kongress für Genetik in Berlin bricht er seinen Vortrag ab, als es spannend wird – weil Journalisten im Raum seien. SPIEGEL ONLINE berichtet, Schöler wolle Journalisten verbieten lassen, von Fachkongressen zu berichten. Tatsächlich sagte Schöler, er wolle auf Tagungen nur noch dann über unveröffentlichte Themen sprechen, wenn die anwesenden Journalisten eine Schweigeverpflichtung unterschrieben. Für Schöler war die ganze Episode ausgesprochen unangenehm. Fachkollegen griffen ihn an, Journalisten echauffierten sich, und natürlich wollten alle jetzt erst recht etwas über ihn schreiben.

Viele Wissenschaftler klagen über schlechte Erfahrungen, die sie mit Journalisten gemacht haben. Diese Leute stehlen manchem die Zeit, sind schlecht vorbereitet, berichten anschließend kaum oder irreführend oder gar ganz falsch.

Manches daran mag stimmen, aber oft reden Journalist und Wissenschaftler in bester Absicht aneinander vorbei. Wenn beide Seiten wissen, worauf sie sich einlassen, gibt es keine Probleme. Dies Buch richtet sich deshalb nicht nur an Journalisten. Auch Wissenschaftler tragen zu gelungenem Wissenschaftsjournalismus bei – und ersparen sich eine Menge Ärger, wenn sie wissen, wie das Geschäft läuft.

> ### Fremde Federn
>
> Aus Sicht der EU-Kommission mangelt es im Verhältnis zwischen Wissenschaft und Öffentlichkeit bisher an einer echten wechselseitigen Kommunikation. Der Wissenschaftsbereich gilt immer noch als geschlossener Zirkel, in dem die Öffentlichkeit kaum eine Stimme hat. Nur selten werden Entscheidungen über Forschungsfragen und Prioritäten von Gesprächen und öffentlichen Diskussionen begleitet. Ohne eine echte Kultur der Wissenschaftskommunikation ist es der Öffentlichkeit aber nicht möglich, wissenschaftlich-technologische Entwicklungen zu verstehen und ihre Potenziale, aber auch Risiken richtig und sachbezogen einzuschätzen. Die mangelhafte Kommunikationskultur wirkt sich sehr ungünstig auf die Beziehungen zwischen Wissenschaft und Gesellschaft aus. Sie ist oft geprägt von gegenseitigem Unverständnis und auch Misstrauen.
>
> Diesen Missstand zu beheben und eine echte Kultur der Wissenschaftskommunikation in Europa zu entwickeln – dafür ist die Europäische Union vor allem auch auf die Unterstützung durch die Wissenschaftler angewiesen. Sie sollten sich darüber im Klaren sein: Durch einen besseren Dialog mit der Öffentlichkeit hätten sich die Spannungen und verschenkten potenziellen Innovationen auf vielen Forschungsfeldern – wie etwa Kernenergie und gentechnisch veränderte Organismen – größtenteils vermeiden lassen. Europas Wissenschaftler sollten bedenken, dass sie in einem öffentlichen Umfeld tätig sind und dass sie der Öffentlichkeit gegenüber verpflichtet sind. Wenn sich dieses Bewusstsein bei mehr Wissenschaftlern verfestigt – dann wird auch der Dialog zwischen Wissenschaft und Gesellschaft besser voranschreiten und gelingen.
>
> (Jean-Michel Baer in »Wissenschaftsjahre 2000 bis 2009«, einer Veröffentlichung des BMBF. Der Autor ist Direktor der Direktion L: Wissenschaft, Wirtschaft und Gesellschaft der Europäischen Kommission)

Warum sollte ich?

Mit Journalisten zu reden kostet Zeit, und das Ergebnis kann enttäuschend sein. Wenn der Reporter nicht von SCIENCE oder NATURE kommt, fallen manchen Wissenschaftlern keine guten Gründe ein, ihnen einen Termin zu geben. Hier sind die wichtigsten:

Es ist Ihre Pflicht

Falls Sie an einer Universität forschen oder an einem staatlich finanzierten Institut, so werden Sie vom Steuerzahler bezahlt. Er lässt sich Ihr Labor, ihr Denkstübchen und die Bibliothek, die sie nutzen, eine Menge kosten. Er hat ein Recht darauf, zu erfahren, was Sie mit seinem Geld anstellen. Kein Physiker kann aus eigenem Vermögen einen Teilchenbeschleuniger oder eine Rakete herstellen, kein Arzt allein eine Transplantationsmethode entwickeln. »Wissenschaft ist von der Gesellschaft organisierte und finanzierte Erkenntnissuche«, schreibt Altbundeskanzler Helmut Schmidt. »Deshalb spreche ich von der Bringschuld der Wissenschaft gegenüber der Gesellschaft. Diese Schuld muss immer wieder dadurch abgetragen werden, dass die Wissenschaftler erklären und für den Laien verständlich machen, was sie tun, was sie erreicht haben, was sie erhoffen – und was sie besorgt« (Schmidt 2005).

Es nützt Ihren Veröffentlichungen

Auch Ihre Kollegen lesen die Tagespresse – und zwar regelmäßiger als wissenschaftliche Fachlektüre. Eine Studie in der Zeitschrift SCIENCE COMMUNICATION zeigt deutlich, dass wissenschaftliche Arbeiten, die in Tageszeitungen erwähnt werden, signifikant häufiger zitiert werden. Vincent Kiernan von der Columbia University untersuchte 2.655 wissenschaftliche Fachartikel, die zwischen Juni 1997 und Mai 1998 erschienen waren. 563 davon wurden in US-Tageszeitungen erwähnt. Allein in der New York Times erschienen 140 Artikel. Weitere 24 Tageszeitungen brachten es zusammen auf 2.703 Artikel über die Originalveröffentlichungen. Interessant sind zwei Details: Es gibt einen direkten Zusammenhang zwischen der Länge eines journalistischen Artikels und der Häufigkeit der wissenschaftlichen Zitationen. Und: Auch Artikel in kleinen regionalen Tageszeitungen wirken sich auf die wissenschaftliche Rezeption aus (Kiernan 2003).

Sie lernen etwas für den nächsten DFG-Antrag

Wenn Journalisten irgendetwas können, dann bringen sie die Sache auf den Punkt. Sie werden staunen, wie knapp und klar gute Schreiber Ihre komplexe Arbeit darstellen können, wie sie das Wesentliche herausarbeiten und es griffig formulieren.

Für Wissenschaftler: Wie mit Journalisten umgehen?

Wenn Sie Forschungsgelder beantragen, können Sie sich von diesem Stil eine Scheibe abschneiden und möglicherweise sogar Formulierungen übernehmen.

Die Herausgeber der Fachzeitschriften sehen es

Fachzeitschriften veröffentlichen lieber Artikel von Wissenschaftlern, über die in der Tagespresse berichtet wird. Wenn die Herausgeber nämlich sehen, dass die Arbeit Ihres Labors offenbar auf dem Radar der Wissenschaftsjournalisten ist, so nimmt sie das automatisch für Ihre nächste Veröffentlichung ein. Das gilt übrigens auch für manche Geldgeber.

Der Direktor freut sich

Wenn Medien über die Forschungsarbeit in einem bestimmten Institut berichten, so erhöht das den Bekanntheitsgrad und das Ansehen der Institution. Die öffentliche Aufmerksamkeit stärkt Ihre Position innerhalb der Institution, und auch bei der Geldvergabe, ist es nützlich, wenn Ihre Arbeit von öffentlichem Interesse und »sichtbar« ist.

Lieber Sie als ein anderer

Wenn Ihnen daran liegt, wie ihr Forschungsgebiet präsentiert wird, sollten Sie sich die Zeit für den Journalisten nehmen. Wenn ein Reporter keinen Experten zu fassen bekommt, muss er sich am Ende mit einem Gesprächspartner mit wenig Expertise zufrieden geben. Das ist nicht gut für die Berichterstattung. Und möchten Sie das Feld der Konkurrenz überlassen?

So begeistern Sie Menschen für die Wissenschaft

Wissenschaft braucht Nachwuchs. Wie sollen sich junge Menschen für Wissenschaft interessieren, wenn sie nicht in der Publikumspresse vorkommt? Sehen Sie es als Mission!

In Wahrheit braucht es keine Liste von Argumenten, um Wissenschaftler von der Notwendigkeit von Pressekontakten zu überzeugen. Das Beispiel Schöler zeigt nicht, dass es richtig wäre, sich vor Journalisten zu hüten, sondern es illustriert, dass Missverständnisse möglich sind. Das macht ein Buch wie dieses nötig. Der freche, skrupel- und ahnungslose Reporter, der den Wissenschaftler in zweifelhaftes Licht stellt, ist ein Klischee.

Was will der Journalist von Ihnen?

Das hängt vom Medium ab und von der gewünschten Form. Fragen Sie unbedingt vorm Gespräch, was der Reporter erwartet und möchte. Sonst opfern Sie kostbare Zeit und zeigen Ihre ganze Abteilung, während der Journalist nur ein Statement zu einem Detail unterbringen kann. Manche Journalisten kommen mit einer festen Vorstellung dessen, was sie suchen, mit präzisen Fragen und einer Geschichte im Kopf. Sie sollten wissen, worum es da geht, damit Sie nicht aneinander vorbeireden.

Manche Journalisten sind vollkommen ergebnisoffen. Sie kommen, um über das zu schreiben, was sie bei Ihnen sehen. Überlegen Sie vorher, was Sie selbst für das Wichtigste halten. In jedem Fall sollten Sie vorher einen Zeitrahmen absprechen, damit Sie ungefähr planen können.

Schreiber wollen oft zahlreiche Details, die sie verwenden, um die Szene anschaulich zu machen. Sie bohren oft bei Dingen nach, die gar nichts mit Ihrer Forschung zu tun haben, wollen wissen, was Sie zwischendurch essen, wie viel Plastikmüll anfällt oder ähnlich Banales. Viele Journalisten stellen persönliche Fragen. Blocken Sie die nicht gleich ab. Am Ende möchte der Reporter vermutlich den Menschen hinter der Wissenschaft zeigen. Dem Image der Forschung nützt es, wenn die Berichterstattung geerdet und menschlich ist.

Wenn Ihnen die Fragen zu weit gehen, sollten Sie nachfragen, warum der Journalist diese Details für wichtig hält. Natürlich müssen Sie keine Frage beantworten, die Ihnen zu persönlich ist.

Manchmal interessiert sich ein Journalist für Arbeiten, die für Sie längst keine große Rolle mehr spielen. Sie würden ihn lieber für Ihr aktuelles Projekt begeistern. Sparen Sie sich die Mühe. Es hat in der Regel keinen Sinn, einen Journalisten umstimmen zu wollen. Vermutlich ist der Schwerpunkt seines Artikels mit der Redaktion abgestimmt, er passt genau so in den Heftzusammenhang oder trifft nur so den Geschmack des Chefredakteurs. Oder Ihr Part ist nur Teil eines Artikels, der nun mal einen anderen Akzent setzt, als Sie es tun würden. Vielleicht können Sie beim nächsten Mal Ihr Herzensthema unterbringen.

Radio- und Fernsehjournalisten möchten Töne und Bilder. Fragen Sie vorher, ob live berichtet oder aufgezeichnet wird. Besonders für eine Livesendung sollten Sie sich vorab einmal in Ruhe hinsetzen und überlegen: Was wollen Zuhörer oder Zuschauer wissen und wie sage ich es kurz und verständlich? Legen Sie sich unbedingt vorher Formulierungen, Erklärungen, Bilder zurecht. Wer weiß, ob Sie darauf kommen, wenn Sie aufgeregt oder unter Druck sind. Wenn es live ist, haben Sie nur einen Versuch!

Auch hier gilt: Antworten Sie auf die Fragen des Journalisten, auch wenn Sie lieber über ein anderes Thema reden möchten. Das, was den Journalisten nicht interessiert oder was nicht die Sendung passt, wird – wenn möglich – sowieso herausgeschnitten. Klären Sie vorher, wie groß Ihr Part in dem Bericht tatsächlich sein soll. Wenn es ein Magazinstück von zwei Minuten wird, wissen Sie, dass Sie sehr schnell auf den Punkt kommen müssen.

Wenn Sie für eine nachrichtliche Sendung interviewt werden, so braucht der Journalist einfach einen Experten, der aus berufenem Mund kurz sagt, was das Wichtige bei dem Thema ist. Wenn es schnell gehen muss, braucht der Reporter einen Menschen, der zuverlässig etwas Brauchbares »absondert«, damit das Nachrichtenfilmchen rechtzeitig zur Sendung fertig ist. Sie und Ihre Zeit sind nicht zu schade für solche unglamourösen Dienstleistungen. Wenn Sie sich da bewähren, werden Journalisten wieder zu Ihnen kommen, weil sie selbst nämlich keine Experimente machen wollen. Seien Sie deshalb erreichbar. Das erhöht Ihre Sichtbarkeit und stärkt Ihre Position.

Wenn das Fernsehen kommt

Sie werden also gebeten, etwas vor laufender Kamera zu sagen. Was tun? Am besten ist es, wenn Sie darauf vorbereitet sind, weil Sie ein Medientraining absolviert haben. Das bieten viele große Institutionen an. Erkundigen Sie sich bei der Pressestelle danach und nutzen Sie die Angebote!

Wenn eine Anfrage kommt, informieren Sie die Pressestelle. Die Leute dort sind Profis und werden dafür bezahlt, sich um Journalisten zu kümmern. Zunächst müssen Sie klären, ob ein Fernsehauftritt für Sie günstig und sinnvoll ist. Fragen Sie deshalb vorab, was geplant ist, erkundigen Sie sich nach Mehrfachverwertungsplänen – möglicherweise wird Ihr Part wieder und wieder in anderen Sendungen verwendet. Überlegen Sie gemeinsam mit der Pressestelle oder einem Kollegen, was Ihr Part sein könnte. Gerade wenn es um eine kurze Stellungnahme geht, sollte man sich überlegen, welchen Punkt man bringen möchte, welche Position man bezieht.

Wenn Sie sich für den Termin entscheiden, dann delegieren Sie Formalitäten wie Terminabsprachen und Drehgenehmigung an die Pressestelle. Sie ist dafür da, Ihnen allen organisatorischen Kram vom Hals zu halten.

Kleiden Sie sich am Drehtag nicht außergewöhnlich. Vermeiden Sie kleine Karos – die flimmern auf dem Bildschirm. Seien Sie dann ganz Sie selbst: offen, höflich, kompetent und selbstbewusst. Seien Sie nicht zu bescheiden und heucheln Sie keinen Enthusiasmus.

Für Wissenschaftler: Wie mit Journalisten umgehen?

Lassen Sie sich nicht auf dünnes Eis locken. Wenn unangenehme Fragen kommen, lügen Sie nicht und vertuschen Sie nichts. Das fliegt früher oder später auf und bringt gewaltigen Ärger. Weichen Sie auch nicht zu offensichtlich aus, denn das ermuntert zum Nachfragen.

Wenn ein Thema heikel ist, dann tun Sie nicht so, als wäre es das nicht. Sie dürfen ruhig sagen: »Das ist ein Problem, das auch wir sehr ernst nehmen« oder »Das ist eine wichtige Frage, die nicht geklärt ist« oder »Wir kennen diese Sorge und beschäftigen uns damit«. Sie müssen nicht in Details gehen. Der Klassiker ist, dass man über laufende Prozesse nichts sagen dürfe. Wenn Sie zu einem Thema nichts sagen möchten, können Sie aber auch klar sagen: »Zu dieser Frage äußere ich mich nicht.«

Es ist nicht ehrenrührig, das im stillen Kämmerlein zu üben. Gerade im Fernsehen sagen Gesichtsfarbe, Sprechgeschwindigkeit, Duktus und Gebärden oft mehr als Worte. Lassen Sie sich nie aus der Ruhe bringen. Nur der getroffene Hund bellt. Bleiben Sie ruhig und souverän. Sollte – was selten vorkommt – der Journalist aggressiv und unverschämt werden, um Sie aus der Reserve zu locken, so begeben Sie sich bitte nicht auf sein Niveau. Sagen Sie ruhig, dass Sie auf solche Anmache nicht antworten. Auch eine Gegenfrage zum Verhalten kann helfen.

Sie müssen nicht witzig, dynamisch, dramatisch oder engagiert wirken. Wenn Sie das vorhaben, wirkt es wahrscheinlich bestenfalls gekünstelt. Das Einzige, was zählt, ist dass Sie klar und verständlich sind! Gern haben Journalisten einen knackigen Abschlusssatz und fragen so etwas wie: »Gibt es etwas, worauf der Verbraucher besonders achten sollte?« oder »Was muss sich Ihrer Ansicht nach ändern?« Seien Sie vorbereitet, Ihre Botschaft unterzubringen.

Für alle Journalistengespräche gilt: Oft ist die einfachste Antwort die beste. Auf die Frage: Wie funktioniert ein Auto? Erklären Sie nicht den Verbrennungsmotor und den Katalysator, sondern Gas und bestensfalls die Bremse. Fangen Sie also nicht mit komplizierten Details an, sondern mit dem Essenziellen, Verständlichen, Sichtbaren: Es fährt los, wenn man aufs Gaspedal tritt. Auch wenn die komplizierten Details Ihr Forschungsgebiet sind, können Sie sie als Blackbox ignorieren. Fragen Sie sich immer, ob ein Laie das, was sie erzählen, wirklich wissen möchte. Wenn ja, keine Angst: Der Journalist wird schon präzise nachfragen.

Journalisten suchen immer Bilder oder Metaphern, um Kompliziertes verständlich zu machen (siehe Kap. 5). Sie können Ihnen dabei helfen, wenn Sie gute Vergleiche parat haben.

So schön Vergleiche sind, Journalisten wollen es gern auch genau wissen. Haben Sie die nötigen Zahlen zur Hand.

Für Wissenschaftler: Wie mit Journalisten umgehen?

Häufige Fehler

Falsche Erwartungen

Informieren Sie sich möglichst genau, was der Journalist von Ihnen möchte. Es hat keinen Sinn, sich den Mund fusselig zu reden, um einen Journalisten für Ihr geplantes Riesenprojekt zu interessieren, wenn der nur eine Einschätzung zu einem Nachrichtenthema von Ihnen braucht. Natürlich sind Sie nicht Erfüllungsgehilfe des Journalisten und dürfen sagen, was Sie für richtig und wichtig halten. Machen Sie sich aber klar, dass Sie den Reporter nicht instrumentalisieren und zu Ihrem Sprachrohr machen können. Da die meisten Medienleute Zwängen unterliegen, könnten sie, selbst wenn sie wollten, nicht einfach ihren geplanten Fokus ändern.

Übervereinfachen

Gute Wissenschaftsjournalisten versuchen, nicht allzu sehr zu vereinfachen. Nicht alles, was hinkt, ist ein Vergleich! Unterschätzen Sie Ihr Gegenüber nicht. Ein guter Wissenschaftsjournalist versteht die wichtigen Details. Wenn Sie Zweifel haben, dass der Journalist alles richtig begreift, sollten Sie sicherstellen, dass er die wichtigsten Punkte richtig aufnimmt. Machen Sie ihm klar, was am wichtigsten ist und was zur Not vernachlässigt werden kann. Hier gilt für Sie, was auf Seite 88 f. (Metapher) empfohlen wird: Testen Sie Ihre Darstellung. Erklären Sie einem Laien, was Sie für wichtig halten. Kommt die Botschaft an?

Falsche Zitate

Es kommt nicht nur darauf an, dass Sie das Richtige gesagt haben, es kommt darauf an, was der Journalist davon mitbekommt. Wenn jemand mitschreibt, machen Sie Pausen. Fragen Sie, ob Sie mit Ihren Ausführungen warten sollen. Nachfragen baut dem Journalisten eine goldene Brücke, der sich vor lauter Eifer nicht traut, Sie zu bremsen. »Haben Sie, was Sie brauchen? Soll ich langsamer machen?« Wenn aufgezeichnet wird und laute Geräusche oder ein Versprecher eine wichtige Aussage möglicherweise unverständlich machen, wiederholen Sie sie. »Noch mal deutlich: ...«, »Noch mal zum besseren Verständnis ...«

Ob der Journalist Sie richtig verstanden hat, können Sie mit Gegenfragen und Nachfragen überprüfen. Das ist vor allem am Anfang des Gesprächs sinnvoll, denn dann wissen Sie, ob Sie einfacher werden oder weiter ausholen müssen.

Jargon

Wenn Sie von Ihrem Gegenüber verstanden werden wollen, sollten Sie Formulierungen wählen, die es verstehen kann. Es ist nicht selbstverständlich, dass ein Wissenschaftsjournalist den Labor- oder Archivjargon versteht und richtig übersetzt. Der Gebrauch von Jargon erhöht die Gefahr, falsch wiedergegeben zu werden.

Sensationsgeschichten 1

Kein Wissenschaftler möchte in einer Sensationsgeschichte vorkommen, selbst wenn sagenhafte Erfolge berichtet werden. Bei richtigen Wissenschaftsjournalisten sind sie vor überzogenen Darstellungen in der Regel sicher. Doch wenn Reporter zu Ihnen kommen, die sonst nichts mit Wissenschaft zu tun haben, so sollten Sie vorher überprüfen, mit wem Sie es zu tun haben. Bevor Sie ein Gespräch mit einem Reporter zusagen, sollten Sie kurz recherchieren, welche Art Berichterstattung dieser Mensch so macht. Falls die Anfrage nicht vorab per Mail kommt, sondern am Telefon, ist es völlig in Ordnung, einen Rückruf zu versprechen und kurz im Internet nachzusehen, was Sie erwartet.

Sensationsgeschichten 2

Es ist gut, wenn Sie sich begeistern für das, was Sie tun. Seien Sie aber nicht zu begeistert, wenn Sie über die Rolle Ihrer Entdeckungen reden. Für einen Reporter könnten die zwei Sätze, die Sie über die möglichen fantastischen Auswirkungen Ihrer Erkenntnisse sagen, die Wichtigsten überhaupt sein. Wenn Sie eine überzogene Darstellung Ihrer Arbeit verhindern wollen, seien Sie lieber bodenständig, konservativ und vorsichtig. Achten Sie darauf, alle (von Journalisten wenig geliebten) Wenn und Aber anzuführen. Wecken Sie keine falschen Hoffnungen, denn Journalisten ist jede Übertreibung recht, um ihr Thema (und damit Ihres!) wichtig zu machen.

Fehler im Bericht

Auch der beste Wissenschaftsjournalist macht mal Fehler. Wenn Zahlen, Abläufe oder Zusammenhänge nicht korrekt dargestellt sind, sollten Sie umgehend den Journalisten kontaktieren. In der Regel sind Sie dankbar für den Hinweis und werden versuchen, den Fehler zu korrigieren. Auch wenn der Bericht mit Fehler gedruckt erschienen ist, erscheint er dann online und in den Archiven korrigiert.

Für Wissenschaftler: Wie mit Journalisten umgehen?

Allerdings können meist nur faktische Fehler korrigiert werden; wenn Ihnen der Ton oder eine Formulierung nicht gefällt, so werden Sie vermutlich damit leben müssen.

Unveröffentlichtes und Vertrauliches

Was immer Sie sagen, kann vom Reporter verwendet werden. In den USA ist es üblich, dass auf Konferenzen jeweils eigene Verschwiegenheitsvereinbarungen gelten. Die sollten Sie unbedingt kennen. Sonst kann jedes Detail, das Sie präsentieren, jeder Satz, den Sie in der Kaffeepause sagen, so von Journalisten veröffentlicht werden. Wissenschaftler reden oft vertraulich miteinander; das ist Teil des wissenschaftlichen Prozesses. Machen Sie sich klar, dass Journalisten die Informationen, die Sie geben, verwenden!

Wenn Sie Hintergrundinformationen geben oder zur Erklärung Details nennen, die nicht für die Veröffentlichung bestimmt sind, so reicht es nicht aus, dass Sie anschließend sagen »Das schreiben Sie aber bitte nicht« oder »Das bleibt bitte unter uns.« Sie müssen sich versichern, dass der Journalist einverstanden ist, und zwar *vorher*. Sagen Sie deutlich, dass Sie vertraulich sprechen möchten und das nur tun, wenn Ihr Gegenüber versichert, die Information nicht zu veröffentlichen. Eine mündliche Vereinbarung reicht zwar eigentlich aus, aber Sie können auch ganz sicher gehen und sich das unterschreiben lassen. Seien Sie nicht zu vertrauensselig. Sie können nicht nach einem Gespräch die Hälfte zurücknehmen, indem Sie sagen, dies sei vertraulich gewesen.

Wie sag ich, dass nichts sicher ist?

Bestimmte Fragen werden immer und immer wieder von Journalisten gestellt. Seien Sie nicht genervt, sondern seien Sie vorbereitet. Hier ein paar Antwortmöglichkeiten:

Warum können Sie als Experte das nicht beantworten?

> Ich bin Wissenschaftler, nicht Politiker.

> Wir sollten nicht versuchen, alles möglichst einfach zu machen, sondern Ihrem Publikum die Möglichkeit zu geben, das große Ganze zu verstehen. Dazu gehört, dass wir manches (noch) nicht beantworten können.

Für Wissenschaftler: Wie mit Journalisten umgehen?

> Wir arbeiten daran, die Antworten zu finden. Unsere Forschung ist ein Schritt in die Richtung.
>
> Auch Wissenschaftler wissen nicht alles. Wenn wir alles wüssten, bräuchten wir ja keine Forschung und keine Wissenschaftler mehr.

Ist das 100 Prozent sicher?

> Ich kann es Ihnen nicht sagen, ob die Methode 100%-ig sicher ist. Ich kann Ihnen nur so viel sagen: Nach dem jetzigen Stand der Forschung würde ich mein Kind/meine Frau, meinen Vater damit behandeln lassen (oder: Ich würde den Genmais bedenkenlos essen).
>
> Es gibt nichts, das 100 Prozent sicher ist. Selbst Zucker, Salz oder Wasser kann in der falschen Menge tödlich sein.
>
> Es ist sicherer als die bekannten Alternativen.
>
> Wenn wir Nutzen und Risiken abwägen, so überwiegt eindeutig der Nutzen.
>
> Ich verstehe die Sorgen der Patienten. Aber wenn wir auf absolute Sicherheit warten, kommt das Medikament nie auf den Markt. Und die Patienten brauchen so ein Mittel.

Sie widersprechen sich! Warum haben sie Ihre Meinung geändert?

> Wäre ich nicht in der Lage, angesichts neuer Erkenntnisse meine Meinung zu ändern, wäre ich kein guter Wissenschaftler.
>
> Es ist selten, dass sich wissenschaftliche Ansichten grundlegend ändern, aber neue Ergebnisse können schon dazu führen, dass man seine Sicht dem neuen Wissen anpasst. In der Regel ist das ein allmählicher Prozess, es erscheint nur in der Außensicht als Umschwenken.
>
> Wissenschaft bewegt sich in kleinen Schritten Richtung neuer Erkenntnis, indem sie immer neue Hinweise, Indizien und Daten ansammelt. Auf lange Sicht kann das so wirken, als ändere sich die Richtung, aber der Weg hat einfach Kurven.

Für Wissenschaftler: Wie mit Journalisten umgehen?

> Schlechte Wissenschaftler erkennt man daran, dass sie die Möglichkeit, dass sie falsch liegen, gar nicht in Betracht ziehen. Aber Zweifel gehören zur Wissenschaft dazu.

Warum weiß man das nicht? Warum kriegt man es nicht einfach raus?

> Wissenschaft ist wie Kuchen backen ohne Rezept. Man versucht eine ganze Weile lang, bis man ein befriedigendes Ergebnis hat.

> Absolute Sicherheit gibt es in der Wissenschaft nicht. Wir sammeln immer neue Versuchsergebnisse und ziehen aus den vorhandenen Daten unsere Schlüsse, so gut es geht.

> Wissenschaft sammelt Beobachtung um Beobachtung. Dabei gibt es keinen Endpunkt, bei dem die Erkenntnis perfekt ist. Es gibt keine endgültige Erkenntnis. Forschung ist ein Prozess.

Warum widersprechen Sie Kollegen XY? Wer hat recht?

> Wissenschaft lebt davon, dass man diskutiert, kritisiert und anzweifelt. Das bringt uns weiter. Manchmal sieht ein Kollege eine Schwachstelle, die man selbst nicht bemerkt hat. Die verschiedenen Meinungen bringen die Wissenschaft weiter.

> Solange noch nicht viele Daten in dem Bereich existieren, gehen die Meinungen oft auseinander. Je mehr Wissen sich ansammelt und je deutlicher das Bild wird, desto einiger werden wir uns.

> Im Großen und Ganzen sind wir uns einig, sonst könnten wir ja auch in der Lehre nicht verbindliches Wissen vermitteln. Es sind nur Detailfragen am Rand unseres Bereichs, über die Uneinigkeit besteht.

Eine Studie widerspricht der Lehrmeinung. Warum wird die ignoriert?

> Stellen Sie sich vor, eine Studie an 2 Millionen Kindern in den USA zeigt keinen Zusammenhang zwischen Schokoladenkonsum und Intelligenz. Eine Untersuchung an 30 Kindern aus Norwegen zeigt dagegen Effekt. Wem glauben Sie?

Es gibt zu dieser Frage eine Menge Untersuchungen. Um die zu widerlegen, bräuchte es ähnliche Mengen an gut belegten Daten, nicht nur eine Studie.

Wir ignorieren das nicht. Diese Studie ist interessant, weil sie uns zeigt, wo möglicherweise noch Fragen geklärt werden müssen. Sie reicht aber nicht aus, um die bisherige Datenlage umzukrempeln.

Für die Leser/Hörer ist es wichtig zu wissen, dass die Mehrzahl der Forscher XY glaubt, nur eine kleine Minderheit meint, dass Z richtig ist.

Fremde Federn

Medien beobachten die Wissenschaft nach ihren eigenen Relevanzkriterien, die nicht solche des Wissenschaftssystems sind. Das provoziert vielleicht Missverständnisse und manchmal Unbehagen bei den Wissenschaftlern, insbesondere bei Betroffenen. Ungeachtet aller damit verbundenen Schwierigkeiten erlebt der Ombudsmann der DFG Medienberichte über Verdachtsfälle wissenschaftlichen Fehlverhaltens dann als hilfreich, wenn sie ihrerseits den Grundregeln guter journalistischer Praxis entsprechen. Sie müssen korrekt, objektiv, fair und ausreichend recherchiert sein, dürfen nicht vorverurteilen, nicht Partei nehmend polarisieren. Auch bei Verdacht auf wissenschaftliches Fehlverhalten muss die Unschuldsvermutung für Beschuldigte gelten. Das hindert jedoch nicht die kritische Berichterstattung auch über die Institutionen, deren Aufgabe der Umgang mit wissenschaftlichem Fehlverhalten und seine Aufklärung ist. Diese Berichterstattung, mag sie im Einzelfall als unzureichend oder sogar als verletzend empfunden werden, ist ebenfalls ein Bestandteil von Transparenz.

(Siegfried Großmann, Physikprofessor an der Philipps-Universität Marburg und Ombudsmann der DFG; Großmann 2003)

Ihre Arbeit ist deren Geschichte

Es gehört zu den Grundmissverständnissen zwischen Journalisten und Wissenschaftlern, dass jeder glaubt, den anderen benutzen zu können. Du kannst den Esel zum

Für Wissenschaftler: Wie mit Journalisten umgehen?

Wasser treiben, aber Du kannst ihn nicht zwingen, zu trinken, heißt es im Sprichwort. Sie können dem Journalisten Ihre Sicht der Geschichte erzählen, aber Sie können ihn nicht zwingen, sie so darzustellen.

Manche Wissenschaftler fordern, den Artikel oder den Text des Beitrags gegenzulesen. Darauf gibt es keinerlei Anspruch. Selbst das Autorisieren der Zitate, das mittlerweile viele für ihr Recht halten, ist aus Journalistensicht eine Unsitte. Fragen Sie aber ruhig danach, immer mehr Journalisten sichern sich gerne ab und lassen die wörtlichen Zitate autorisieren. Versprechen Sie sich aber nicht zu viel davon. Wenn ein Autor eine Passage wichtig und schön findet, wird er ein Zitat, das Sie nicht freigeben möchten, einfach aus der direkten Rede nehmen und trotzdem verwenden.

Machen Sie sich klar, dass Ihre Darstellungen, Ihre Zitate und all die Informationen mit dem Reporter in ein anderes System übergehen, in dem andere Gesetze herrschen.

- Mitarbeiter von Tageszeitungen und Radiosendern arbeiten oft unter extremem Zeitdruck. Es ist ihnen oft nicht möglich, Zusatzinformationen, weitere Gesprächspartner und ergänzende Details zu besorgen.
- Redakteure und freie Autoren sind nicht frei, was und wie sie arbeiten. Wenn ein Journalist loszieht, um ein Thema zu bearbeiten, so ist das Stück, das daraus entstehen soll, oft schon eingeplant, womöglich schon mit einer Inhaltsangabe angekündigt. Es ist also vorgegeben, wie die Geschichte laufen soll. Manche können umdisponieren, andere nicht.
- Redaktionen sind hierarchisch. Wenn der Ressortleiter eine bestimmte Passage nicht möchte, so wird es für den Redakteur schwer, sie durchzusetzen. Auch der Textchef und die Chefredaktion haben ein Wort mitzureden. Selbst dem moderatesten Journalisten können reißerische Formulierungen untergeschoben und aufgezwungen werden.
- Überschriften macht jemand ganz anderes. In vielen Tageszeitungen werden die Überschriften nicht vom Autor eines Textes gemacht, oft nicht einmal vom Ressortleiter. Wenn also eine Schlagzeile die Sache gar nicht trifft, nützt es nichts, sich beim Wissenschaftsjournalisten zu beschweren. Er war's wirklich nicht und ist im Zweifel genau so unglücklich über Verzerrungen wie Sie.

Wissenschaftler ins Praktikum

In Großbritannien bietet die British Association for the Advancement of Science (BAAS) Wissenschaftlern und Ingenieuren die Möglichkeit, einige Wochen bei einer Zeitung oder einem Sender zu arbeiten. Diese Praktika werden seit 1987 angeboten. Ihr Effekt ist mit einer Umfrage gut dokumentiert: 83 Prozent der Praktikanten gehen mit gestärktem Vertrauen in die Medien zurück ins Labor, mehr als drei Viertel mit einer besseren Meinung über Journalisten. Knapp drei Viertel sagen, sie hätten beim Schreiben eine Leichtigkeit und Geschwindigkeit gewonnen, die ihnen bei wissenschaftlichen Artikeln und Präsentationen sehr nützten. Mehr als die Hälfte gibt an, sie hätten die Kenntnisse aus den Medien bei der Kommunikation ihrer Forschung nutzen können, und 87 Prozent meinen, dass ihr Interesse an Wissenschaftskommunikation gewachsen ist. (www.britassoc.org.uk)

Von wegen Berührungsangst

Die Welten Wissenschaft und Medien stehen sich längst nicht so verständnislos und berührungsängstlich gegenüber, wie das Klischee es vermutet. Manche Wissenschaftler besitzen die seltene Gabe, Schwieriges gut und eingängig darstellen zu können. Einige schreiben hervorragende populärwissenschaftliche Bücher. Fast alle Universitätsforscher kommen einmal in die Verlegenheit, einen Artikel über ihre Arbeit für die Unizeitschrift zu verfassen. Statt das zu delegieren, mühen sie sich redlich und veröffentlichen (manchmal mithilfe der Pressestelle) tadellose wissenschaftsjournalistische Artikel.

Viele Wissenschaftsjournalisten haben eine wissenschaftliche Ausbildung und haben selbst wissenschaftlich gearbeitet, bevor sie sich ganz aufs Schreiben verlegt haben.

Die Interessen beider Seiten sind nicht so verschieden, wie es manchmal klingen mag. Wissenschaftler wie Journalisten begeistern sich für gute Forschung, für neue Erkenntnisse und den Prozess, der sie hervorbringt. Beide möchten, dass die Welt davon erfährt, und im besten Falle arbeiten sie reibungslos Hand in Hand.

»It's not Science till it's published« – das gilt natürlich auch für die Betrachtung der Medienwelt. Hans Peter Peters vom Forschungszentrum Jülich hat mit seinen Kollegen mehr als 3.000 Forscher in den USA, Japan, Großbritannien, Deutschland und Frankreich nach ihren Erfahrungen mit den Medien befragt (Peters 2008). 648 Epidemiologen und 706 Stammzellforscher antworteten. (Die Studie beschränkte sich auf diese Felder, damit die Ergebnisse vergleichbar bleiben.) Mehr als zwei

Drittel der Forscher hatten in den letzten drei Jahren Kontakt mit Journalisten; ein Drittel davon sogar mehr als sechsmal. Die meisten hatten Interviews.

Das Ergebnis der Befragung zeigt, dass die Unterschiede zwischen den Ländern minimal sind. Dass guter Kontakt zu den Medien die Karriere fördert, bejahen 54 Prozent der US-Forscher, aber nur 43 Prozent der deutschen. 64 Prozent der Wissenschaftler in den USA waren mit den Berichten über ihre Arbeit zufrieden; in Deutschland sind es 60 Prozent.

Ein kleiner, aber statistisch signifikanter Unterschied ist die Beurteilung der Wissenschaftsberichterstattung generell. In Deutschland und Frankreich sehen die Forscher die Arbeit der Wissenschaftsjournalisten positiv, in Großbritannien negativ, Forscher in den USA und Japan antworten neutral. Die Forscher aller Länder vereinigt der Grundtenor: Die Erfahrungen mit Medien waren gut.

»Es gibt eine starke Anpassung der Wissenschaftler an die Gesetze der Medien«, schließt Hans Peter Peters. Zwar fürchten alle Wissenschaftler, falsch zitiert zu werden, doch seien sie am Ende mit der Medienresonanz einverstanden: »Die Forscher gehen mit großen Ängsten in das Gespräch mit dem Journalisten, sind aber hinterher im Großen und Ganzen zufrieden.«

Literaturempfehlungen

Walther von La Roche: Einführung in den praktischen Journalismus. Econ 2008
Ein Klassiker, in dem jedes Thema wenigstens kurz angerissen wird.
Ben Goldacre: Die Wissenschaftslüge. Die Pseudo-wissenschaftlichen Versprechungen von Medizin, Homöopathie, Pharma- und Kosmetikindustrie. Fischer Taschenbuch 2010
Kluges, unterhaltsames Buch, das den kritischen Blick auf Forschungsergebnisse schult.
Holger Wormer: Die Wissensmacher. Profile und Arbeitsfelder von Wissenschaftsredaktionen in Deutschland. VS Verlag für Sozialwissenschaften 2006
In diesem umfangreichen Buch berichten Wissenschaftsjournalisten aus der Praxis. Von der Sendung mit der Maus bis zur Bildzeitung wird deutlich, welche Gesichter Wissenschaft in den Medien hat. Informativ.
William Zinsser: Nonfiction schreiben. Autorenhaus Verlag 2006
Der Klassiker in den USA ist auch in der deutschen Übersetzung ein motivierendes Buch, das hilft, einen eigenen, guten Schreibstil zu finden und zu üben.
Holger Hettwer/Markus Lehmkuhl/Holger Wormer/Franco Zotta: WissensWelten. Wissenschaftsjournalismus in Theorie und Praxis. Verlag Bertelsmannstiftung 2008
Umfangreicher Wälzer, der alle Bereiche des Wissenschaftsjournalismus abdeckt und einige praxisdienliche Hinweise enthält.

Literatur

Andriole, Gerald L. et al. for the PLCO Project Team (2009): Mortality Results from a Randomized Prostate-Cancer Screening Trial. In: New England Journal of Medicine 2009; 360: S. 1310–1319 (26. März 2009)

Baethge, Christopher (2009): Von Geistern und Gutachten. Der 6. Kongress über Peer Review und Medizinpublizistik. In: Deutsches Ärzteblatt International 2009; 106(45): S. 731–732

Bihain, Bernard E. (2003): Need for a court to rule on patents and misconduct. In: nature 424: S. 875 (21. August 2003)

Björk, Bo-Christer/Roos, Annikki/Lauri, Mari (2009): Scientific journal publishing. yearly volume and open access availability. In: Information Research. Vol. 14 No. 1, March 2009 (Onlinejournal)

Brand, Stewart (2009): Whole Earth Discipline: An Ecopragmatist Manifesto: S. 216

Cox James D. et al. (1992): Interruptions adversely affect local control and survival with hyperfractionated radiation therapy of carcinomas of the upper respiratory and digestive tracts. New evidence for accelerated proliferation from Radiation Therapy Oncology Group Protocol 8313. Cancer. 1. Juni 1992; 69(11): 2744–2748

Emerson, Gwendolyn B./Seth, Leopold S. (2009): Testing for the Presence of Positive-Outcome Bias in Peer Review: A Randomized Controlled Trial. Paper presented at International Congress on Peer Review and Biomedical Publication; Vancouver, British Columbia (11. September 2009)

Fischer, Ernst Peter (2008): Warum Wissenschaft nicht populär sein kann. Anmerkungen zu den Bemühungen um die Vermittlung von Wissenschaft. In: Berlin-Brandenburgische Akademie der Wissenschaften (Hg.): Gegenworte, Heft 19: S. 62–65

Fröhlich, Gerhard (1998): Optimale Informationsvorenthaltung als Strategem wissenschaftlicher Kommunikation. In: Zimmermann, Harald H./Schramm, Volker (Hg.): Knowledge Management und Kommunikationssysteme, Workflow Management, Multimedia, Knowledge Transfer. Proceedings des 6. Internationalen Symposiums für Informationswissenschaft (ISI 1998), Prag, 3.–7. November 1998: S. 535–549

Fröhlich, Gerhard (2009): Die Wissenschaftstheorie fordert Open Access. In: Information: Wissenschaft und Praxis (IWP), S. 253–258. 5/2009

Großmann, Siegfried (2003): Der Teufel steckt im Detail. In: wpk-Quarterly, Magazin der Wissenschaftspressekonferenz, Nr. IV/2003: S. 5–6

Höfer, Thomas/Przyrembel, Hildegard/Verleger, Silvia (2004): New evidence for the Theory of the Stork. In: Paediatric and perinatal epidemiology 2004; 18(1): S. 88–92
Höttecke, Dietmar (2001): Die Vorstellungen von Schülern und Schülerinnen von der »Natur der Naturwissenschaften«. In: Zeitschrift für Didaktik der Naturwissenschaften (7): S. 7–23
Ioannidis John P.A. (2005): Why Most Published Research Findings Are False. In: PLoS Medicine 2(8): e124 (Onlinejournal)
Jotzo, Meike (2009): Prostaglandine? Ach so! Nutzen oder Schaden von Fachbegriffen bei der Wissenschaftsberichterstattung im Hörfunk. Masterarbeit an der TU Dortmund.
Kaplan, Sherrie H. et al. (1996): Sex Differences in Academic Advancement – Results of a National Study of Pediatricians. In: New England Journal of Medicine 1996; 335: S. 1282–1290 (24. Oktober 1996)
Kepplinger, Hans Mathias/Post, Senja (2008): Der Einfluss der Medien auf die Klimaforschung. In: Forschungsmagazin der Johannes-Gutenberg-Universität Mainz, Nr. 1/2008: S. 25–28
Kienzlen, Grit/Lublinski, Jan/Stollorz, Volker (Hg.) (2007): Fakt, Fiktion, Fälschung. Trends im Wissenschaftsjournalismus.
Kiernan, Vincent (2003): Diffusion of news about research. In: Science Communication 25: S. 3–13
Kleiner, Kurt (2005): Most scientific papers are probably wrong. In: New Scientist, 30. August 2005
Koch, Klaus/Stollorz, Volker (2006): PR-Arbeiter und Journalist. Geht beides? In: Götz-Sobel, Christiane/Mock, Wolfgang (Hg.): Wissenschaftsjournalismus heute. Ein Blick auf 20 Jahre WPK: S. 103–110
Kohring, Matthias (2005): Wissenschaftsjournalismus. Forschungsüberblick und Theorieentwurf.
Kolbe, Christina/Heyer, Martin (2009): Bioethische Diskurse erlernen und erleben. Diskursinitiativen als Teilaufgabe bioethischen Arbeitens. In: Honnefelder, Ludger/Sturma, Dieter (Hg.): Jahrbuch für Wissenschaft und Ethik: S. 167–194
Liebert, Wolf-Andreas/Weitze, Marc-Denis (Hg.) (2006): Kontroversen als Schlüssel zur Wissenschaft? Wissenskulturen in sprachlicher Interaktion: S. 7–15
Mathieu, Sylvain et al. (2009): Comparison of Registered and Published Primary Outcomes in Randomized Controlled Trials. In: Journal of the American Medical Association, 302(9): S. 977–984
Moerman Daniel E./Wayne, Jonas B. (2002): Deconstructing the placebo effect and finding the meaning response. In: Annals of Internal Medicine; 136(6): S. 471–476 (9. März 2002)

Peters, Hans Peter (1994): Massenkommunikation in Risikokontroversen. In: Merten, Klaus H./Schmidt, Siegfried/Weischenberg, Siegfried: Die Wirklichkeit in den Medien. Eine Einführung in die Kommunikationswissenschaft: S. 346–351

Postina, Thomas (2002): Ist PR-Journalismus schlechterer Journalismus? Vortrag auf der VDJM-Tagung, 18.6.2002

Ramsey, Scott D./Scoggins, John (2008): Practicing on the tip of an information iceberg? Evidence of underpublication of registered clinical trials in oncology. In: The Oncologist 2008; 13: S. 925–929

Schmidt, Helmut (2005): Das vornehme Schweigen. In: WZB-Mitteilungen, Heft 107/März 2005: S. 11–12

Singer, Natasha (2009): Medical Papers by ghostwriters pushed Therapy. In: New York Times, 5. August 2009

Weingart, Peter (2005): Öffentlichkeit der Wissenschaft – Betrug in der Wissenschaft. In: Deutsche Forschungsgemeinschaft (DFG) (Hg.): Wissenschaftliches Fehlverhalten. Erfahrungen von Ombudsgremien. Tagungsbericht S. 41–49

Weingart, Peter/Prinz, Wolfgang (1990): Innenansichten geisteswissenschaftlicher Forschung. In: Dies.: Die sog. Geisteswissenschaften. Innenansichten: S. 9–23

Wormer, Holger (2008): Google ist Silber, Zuhören ist Gold! Wer seinen Gesprächsstil an verschiedene Typen von Wissenschaftlern anpassen kann, erfährt (und versteht) mehr als andere. In: Hettwer, Holger et al.: Wissenswelten. Wissenschaftsjournalismus in Theorie und Praxis: S. 363–376

Wormer, Holger (2009): Wahre Wissenschaft oder Ware Wissenschaft? In: Bundesministerium für Bildung und Forschung (Hg.): Wissenschaftsjahre 2000 bis 2009. Erfahrungen und Perspektiven der Wissenschaftskommunikation: S. 10

Personenindex

A
Adorno, Theodor W. 73
Anderson, Kent 71
Augstein, Rudolf 163

B
Baer, Jean-Michel 176
Barnard, Christian 154
Beck-Bornholdt, Hans-Peter 49
Beneviste, Jacques 67, 68
Bradley, Jean-Claude 39
Brand, Stewart 19
Buck, Linda 67

C
Campenhausen, Jutta v. 32
Charpak, Georges 67, 68
Cox, James D. 63

D
Dahrendorf, Ralf 163
Davis, Philip 71
Dolly, Klonschaf 106, 137
Dubben, Hans-Hermann 49
Dyer, Christopher 39

E
Emerson, Gwendolyn 33
Ernst, Edzard 70

F
Fest, Joachim 163
Foucault, Michel 159
Fröhlich, Gerhard 27

G
Garfield, Eugene 35
Gerhardt, Volker 38
Grill, Bartholomäus 145

H
Habermas, Jürgen 73, 159, 162
Hacker, Jörg 146, 147
Holliman, Richard 106
Höttecke, Dietmar 154
Hüther, Gerald 111
Hwang Woo Suk 64, 65, 66, 117

I
Ioannidis, John 27

J
Jäckel, Eberhard 162
Jotzo, Meike 85

K
Kepplinger, Hans Mathias 17
Kiernan, Vincent 177
Kisch, Egon Erwin 141, 144
Köhler, Horst 165
Korbmann, Reiner 20

L
Liebert, Wolf-Andreas 157, 158

M
Maddox, John 31, 67
Mathieu, Sylvian 57
McKie, Robin 106
Meckel, Miriam 16

Mommsen, Hans 162
Müller-Jung, Joachim 61

N
Nannen, Henri 97
Nolte, Ernst 162

P
Perelman, Gregor 39
Peters, Hans Peter 156, 175, 189, 190
Popper, Karl 26, 39, 73
Postina, Thomas 171, 172
Post, Senja 17

S
Schmidt, Helmut 177
Schöler, Hans 115, 122, 123, 175, 178

Schuller, Erich 103
Shapin, Steven 154
Sigman, Aric 100, 101
Snyder, Solomon 28

T
Talese, Gay 144

W
Wefer, Gerold 20
Weingart, Peter 23
Weitze, Marc-Denis 157, 158
Winnacker, Ernst-Ludwig 21
Wolfe, Tom 144
Wormer, Holger 13, 123, 125
Zimmermann, Kurt W. 129
Zinsser, William 73

Sachindex

A
Ablehnungsraten 29
Abstract 37, 61, 62
Advanced Cell Technology (ACT) 34
Aktiv 77, 78, 79, 80, 81, 93
Aktualität 102, 103, 104, 133
Article Impacts 40
ArXiv 39
Atomkraft 7
Autorisieren 130, 188

C
Cholesterinsenker 47
Cholesterinstudien 47
Chronistenpflicht 95, 100, 133
Citation Indexes for Science 35
Cochrane Collaboration 58, 68
Crosstab 42

D
DFG 19, 23, 24, 38
Diskurs 16, 38, 122, 153, 155, 159, 160, 162, 163
DIW 13, 25
Dolly 106, 137
Durchschnittswerte 48

F
Fälschung 18, 21, 29, 32, 57, 61, 66
Feature 134, 135, 136, 137, 145
Fourfold Test 42
Fraunhofer Gesellschaft 24
Fremdwörter 85, 93, 123

G
Geisteswissenschaften 13, 23, 26, 96, 153

H
Hermann von Helmholtz-Gemeinschaft 24
Historikerstreit 162, 163
Homöopathie 67, 70

I
Impact Factor (IF) 35
Informationsdienst Wissenschaft 100
Informationsgesellschaft 14
Institute for Scientific Information 35
investigativer Wissenschaftsjournalismus 18
IPCC 33

J
Jadad-Skala 70
Jargon 85, 86, 92, 93, 183

K
Klimaforscher 17, 155, 157, 158
klinische Studien 36
Klonschaf 106, 137
Kommentar 148, 149, 150
Küchenzuruf 97, 98, 136

L
Leitartikel 150, 158, 161

M
Max-Planck-Gesellschaft 24, 25, 38, 25, 171
Meinungsbildung 15, 148, 160, 161
Meta-Analysen 57
Metaphern 88, 89, 181

N

Sachindex

Nanotechnologie 16, 21
Netzwerk Recherche 170
New Journalism 144

O

Öffentlichkeitsarbeit 165, 174
Open Access 37, 38, 39, 40, 71
Open Notebook 39

P

Paroxetin 55
Passiv 77, 78, 80, 81, 93
Peer Review 28, 29, 30, 32, 33, 34, 37, 38, 64, 68, 71,104
Pharmaindustrie 17
Philosophical Transactions 28
Placebo 58, 68, 70
Placeboeffekt 69
Politik 10, 13, 14, 18, 19, 95, 122, 143, 155, 156, 159
Porträt 145, 146, 147, 148
PR 165, 167, 169, 170, 171, 172, 173, 174
Pressekodex 105, 165, 170
Prostatakrebs 46, 47
Prozente 44
Prozentzahlen 44, 45, 46, 48

Q

Quellenangabe 63

R

Redigieren 92
Register 56, 57
Report 37, 107, 134, 137
Reportage 16, 136, 137, 138, 139, 140, 141, 145, 168
Restless Mind 51
Risikogesellschaft 14

S

Schaufensterkrankheit 44, 45
Science Citation Index 35, 36
Science Communication 27
Scientific Communication 27
Scientific Community 25, 96
Scigen 71, 72
Sci-Mate 39
Sensation 64, 72, 133, 154
Signifikanz 42, 44
Sperrfrist 72, 104, 105, 106
Stammzellen 15, 16, 18, 34, 64, 79, 86, 116, 117, 119, 120, 121, 122, 123, 155, 159, 160, 161, 175
Studienarten 52

T

Toll Access 39, 40

U

Überarbeiten 91, 92
Universität 23, 77, 105, 119, 122, 119, 147, 177

V

Veröffentlichungen 18, 23, 27, 34, 36, 37, 38, 39, 41, 49, 55, 61, 68, 102, 104, 106, 165, 169, 177
Vertrauliches 184
Vier-Felder-Test 42
vierte Macht 18

W

Wassergedächtnis 68
Wirtschaft 18, 19, 24, 41, 170, 176
Wissenschaftspressekonferenz 172
Wissensgesellschaft 14

Z

Zitate 35, 87, 88, 125, 128, 130, 134, 135, 136, 163, 182, 188

197

UVK:Weiterlesen

Praktischer Journalismus

Jürg Häusermann
Journalistisches Texten
3., überarbeitete Auflage
2011, 262 Seiten
15 Abb. s/w, broschiert
ISBN 978-3-86764-000-8

Stefan Brunner
Redigieren
2011, 140 Seiten
ca. 12 s/w Abb., broschiert
ISBN 978-3-86764-259-0

Marie Lampert, Rolf Wespe
Storytelling für Journalisten
2011, 200 Seiten, broschiert
ISBN 978-3-86764-252-1

Michael Bechtel, Volker Thomas
Schreiben über Technik
2011, 234 Seiten
10 s/w Abb., broschiert
ISBN 978-3-86764-287-3

Andreas Schümchen,
Deutscher Fachjournalisten-Verband (Hg.)
Technikjournalismus
2008, 328 Seiten
45 s/w Abb., broschiert
ISBN 978-3-86764-011-4

Klicken + Blättern

Leseprobe und Inhaltsverzeichnis unter

www.uvk.de

Erhältlich auch in Ihrer Buchhandlung.

UVK Verlagsgesellschaft mbH

UVK:Weiterlesen

Praktischer Journalismus

Anton Simons
Journalismus 2.0
2011, 236 Seiten
15 s/w Abb., broschiert
ISBN 978-3-86764-116-6

Nea Matzen
Onlinejournalismus
2010, 156 Seiten
25 s/w Abb., broschiert
ISBN 978-3-86764-226-2

Heiko Lenz
Suchmaschinenoptimiert schreiben
2011, 198 Seiten
ca. 60 s/w Abb., broschiert
ISBN 978-3-86764-284-2

Christian Jakubetz
Crossmedia
2., überarbeitete Auflage
2011, 186 Seiten
ca. 10 s/w Abb., broschiert
ISBN 978-3-86764-239-2

Peter Berger
Unerkannt im Netz
Sicher kommunizieren und
recherchieren im Internet
2008, 294 Seiten
100 farb. Abb., broschiert
ISBN 978-3-86764-087-9

Klicken + Blättern

Leseprobe und Inhaltsverzeichnis unter

www.uvk.de

Erhältlich auch in Ihrer Buchhandlung.

UVK Verlagsgesellschaft mbH

besser: wissen

Das ist für uns Anspruch und Herausforderung zugleich. Unsere Mitglieder sind Experten aus den unterschiedlichsten Fachgebieten und liefern Wissen aus erster Hand – fachlich fundiert und journalistisch aufbereitet. Mit ihren Beiträgen tragen sie zur kompetenten Wissensvermittlung und zur inhaltlichen Qualität der Fachmedien bei.

Der Deutsche Fachjournalisten-Verband (DFJV) ist eine Berufsverband für Fachjournalisten, die sich auf ein Ressort spezialisiert haben. Als moderner Full-Service-Dienstleister bietet er seinen über 11.000 Mitgliedern ein umfassendes Leistungsportfolio an: Beratung, Networking, Weiterbildung, Fachmedien und Presseausweis sind nur einige Bausteine.

Lernen Sie uns kennen unter www.dfjv.de

Deutscher **Fachjournalisten** Verband